WALTHER BIENERT

Martin Luther und die Juden

Ein Quellenbuch mit zeitgenössischen Illustrationen, mit Einführungen und Erläuterungen

Evangelisches Verlagswerk
Frankfurt am Main

CIP-Kurztitelaufnahme der Deutschen Bibliothek

Bienert, Walther:
Martin Luther und die Juden: e. Quellenbuch mit zeitgenöss. Ill., mit Einf. u. Erl. / Walther Bienert. — Frankfurt am Main: Evangelisches Verlagswerk, 1982
ISBN 3-7715-0213-6

Printed in the Federal Republic of Germany
Umschlagbild nach einem anonymen Holzschnitt des 16. Jahrhunderts
Gesamtherstellung: Druckerei und Verlag Otto Lembeck
Frankfurt am Main und Butzbach
ISBN 3—7715—0213—6

Martin Luther und die Juden

Abb. 1. Martin Luther 1526. Gemälde von Lukas Cranach d. Ä. (Stockholm)

Inhaltsverzeichnis

Vorwort

Die vorliegende Arbeit, eine Frucht jahrzehntelanger, durch Krieg, Nachkriegswirren und vielerlei Verpflichtungen öfter unterbrochener Beschäftigung mit Luther, will durch wissenschaftliches Bemühen zum wachsenden Verständnis zwischen Christen und Juden beitragen. Damit soll vergangenes Unheil in Denken und Tun unwiederholbar und die wechselseitige Freundschaft und Gemeinschaft gestärkt und weiterentwickelt werden.

Als ich im Jahre 1930 von der Universität Bonn zur Fortsetzung meines Studiums an die traditionsreiche, von Luthers Geist wesentlich mitgeprägte Universität Halle-Wittenberg ging (die heute den Namen Martin-Luther-Universität trägt), wurden in meinem Denken und Glauben entscheidende Weichen gestellt, die aus jugendlicher Unbeständigkeit zu gefestigten Erkenntnissen wiesen. Martin Luthers Leben und Werk, Frömmigkeit und Theologie wurden nicht nur durch die Lektüre vieler seiner Schriften in mir lebendig, ihr Verstehen wurde mir auch durch die Professoren Ernst Barnikol, Johannes Ficker, Georg Wehrung, Ernst Wolf u.a. vermittelt. Insbesondere konnte der öftere Aufenthalt an den wichtigsten Lutherstätten dem Besucher Luthers persönliches Leben und sein ausstrahlendes Wirken veranschaulichen. Dabei waren die Begegnungen mit dem mir zum Freunde gewordenen Betreuer der Wittenberger Lutherhallen, Professor Oskar Thulin, herausragende Erlebnisse. Auch konnte ich schon als junger Dozent an der Martin-Luther-Universität Studierenden die Gestalt und das Werk des Reformators nahebringen und meine ersten wissenschaftlichen Arbeiten über Martin Luther vorlegen.

Nach dem Zweiten Weltkrieg setzte ich in meiner Heimatstadt Köln meine Lehrtätigkeit über Luther in der theologischen Ausbildung künftiger Berufsschullehrer sowie in Vorlesungen und Seminaren der Melanchthon-Akademie Köln fort, der ich wohlüberlegt den Namen dieses Luther-Mitarbeiters zugedacht habe. Im Bereich der Erwachsenenbildung konnte ich in manchen staatlichen und kirchlichen Bildungsstätten, evangelischen wie katholischen Akademien und in vielen Gemeinden beider Konfessionen den Mann Martin Luther mit seinem Ringen und Leiden, seinen Erfolgen und Niederlagen, seinen bleibenden und seinen überholten Erkenntnissen sowie seinem welterregenden und weltverändernden Wirken vielen suchenden Menschen nahebringen, oft sogar zur Hilfe für eigene Entscheidungen. Auch für solche Fragen, die mit dem Thema Luther und die Juden angesprochen sind.

Zur Fertigstellung vorliegender Arbeit drängten mich viele Anfragen, die aus meinen Hörerkreisen an mich gerichtet wurden, auch mehrere Besuche in Israel und mancherlei Gespräche und Diskussionen in der Kölnischen Gesellschaft für Christlich-Jüdische Zusammenarbeit.

Zu danken habe ich insbesondere der Evangelischen Bibliothek Köln, den Universitätsbibliotheken von Köln und Münster, der Germania Judaica, Kölner Bibliothek zur Geschichte des Deutschen Judentums e.V. und der Staatlichen Lutherhalle Wittenberg.

Die Abkürzungen für Belege aus Lutherschriften sind im Anhang, I. Teil, verzeichnet. Zitate oder Hinweise aus der Literatur werden mit dem Namen des betreffenden Autors und mit Seitenzahl angegeben, wobei die genaueren bibliographischen Angaben aus dem Literaturverzeichnis im II. Teil des Anhangs zu ersehen sind.

Runde Klammern ( ) bedeuten Zusätze bzw. Erläuterungen des Verfassers. Eckige Klammern [ ] innerhalb von Lutherzitaten sind von Luther selbst gesetzte Einklammerungen.

Die Texte aus Luthers lateinischen Schriften, und das ist bei Luthers Zweisprachigkeit etwa die Hälfte, sind durchweg in eigener Übersetzung, mit gelegentlicher Benutzung deutscher Übersetzungen nach den Lutherausgaben, dargeboten. Die Texte aus Luthers deutschen Schriften sind in moderner Orthographie und Zeichensetzung und nur bei heute ungebräuchlichen oder mißverständlichen Ausdrücken durch sinngemäße Verwendung der heutigen Schriftsprache wiedergegeben.

Der Verfasser

Einleitung

Die Christenheit von heute hat allen Grund, sich durch Martin Luther wieder den Zugang zur biblischen Verkündigung öffnen zu lassen, um dadurch die Menschen der Gegenwart und der anstehenden Zukunft in ihrem Selbstverständnis und ihrem Tun nicht auf Seitenwege abgleiten zu lassen. Luther ist nicht nur eine historische Größe einer Vergangenheit, die wir je und dann feiern. Luther kann auch heute allen Christen bei ihrem Unterwegs-Sein Orientierung geben. Wie jeder Wegweiser hat er auch seine Unvollständigkeiten und aus dem Zeitgeist geborenen Eigenheiten, zu denen gewiß neben vielen antipäpstlichen Schmähworten auch weite Partien seiner Stellungnahme zum jüdischen Volk gehören. Solche Sektoren in Luthers Gedankengebäude mögen ins historische Arsenal für zeitgeschichtliche Bedingtheiten einzustellen sein.

Aber was Luther als Ganzes ausmacht, das ist heute auch im Protestantismus weithin an den Rand gedrängt. Allzusehr wurde in den letzten beiden Jahrzehnten der durch Luther freigelegte Weg zu Gott und zum Mitmenschen verbaut durch Aktionen, Appelle, Bewegungen und einander ablösende „Theologien". Solche Aktivitäten und Gedankengebilde wurden meist aus aktuellen Situationen oder Ereignissen ad hoc entwickelt und erhielten zur Selbstrechtfertigung nachträglich eine Etikettierung mit einem Wort aus der Bibel oder aus Luther. Damit wurde Luther mißbraucht und das Zentrum seiner Theologie, die Glaubensgerechtigkeit, oft ins Gegenteil, nämlich zu einem Rückfall in mittelalterliche Werkgerechtigkeit umfunktioniert.

Das Evangelium wurde zu einem Gesetz gemacht, mit dem man meinte, politische Probleme lösen, so die Gesellschaft zu einem Gottesreich gestalten und die Welt regieren zu können. Gerade solcher Mißbrauch des Evangeliums war für Luther eine der schlimmsten Verdrehungen des biblischen Evangeliums und des christlichen Glaubens.

Weil der für jede Theologie unerläßliche erste Schritt, das Denkreden von Gott, nicht mehr die Priorität behielt, mußte der zweite Schritt, der zwar oft sachnotwendig, aber nicht durchdacht erfolgte, in unbekanntem Sumpfgelände enden. Die in Luthers Theologie zugänglich gewordene biblische Erkenntnis und sein mutiges Voranschreiten wurden zwar viel gepriesen, aber als Grundlage des eigenen theologischen Denkens und ethischen Handelns oft beiseite gelassen.

Luther hat als Verkündiger des Evangeliums seine Motivationskraft im deutschen Protestantismus vielfach eingebüßt — nicht nur bei den Taufscheinchristen, sondern weitgehend auch im kirchlichen Leben. Luther kann so zum mißbrauchten Kronzeugen weltanschaulicher oder politischer Ideologien werden.

Es gilt, Luther wieder mit seiner Botschaft vom befreienden gnädigen Gott zu reaktivieren; natürlich nicht mit allen seinen Zeitbedingtheiten oder Individualismen, etwa seinem übersteigerten Kampf gegen den Katholizismus oder seinem unevangelischen Antijudaismus oder seinem emotionalen Grobianismus; aber eben den Luther, der das Evangelium neu entdeckte, von Überlagerungen freilegte, damit die biblische Botschaft Gottes den Menschen zugänglich machte und ein neues Zeitalter religiösen Lebens initiierte, was auch zum Herauswachsen der Menschheit aus dem Mittelalter in die Neuzeit wesentlich beitrug.

Daß eine christliche Antwort auf die Frage nach Gott nur bei Gott erhältlich ist — das hat Luther mit seinem Hinweis „allein aus der Schrift“ (sola scriptura) als unverzichtbare Grundlage einer jeden Kirche und Theologie wieder entdeckt, wenn diese sich christlich nennen wollen. Daß die heute so erregende Frage, was oder wer Gott denn sei, von Gott selbst durch Jesus Christus in Botschaft und Kreuz (solus Christus) als voraussetzungslose Güte bzw. Liebe beantwortet ist — das hat Luther mit seiner Lehre von der rechtfertigenden Gnade Gottes (sola gratia) aus der Heiligen Schrift herausgearbeitet.

Damit rangiert bei Luther die zweite Seite von Jesu Doppelgebot der Gottes- und Nächstenliebe nicht vor der ersten und ist auch von dieser nicht ablösbar. Der Mensch kann Gott durch das Tun guter Werke nicht erkennbar machen und sich auch Gottes Güte so nicht erwerben. Vielmehr steht alles auf der Gnade Gottes, und der Mensch wird nicht durch seine Aktivitäten zu einem Christen, sondern kann dies alles nur im Glauben annehmen (sola fide). Das war und ist die befreiende Botschaft Luthers an eine durch religiösen oder moralischen Aktivismus gehetzte Welt, die nur ihr Eigenlob produziert.

Aber auch den zweiten Teil von Jesu Doppelgebot, die Nächstenliebe, hat Luther mit seiner personalen Ethik auf biblisches Fundament gestellt. Der von seiner Angst und zugleich Selbstgerechtigkeit vor Gott befreite und frohgemachte Christenmensch soll und kann sein Leben, Denken und Handeln an Jesus Christus orientieren und Gott seinen Dank abstatten. Das geschieht, indem er seinem Mitmenschen selbstlos ein Nächster wird, sowohl individual- als auch sozialethisch. Dabei haben wir uns heute besonders zu fragen, wie diese von Luther freigelegte Gotteserkenntnis zur jüdischen Religion steht.

Für den Christen war und ist jeder Mensch als Gottesgeschöpf ein Mitmensch. Das gilt in besonderer Weise auch für jeden Juden, der zu dem Volk gehört, das Gott sich ausersehen hat, dem die erste Verheißung galt, dessen heilige Schriften den ersten Teil der heiligen Schriften der Christen ausmachen und aus dem Jesus, seine Jünger und die ersten Christen stammen. Wie wenig, vor allem in Deutschland, aber auch in vielen anderen Ländern, in unserem Jahrhundert Christen ihren jüdischen Mitmenschen Nächste geworden sind, ist aller Welt bekannt. Gerade auch Menschen, die nicht nur Namenschristen waren, sind sich dessen oft nicht bewußt geworden. Daß vieles an Antijudaismus von mittelalterlicher kirchlicher Tradition genährt war, kann als historischer, hoffentlich auch kirchlich überwundener Sachverhalt gelten.

Hat auch Luther zu solcher Gleichgültigkeit, Unempfindsamkeit oder gar zu antijüdischen Vorurteilen beigetragen? Kam aus den antijüdischen Ausbrüchen seiner späten Jahre vielleicht eine starke Motivation zu einem Antijudaismus, der sich — vom Christenglauben gelöst — zum Antisemitismus entwickelte? Beim Nürnberger Kriegsverbrecherprozeß 1946 jedenfalls hat sich der „Gauleiter" Julius Streicher für seine Judenhetze auf Luther berufen.

Damit ist neu die Frage gestellt, ob denn der „alte Luther" anders war als der „junge Luther". Im Jahre 1911 hat erstmals Reinhold Lewin den damit zusammenhängenden Fragenkomplex wissenschaftlich untersucht und die wissenschaftliche Diskussion hierüber eröffnet. Mag seine These, daß der vor- und frühreformatorische Luther traditionell antijüdisch dachte, der Reformator seit Worms sich projüdisch engagierte und der alte Luther einem harten Antijudaismus verfiel, auch mit solcher Einteilung in Lebensphasen überzogen sein, etwas daran bleibt berechtigt. Seitdem hat die Erörterung des Problems nicht nachgelassen, auch wenn Wilhelm Maurers verdienstvoller Aufsatz (in: Kirche und Synagoge, 1968) eine besonnene Stellungnahme brachte. Die Unsicherheit im Urteil über Luther ist geblieben. Einmütigkeit besteht bisher wohl nur darin, daß Luther kein Antisemit war, zumal es in seiner Zeit noch keine Rassentheorie und keinen Antisemitismus gab. Es gab aber einen starken Antijudaismus.

Die Vielfältigkeit der Stellungnahme Luthers ist nicht einfach als historischer Ablauf erklärbar. Seine unterschiedlichen Aussagen, auch bei gleichzeitigen Äußerungen, dokumentieren, daß er selber schon Differenzierungen vorgenommen hat, und sie machen deutlich, daß hier von der Sache her Differenzierungen geboten sind. Es geht eben wissenschaftlich nicht an, nur Worte Luthers über „die Juden“ zur Kenntnis zu nehmen. Es gilt herauszuarbeiten, welche Juden Luther jeweils meinte und warum er sie so und nicht anders beurteilte. „Juden“ – das waren für Luther ja auch Abraham und die Patriarchen als Glaubensväter, das waren auch David, Salomo und die Propheten, das waren auch Jesus, Petrus und Paulus. Über alle diese ist kein negatives Wort bei Luther zu finden. „Juden“ – das waren für Luther aber auch die von den Propheten wegen Halsstarrigkeit angegriffenen Juden, die um das goldene Kalb tanzenden Juden, die in der Wüste gegen Gott murrenden Juden, die den Jesus an die Römer ausliefernden Juden. Über diese alle finden wir in allen Lebensphasen Luthers negative Aussagen. „Juden“ – das waren für Luther auch die bei der Zerstörung Jerusalems von den Römern so grausam getöteten und die verjagten Juden, das waren auch die seitdem heimatlos in alle Länder der Erde zerstreuten und dort so unbarmherzig behandelten Juden, die ohne Aussicht auf Heimkehr ins Land ihrer Väter lebten. Mit diesen Juden hat Luther immer wieder Mitleid empfunden und geäußert. „Juden“ – das waren für Luther in ersten Linie diejenigen, die Jesus von Nazareth nicht als ihren Messias anerkennen wollten und wollen. „Juden“ – das waren für Luther auch die Menschen, denen Landwirtschaft und Handwerk weithin versperrt blieben und die sich vom Handel, ja – nach Luther – oft auch von Wucher ernährten.

Wenn Luther von Juden spricht, dann muß genau aufgezeigt werden, welche Juden er gerade meinte.

Deshalb ist es nötig, Luther möglichst selbst sprechen zu lassen und seine Äußerungen in dem Kontext zu würdigen, in dem sie stehen. Ein Quellenangebot ermöglicht viel eher als ein Experimentieren mit Deutungen das Kennenlernen des Luther, wie er war.

Luthers Urteil über die Juden und sein Verhalten zu ihnen waren von fünf Motivsträngen genährt, die zwar stets alle fünf vorhanden waren, von denen aber jeweils der eine oder der andere dominierte oder nur latent mitwirkte. Diese fünf Motivstränge folgten nicht so aufeinander, daß sie einander ablösten, sie kamen vielmehr in unterschiedlicher Stärke zum Durchbruch:

1. Die traditionelle Judenkritik der scholastischen Theologie. Sie wirkte auf Luther ein durch die Übertragung biblischer Kritik an bestimmten historischen Vorgängen des Alten und Neuen Testaments auf die Juden schlechthin, die ihm während seines Studiums, aber auch bei seinen Kollegvorbereitungen begegnete. Diese Judenkritik enthielt auch die Vorstellung von den Juden als einem Fremdkörper im corpus Christianum eines christlichen

Staates und lebte in Luther beim Aufkommen der Landeskirchen wieder auf.

2. Das reformatorische Glaubensbekenntnis. Dieses wurde von Luther als Maßstab auch an das Alte Testament angelegt, teils exegetisch zu Recht, teils aber auch nicht. Damit entfielen manche mittelalterlichen Vorurteile gegenüber den Juden, aber ein neues wurde eingeführt. Die jüdische Religion erschien Luther als Beispiel von Werkgerechtigkeit.
3. Das Gebot der Nächstenliebe. Dieses konnte sich im Spätmittelalter durchweg nicht gegen die antijüdischen Vorurteile durchsetzen, und es hat auch im Humanismus fast nur theoretische Keimlinge hervorgebracht. Bei Luther durchbrach es diese Kruste eruptiv, verlor aber dann wieder an Kraft.
4. Die Unterscheidungsmerkmale beider Religionen. Judentum wie Christentum mußten bei bestimmten Überzeugungen bzw. Lehrsätzen bleiben, wenn sie sie selbst bleiben wollten. Zentral war dies bei den Juden die Ablehnung der Messianität Jesu, bei den Christen deren Bejahung; beide Male mit mancherlei Folgerungen. Auch die Verheißung war ähnlich kontrovers, d. h. die Frage, ob sie an eine Volkszugehörigkeit oder an eine Glaubenszugehörigkeit gebunden sei.
5. Die antijüdische Volksmeinung mit vielen Vorurteilen. Diese Volksmeinung hatte sich seit der Spätantike gebildet, sie wurde von der Unkenntnis weiter Bevölkerungskreise über die jüdische Religion genährt und von kirchlicher Volkspädagogik oft unterstützt. Mit dieser Volksmeinung und vielen Legenden war auch der Nährboden für die Judenverfolgungen und Diskriminierungen bereitet, die noch weit in Luthers Zeit hineinreichten.

Dies alles hatte auch in Luthers Geist seine Entfaltungsmöglichkeiten, bald mehr, bald weniger. Hinzu kommt, daß Luther kein systematischer Denker war, viel eher ein schriftgebunden exegetischer, der seine Überzeugungen aus der Schrift gewann und die Texte der Schrift auf seine Zeit und deren Menschen anzuwenden bemüht war. Dies ist gewiß eine zentrale Aufgabe von Kirche und Theologie, kann aber auch zu Fehlbeurteilungen von Texten oder Menschen führen, zumal wenn wie damals spätmittelalterliche und spätscholastische Exegese mitsprechen. Daher läßt sich selbst für die Blütejahre der Reformation kein System aufstellen, das „Luthers Stellung zu den Juden“ wiedergeben könnte. Seine Meinungen über die Juden und sein Verhalten zu den Juden waren teils schriftgebunden, teils zeitbedingt, teils auch spontane und eruptive Emotionen. Auch darin war Luther ein Mensch.

Auch für Luther gilt Conrad Ferdinand Meyers Wort: „Ich bin kein ausgeklügelt Buch, — ich bin ein Mensch mit seinem Widerspruch!" Luthers Geist war nicht nur zweier Welten Schlachtgebiet, sondern auch eine complexio oppositorum, ein Gefäß für einander widerstreitende Meinungen.

Mag Luthers Charakterbild auch in der Geschichte schwanken, gerade als rational nicht konstruierbare Persönlichkeit ist uns dieser Mann Luther menschlich verständlich, oft sympathisch, oft ärgerlich. Zum Ganzen dessen, was wir Luther nennen, gehören seine Genialität wie seine Grenzen. Dieser temperamentvolle und widerspruchsvolle, dieser aufbegehrende und zugleich sich von Gott gehalten wissende Mann war simul justus ac peccator, stets zum Bekennen seiner Schuld bereit und wußte sich immer wieder von Gott angenommen.

Dieser Luther selbst kann in seinen Gedanken, Worten und Taten vor uns hintreten. Mehr als jeder ausgeklügelte Systemversuch sind die eigenen Zeugnisse Luthers eine Chance, ihn zu verstehen.

Luthers Stellung zu den Juden bleibt unzugänglich und unverständlich, solange versucht wird, aus wenigen Zitaten oder vielen Stellenverweisen ein System zu konstruieren. Noch irreführender ist die Methode, nur Äußerungen einer Lebensphase herauszuheben, etwa die von Luthers letzten Jahren, und damit „den Luther" charakterisieren zu wollen, sei es aus antisemitischer Freude über einen vermeintlichen christlichen Bundesgenossen oder sei es aus schadenfroher Selbstgerechtigkeit über einen christlichen Sünder. Vor allem müssen Luthers Äußerungen über die Juden in ihren geschichtlichen Kontext gestellt, sie dürfen nicht isoliert beurteilt werden. Aber integriert in die jeweilige Entwicklungsphase Luthers und in seine jeweilige geschichtliche Situation sowie in den Zusammenhang der Theologie und in die Denk- und Verhaltensweisen seiner Zeitgenossen, auch der jüdischen, wird die ganze Variationsbreite und zugleich die zentrale Konstante von Luthers Begegnung mit Juden, mit dem Judentum und mit der jüdischen Religion lebendig.

Letztlich geht es nicht um die Person Luther, wie diese sich je und dann zu den Juden verhalten hat, letztlich geht es um das von Luther verkündigte Evangelium, was dieses über die Juden denkt und aussagt und wie es dies tut. Es geht insofern um die Sache „Luther", um die Größe, die gemeint ist, wenn nicht nur eine historische Gestalt, sondern der in dieser Gestalt verkörperte Gehalt gemeint ist. An dieser Stelle, wo das von Luther verkündigte Evangelium vor dem Problem der jüdischen Religion, des Judentums und des Volkes der Juden steht, fällt die Entscheidung. Damit ist auch eine Weiterführung der Begegnung von Christen und Juden eröffnet.

Dazu mögen die vorliegenden Quellen mit den beigefügten Einführungen und Erläuterungen dienen. Möge die gesamte Darstellung dazu beitragen, nicht neue Verzeichnungen Luthers vor uns zu stellen, sondern ihn direkt in seinen Worten nachzuerleben — ihn zu erkennen, wie er war.

Luthers Meinungen und Urteile entstanden, variierten, brachten Bleibendes und Vergängliches, unabhängig davon bleibt das von ihm wieder entdeckte und der Christenheit neu zugänglich gemachte Evangelium.

Abb. 2. Die Lutherstadt Wittenberg. Holzschnitt aus dem Jahre 1611. Der zweite Turm von links ist der Turm der Schloßkirche (vgl. Abb. 6). Die beiden Türme in Bildmitte sind die Türme der Stadtkirche.
Das Haus mit Dachreiter am rechten Bildrande ist der linke Flügel des Augustinerklosters („Luthers Haus“, vgl. Abb. 4). Links daneben das Haus Melanchthons. Das Schriftband über der Stadt enthält den hinzugefügten Text aus Luthers Schlußwort seiner Schrift „Von der Freiheit eines Christenmenschen“ 1520 (WA 7. 38,6-8) und lautet: „Ein Christenmensch lebt nicht in ihm selber, sondern in Christo und seinem Nächsten. In Christo durch den Glauben, im Nächsten durch die Liebe.“

I. Kapitel: Luthers Judenbild in seiner frühreformatorischen Zeit 1513-1516

Historische Einführung

Als Martin Luther am 19. Oktober 1512 in der Schloßkirche zu Wittenberg im Alter von fast 29 Jahren zum Doktor der Theologie promoviert worden war (vgl. Abb. 6), wurde er am 22. Oktober 1512 in den Senat der erst zehn Jahre alten Universität Wittenberg aufgenommen und erhielt die Lectura in Biblia, wir würden sagen: den Lehrstuhl für Altes und Neues Testament.

Vom 16. August 1513 bis zum 13. Juli 1515 las er sein erstes Psalmenkolleg. Bei der Vorbereitung hierzu, die wohl schon Ende 1512 begonnen hatte, war er gut vorangekommen, bis er im April/Mai 1513 bei Psalm 31,2 auf den Begriff der „Gerechtigkeit Gottes" stieß. Darunter konnte er sich zunächst nur eine strafende Gerechtigkeit Gottes vorstellen, bis er unter Heranziehung von Röm 1,17 und 3,21-31 die Gerechtigkeit Gottes als schenkende Gerechtigkeit erkannte. Diese besteht darin, daß Gott den Sünder aus Barmherzigkeit gerecht macht, was allein durch Christus bewirkt wird und allein im Glauben angeeignet wird. Nach seinen eigenen Worten fühlte Luther sich „ganz von neuem geboren und durch geöffnete Türen in das Paradies versetzt" (Vorrede zu seinen Opera latina. 1545. WA 54.179-187, hier 185-186, bes. 186,3-9). Ausgereift ist diese Erkenntnis in den folgenden Jahren, auch noch während der Zeit von Luthers Römerbriefvorlesung (Ostern 1515 bis 7. September 1516).

Dieses Erlebnis, das wegen der Studierstube Luthers im Turmbau des Klosters auch „Turmerlebnis" genannt wird (vgl. Abb. 4), ist die Geburtsstunde der Reformation und in seinem Inhalt auch eine der Grundlagen für Luthers Denken und Reden über die Juden, vor allem dann, wenn Luther nicht volkstümliche oder theologisch-traditionelle Urteile über die Juden, sondern eigene entwickelt. Dabei steht nach Luther die biblische Lehre von der Gnadenrechtfertigung des Menschen durch Gott in diametralem Gegensatz zur jüdischen Lehre von der Werkgerechtigkeit, die der Mensch sich selbst verdient.

Als Luther seine Psalmenvorlesung begann (vgl. Abb. 3), hatte er u. a. vier scholastische Werke und zwei humanistische als Hilfsmittel zur Hand. Einmal zwei Schriften des nordfranzösischen Franziskaners Nikolaus von Lyra (aus Lyre in der Normandie, ca. 1270 bis ca. 1349): Contra perfidiam Iudaeorum (gedruckt 1497 in Nürnberg) und Postillae perpetuae in Vetus et Novum Testamentum (Erstdruck Rom 1471/72). Dazu die Schrift des 1390 zum Christentum übergetretenen Paulus von Burgos (ca. 1351-1435, ursprünglich Salomon ben Levi, seit 1415 Erzbischof von Burgos): Dialogus qui vocatur Scrutinium scripturarum libris duobus contra perfidiam Judaeorum (1434) (Erstdruck 1475 in Mantua). Außerdem dessen Additiones zur Postilla des Nikolaus von Lyra von 1429-31. Beide Autoren vertraten einen scharfen Antijudaismus, wie schon die Titel ihrer Schriften „Gegen die Treulosigkeit der Juden" anzeigen. Von gänzlich anderem Geist waren die beiden damals modernen humanistischen Schriften. Einmal die Schrift des französischen Gelehrten Jakob Faber Stapulensis (Lefèvre d'Etaples, ca. 1455-1536): Quincuplex Psalterium von 1509, Paris, das fünf Psaltertexte bot. Zum anderen die Schrift des deutschen Humanisten Johannes Reuchlin: In septem psalmos poenitentiales hebraicos interpretatio (Kommentar zu den sieben hebräischen Bußpsalmen. Gedruckt 1512 in Tübingen). Beide Autoren neigten schon aufgrund ihrer hebräischen Studien zur Toleranz gegenüber den Juden.

Damit wurden dem jungen Luther drei theologische Gesinnungsströme nahegebracht, die seine Position bewirkten: ein mittelalterlich antijudaistischer, ein humanistisch toleranter und ein religiös reformatorischer.

In der Frühphase von Luthers reformatorischer Entwicklung, da in seinen Vorstellungen noch manches vom spätmittelalterlichen Humilitätsideal mit reformatorischen Erkenntnissen durchwirkt war, finden wir viele Zeugnisse seiner Sicht und Beurteilung des jüdischen Volkes des Alten Testaments, des Neuen Testaments und der Umwelt Luthers von der traditionellen Deutung bestimmt. Aus der Fülle dieser rund 1200 Zeugnisse der ersten, nahezu zweijährigen Psalmenvorlesung und der zweiten sich über mehr als zwei Jahre erstreckenden Psalmenvorlesung, vgl. die Texte 20-24, greifen wir die folgenden, typischen heraus.

In den Jahren um 1513 wandte Luther noch die damals üblichen vier Methoden der Schriftauslegung an: die historische, die den Textsinn (Literalsinn) herauszuarbeiten strebt; die moralische (tropologische), der es um die Anwendung des Textes auf die Lebensführung geht; die allegorische, die einen tieferen, geheimen Schriftsinn erarbeiten will, für den die Textaussagen nur einkleidende Bilder sind; die anagogische, die auf die Bedeutung der Textaussage für das Ewigkeitsziel abhebt (vgl. Abb. 3).

Abb. 3. Hochschullehrer bei seiner Vorlesung. Holzschnitt aus dem Anfang des 16. Jahrhunderts

Während seiner ersten Psalmenvorlesung legte Luther aber mehr und mehr diese Methoden zur Erarbeitung des vermeintlichen vierfachen Schriftsinnes ab, vor allem die allegorische Methode, die den Text nur als ein verhüllendes Bild für einen angeblich ganz anderen, meist mystischen Inhalt wertete. Für Luther wird der „geistliche" Schriftsinn der allein berechtigte. Damit meint er den Literalsinn bzw. die Meinung des Textautors in ihrer christologischen Aussage. Zum Verständnis von Luthers Kommentaren zu biblischen Schriften ist zu beachten, daß auch durch die Psalmen Gott bzw. Christus zu den Menschen spricht.

1. *Der junge Professor in seiner Psalmenvorlesung von 1513 bis 1515*

(1) Luthers Vorwurf der Unbußfertigkeit und Selbstgerechtigkeit

Schon bei Auslegung von Ps 1,4 wird Luthers traditionelle, nur andeutend frühreformatorische Argumentation deutlich:

Staub, das bedeutet zerkleinerte Erde, trocken und leicht, von jedem Winde bewegt, dem er ausgeliefert ist. Mit diesem Wort werden sehr treffend die Juden bezeichnet, die ausgetrocknet sind im Geist und erniedrigt. Daher sind sie auch zu schwach zum Widerstand, zerstreut in alle Länder und jederzeit unsicher in ihren Wohnsitzen. Auch sind sie niedergetreten wie der Schmutz auf den Straßen und der Staub auf den Wegen. Die Verfluchung von Dtn 28 (15ff.) wird an ihnen vor Augen geführt. Die Kirche aber steht felsenfest auf kräftigem Fundament von ausgewählten und kostbaren Steinen...

Der Gerechte nämlich ist zuerst sein eigener Ankläger. Wenn er schon siebenmal am Tage hinfiele, wird er sich ebenso oft aufrichten, deshalb, weil er sich in seinen Sünden nicht entschuldigt, vielmehr diese alsbald bekennt und sich selbst anklagt. Auf diese Weise sind ihm die Sünden bald vergeben, und er richtet sich so wieder auf. So wird es auch 2Sam 12 (13) an David offenkundig: als er gesagt hatte ‚Ich habe gesündigt', da (sprach) alsbald Nathan ‚Der Herr hat deine Sünde weggenommen'. So auch wurde der Zöllner im Evangelium (Lk 18,13) alsbald gerechtfertigt... Wer dagegen seine eigene Gerechtigkeit aufrichtet und sich in seinen Sünden entschuldigt, sich nicht selbst verurteilt, sich nicht anklagt, vielmehr meint, er handele gut, und selbstgefällig ist, der liebt sich selbst und seine Seele (= Leben) in dieser Welt. ‚Daher werden die Gottlosen nicht bestehen im Gericht' (Ps 1,5), weil die Juden ihren Irrtum nicht eingestehen und sich nicht anklagen. Denn wie der Gerechte zuerst sein eigener Ankläger ist, so ist der Gottlose zuerst sein eigener Verteidiger. So klagen die Juden nicht ihre eigene Unfrömmigkeit an, sondern verteidigen sie. Daher ist es unmöglich, daß sie bestehen, wenn sie auf solcher Verteidigung beharren.
Dictata super Psalterium. 1513-16. Ps 1. WA 3.29, 3-8; 16-21; 26-33.

(2) Luthers Kritik an jüdischer Werkgerechtigkeit und Selbstrechtfertigung

Luthers „Turmerlebnis" von der allein durch Gottes Gnade erfolgenden Rechtfertigung des Sünders steht nach Luther im Gegensatz zu dem jüdischen Versuch der Selbstrechtfertigung des Menschen durch seine Werke.

Es spricht (die Schrift) nach dem Apostel Röm 4 (6f.) gegen alle diejenigen, die ihre Sünde aufgrund ihrer Werke und Verdienste von Gott vergeben haben wollen und durch ihre Werke gerechtfertigt sein wollen. Dann wäre

Christus vergebens gestorben, wenn sie ohne dessen Tod durch eigene Werke gerettet wären, was falsch ist. So sind die Juden, die Häretiker und auch alle einzelnen Abergläubischen, die den Gehorsam und den Glauben verwerfen und ihre Gerechtigkeit aufrichten, weil sie nicht wollen, daß der Name des Herrn über ihnen genannt werde.
Dictata super Psalterium. 1513-16. Zu Ps 32,5. WA 3.172,30-35. Vgl. die Texte 9, 10, 43, 82, 92 u.a.

Abb. 4. Augustinerkloster in Wittenberg. Der linke Flügel ist mit Giebelseite und Hofseite sichtbar. Darin waren die Hörsäle, später auch die Wohnung der Familie Luther. Der hofseitig angebaute Treppenturm wurde erst später errichtet. Heute ist in diesem Flügel die „Lutherhalle" untergebracht. In Bildmitte der Klosterhof mit Wirtschaftsgebäuden. Der rechte Flügel mit späterem Barockgiebel enthält heute das Augusteum mit Predigerseminar. Im Hintergrund, etwa in Bildmitte, der Turm der Schloßkirche mit dem jetzigen, 1858 aufgesetzten Turmhelm (zum ursprünglichen Turmhelm vgl. Abb. 6). Rechts im Hintergrund die beiden Türme der Stadtkirche.

(3) Die Zerstreuung der Juden als Gottes Strafgericht

Das Psalmwort aus Ps 52,7 „Darum wird dich Gott auch ganz und gar zerstören" deutet Luther auf die Juden generell und deren Schicksal:

So sind auch die Juden zerstört; denn die Synagoge ist zurückgewichen und gefallen und wird sich nie wieder so erheben, daß sie Synagoge sei. Zweitens sind sie aus ihrem Lande vertrieben und über die ganze Erde zerstreut. Drittens sind sie ausgeschieden, nämlich aus diesem Leben auf mancherlei Todesarten. Viertens sind sie ausgebrochen aus dem Ölbaum, aus der Kirche, aus dem Glauben und aus dem wahren Schriftverständnis... Denn der Sturz der Juden ist ein Beispiel des Zornes Gottes.
Dictata super Psalterium. 1513-16. Zu Ps 52,7. WA 3. 296,13-17; 22-23.

Obwohl Luther das paulinische Bild von den nicht christlich gewordenen Juden als ausgebrochenen Zweigen eines Ölbaums nach Röm 11,17f. heranzieht, verwundert es, wenn er dabei hier noch nicht Röm 11,23f. beachtet, wo von dem Eingepfropftwerden der ausgebrochenen Zweige in ihren eigenen Ölbaum die Rede ist. Ganz anders aber 1516, vgl. die Texte 11-19.

(4) Keine Hoffnung auf Bekehrung der Juden insgesamt, sondern nur einzelner Juden

Ich aber wundere mich, wieso man eine allgemeine Bekehrung der Juden anerkennen könne, wie dies viele sagen, obwohl Christus klar sagt: ‚Dies Geschlecht wird nicht vergehen, bis daß es alles geschehe.‘ (Lk 21,32) Und Mal 1 (4): ‚Und es wird das Volk sein, über das der Herr ewiglich zürnt.‘ Und: ‚Ein Rest nur wird gerettet werden‘ nach Jes 10 (21).
Dictata super Psalterium. 1513-16. Zu Ps 59,2. WA 3.329, 26-29.

Luthers Auslegung von Lk 21,32 ist gewiß nicht haltbar, da Jesus mit „diesem Geschlecht“ die damals lebende Generation gemeint hat, d. h. in Naherwartung dachte.

(5) Seit dem Kommen Christi ist die jüdische Religion zu einem Buchstabenglauben erstarrt

Es gab nämlich einst in der Synagoge eine Kenntnis Gottes und eine geistliche Einsicht. Diese wurde bei der Ankunft Christi durch die Auslegung der Schriftgelehrten gewaltig verändert zum bloßen Buchstaben, wie der Herr es ihnen im Evangelium nachweist. Das ist ihr Talmud, voller Lügen und Verdrehungen, ja Umkehrungen der Schrift.
Dictata super Psalterium 1513-16. Zu Ps 74,6. WA 3.501,5-9.

Mit den Talmud-Aussagen meint Luther die Kritik des Talmud an dem christlichen Anspruch der Messianität des Jesus von Nazareth sowie die Polemik gegen die Jungfrauengeburt und gegen die Auferstehung Jesu. Vgl. hierzu die Texte 6, 7, 38, 53, 55, 64, 75, 79, 93-98 u. ö.

(6) Jüdische Polemik gegen Jesus Christus, dessen Gottheit und Auferstehung

Die Psalmworte eines frommen jüdischen Sängers, der von Gottlosen geschmäht wird (Ps 109), bezieht Luther auf Jesus Christus, den er so sprechen läßt:

Mögen auch diese Juden mich und die Meinen schmähen, du wirst mich und die Meinen segnen. Bis heute erheben sich die Juden gegen mich und werden zerstreut hier und in Zukunft. Ich aber bin dein Knecht, und jeder der Meinen wird sich über die Maßen freuen in deinem Segen und Barmherzigsein. Sie werden angezogen mit Gewändern der Gnade und der Ehre im Geiste. Diese Juden aber, die mich herabziehen und meine Göttlichkeit bzw. Auferstehung leugnen, mit Schande (werden sie angetan)... Obwohl die meisten Juden dies (die Auferstehung) nicht glauben wollen, wissen doch einige Glaubende, daß er (Jesus Christus) durch die Hand Gottes vom Tode auferweckt wurde, wie es in Apg 2 (24) und Röm 1 (4) steht, und daß er nicht von den Jüngern gestohlen wurde und bis heute tot sei, wie jene lügen und schmähen.
Dictata super Psalterium. 1513-15. Zu Ps 109, 27-29. WA 4.221,5-10 und 29-31. Vgl. die zu Text 5 genannten Texte.

Die Legende, die Jünger Jesu hätten den Leichnam Jesu gestohlen, war schon dem Matthäus-Evangelium als ein Ratschlag der Hohenpriester und Ältesten bekannt (Mt 28, 11-13).

(7) Mit der Ablehnung Jesu als Messias haben die Juden ihr Unglück selbst verschuldet

Und fürwahr, sind es nicht die Juden, die auf Erden keinen sicheren Wohnsitz haben? Sie ziehen doch unstet durch verschiedene Länder. Aber weil dies bei uns Unehre bedeutet, die wir zu verbergen suchen, darum scheint mir, daß dies der Juden Bosheit und Treulosigkeit anzeigt, die sie gegen Christus geübt haben und die sich zu ihrem Schmerz und Unwillen über die ganze Welt ergossen hat. Daher sind sie durch dieses Tun bei allen Völkern in Schimpf und unentschuldbar. Dennoch machen sie sich bequeme Wohnsitze, das ist Beruhigung aufgrund der leiblichen Abstammung von den Vätern oder vom Buchstabensinn der Schrift. Darin ruhen sie, sitzen sie und darauf stützen sie sich und so entschuldigen sie sich bis heute, obwohl sie die allen offenkundige Tatsache nicht leugnen können. Daher kommt ihr Inneres hervor, das heißt: die geheimen Gedanken ihres Herzens und ihre Wünsche gegen Christus zeigen sich so bis heute.
Dictata super Psalterium. 1513-15. Zu Ps 78,66ff. WA 3.596, 31-597,2.

Folgerung

Trotz aller traditionellen Kritik am jüdischen Volk unterscheidet sich Luthers Judenkritik an einer Stelle von der verbreiteten Judenfeindschaft des hohen und späten Mittelalters. Bei letzterer spielt die Kirchenpolitik eine erhebliche Rolle, vgl. unten Kap. V. Abschn. 5. Für Luthers bisher einziges eigenes Argument (Text 2) war die „christliche Lehre" der unantastbare Wahrheitsmaßstab, an dem auch das Verhalten der Juden und zu den Juden gemessen wurde. Diese christliche Lehre wurde in Luthers Denken aus der Heiligen Schrift neu gewonnen als die Lehre von der Gerechtigkeit Gottes, die sich als Gnade den Menschen in Christus zuwendet. Sonst richtet sich Luthers Judenkritik betont gegen die jüdische Schriftauslegung und damit gegen die jüdische Ablehnung der Messianität Jesu sowie gegen jüdische Gesetzesfrömmigkeit. In diesem Zusammenhang spielte auch das vermeintliche Strafgericht Gottes über Israel eine Rolle, weil dies Volk den Jesus verworfen habe und in einigen Talmudschriften auch gehässige Äußerungen über Jesus enthalten sind.

Aber bei seiner oft scharfen, aus der Scholastik entnommenen Kritik hat Luther in seiner ersten Psalmenvorlesung 1513-15 mit keinem Wort die gehässigen mittelalterlichen antijüdischen Verleumdungen bzw. Legenden übernommen, etwa: Hostienschändung, Ritualmord, Brunnenvergiftung u. a. Luther war in dieser ersten Phase seines reformatorischen Lebens Bibeltheologe, der nur von der Heiligen Schrift her, natürlich gemäß seinem Verständnis der Schrift, auch die Juden beurteilte. Das Schwergewicht seines Judenbildes war noch von der antijüdischen traditionellen Theologie bestimmt, aber eine neue Sicht aus der Perspektive der Glaubensgerechtigkeit kündigte sich an.

2. *Das Gutachten des Hochschullehrers über Verbot oder Toleranz jüdischer Schriften (vgl. Abb. 5)*

Einen besonderen Anlaß, sich zu den Juden seiner Zeit und zum christlichen Verhalten ihnen gegenüber zu äußern, erhielt Luther durch den seit 1507 die Gelehrtenwelt bewegenden Streit um den 1505 in Köln zum Christentum konvertierten Juden Johannes Pfefferkorn (1490-1522).[1] Dieser hatte in seinem „Judenspiegel" 1507, in der „Judenbeichte" 1508 und im „Judenfeind" 1509 gefordert, den Ju-

1 Zu Pfefferkorn vgl. Willehad Paul Eckert (in: Kirche und Synagoge, S. 279ff).

Abb. 5. Titelblatt zum „Judenspiegel" von Johannes Pfefferkorn. Speculum adhortationis Judaice ad Christum. Köln 1507. Die obere Szene zeigt die christliche Taufe: Das Blut des gekreuzigten Christus ergießt sich in ein Taufbecken. Dorthin bringen Eltern ihr Kind unter dem Schutz der Maria, um es von der im Papst symbolisierten Kirche taufen zu lassen, so daß es nach Röm 6,3ff von der Erbsünde befreit wird. In der kleineren unteren Szene hat der auf Hostien tretende Satan einen hilflosen Mann verführt, sein Kind den Rabbinern zur Beschneidung zu übergeben, die jedoch keinerlei Wirkung hat.

den alle ihre gotteslästerlichen Bücher abzunehmen, insbesondere den Talmud. Kaiser Maximilian I. erließ demnach am 19. 8. 1509 eine Ermächtigung für Pfefferkorn, solche Bücher zu konfiszieren. Der Mainzer Erzbischof Ulrich von Gemmingen holte sich Gutachten der Universitäten Erfurt, Heidelberg und Köln sowie Stellungnahmen des Kölner Dominikaners Jakob von Hochstraten, des Konvertiten Viktor von Carben und des Humanisten und Hebräisten Johannes Reuchlin. Nur letzterer stellte sich gegen eine Bücherkonfiszierung und resümierte: „Zuletzt soll ein Christenmensch den Juden lieb haben als Nächsten; das alles ist im Recht begründet."[2] Pfefferkorn reagierte 1511 mit der Schrift „Handspiegel", auf die Reuchlin noch im gleichen Jahre mit seinem „Augenspiegel" antwortete. Darin verteidigte er den Talmud und andere jüdische religiöse Schriften. Anfang 1513 wendet sich Reuchlin an den Kaiser mit der Defensio contra calumniatores suos Colonienses. Aber die Kölner Theologen Arnold von Tongern und Jakob von Hochstraten erwirken von Kaiser Maximilian am 9. 7. 1513 eine Einziehung der Reuchlinschen Defensio.

In Kursachsen war Luthers Erfurter Studienfreund Georg Spalatin (1484-1545) inzwischen zum Hofkaplan und Geheimsekretär des Kurfürsten Friedrich des Weisen avanciert. Er gehörte schon als Student mit Luther, Hutten u. a. einem humanistischen Kreise an. Jetzt bittet er Ende 1513 den Prior der Erfurter Augustinereremiten, Johannes Lang, bei Luther eine Stellungnahme zu Reuchlins „Augenspiegel" anzufordern. Luther kommt dem im Februar 1514 nach. Zum Judenspiegel vgl. Abb. 5.

(8) Luthers Forderung nach Freiheit für Forschung und Lehre, auch bei Irrtum und Lästerung

Jesus, Friede sei mit dir, verehrter Herr Magister Georg (Spalatin)! Mein Ordensbruder Johannes Lang hat mich in deinem Namen um meine Meinung in der Sache des völlig unschuldigen und hochgelehrten Johannes Reuchlin gegen seine Kölner Mißgünstigen gebeten, nämlich ob er (Reuchlin) in Gefahr des Glaubens oder der Ketzerei stehe. Du weißt aber, bester Meister, daß auch ich diesen Mann in großer Wertschätzung und Wohlwollen halte und daß mein Urteil vielleicht verdächtig ist, weil ich — wie man sagt — nicht unbefangen und neutral bin. Dennoch sage ich, weil du es anfragst, was ich denke. In seinem ganzen geschriebenen Ratschlag ist mir abso-

---

2 Zitiert nach Guido Kisch, S. 29. Vgl. auch Sucher, S. 38.

lut nichts begegnet, was gefährlich wäre. Ich wundere mich sehr über die Kölner, wozu in aller Welt sie einen so verworrenen und gänzlich [wie es ihnen selbst scheint] noch verworreneren Knoten als den Gordischen in einem so glatten Schreiben suchen wollen, obwohl er (Reuchlin) selbst so häufig sich des feierlichen Zeugnisses bedient, er stelle keine Glaubensartikel auf, sondern die Meinung eines Gutachtens. Diese beiden Gründe sprechen ihn bei mir so sehr von solchem Irrglauben frei, daß ich ihn für untadeligen und reinen Glaubens halte, selbst wenn sich in seinem Gutachten ein Zusammenfluß aller Ketzereien vereinigt hätte. Wenn nämlich solche Zeugnisse und Meinungen nicht frei bleiben von Gefahr, dann wird uns zu befürchten sein, daß diese Inquisitoren vielleicht doch nach Belieben anfangen, Kamele zu verschlucken und Mücken zu sieben (Mt 23,24) und Rechtgläubige, auch wenn sie alles bezeugen, als Ketzer anzuprangern.

Was soll ich dazu sagen? Daß sie sich mühen, den Beelzebub auszutreiben, doch nicht durch den Finger Gottes? (Lk 11,20). Das ist's, was mich oft betrübt und schmerzt, daß wir Christen anfangen, draußen (scil. gegen die Juden) klug zu sein, zu Hause (scil. in der Kirche) aber töricht. Hundertfach schlimmer sind die Gotteslästerungen auf allen Straßen Jerusalems (d. i. in der ganzen Christenheit) und (bei uns) ist alles voller geistlicher Götzenbilder. Diese sollten mit höchstem Fleiß aufgehoben werden wie innere Feinde. Wir aber lassen alles beiseite, was uns am härtesten drückt, und wenden uns den äußeren und fremden Angelegenheiten zu (d. i. den jüdischen Schriften), offenbar vom Teufel überredet, unsere Angelegenheiten zu vernachlässigen und die fremden doch nicht zu verbessern. Kann man sich, so beschwöre ich dich, etwas Alberneres und Törichteres denken als diesen Eifer? Haben denn die unseligen Kölner in der Kirche keine schwierigen und höchst verworrenen Angelegenheiten, an denen sie ihre Weisheit üben können, ihren Eifer und ihre Liebe, als daß es nötig sei, diese in unserem Denken beiseite zu stellen und jene zu erforschen?

Doch was soll ich tun? Mein Herz ist von solchen Gedanken mehr erfüllt, als es mit Worten zu sagen ist. Das jedenfalls schließe ich, da es von allen Propheten geweissagt ist, daß die Juden Gott und ihren König Christus schmähen und lästern werden. Ich gestehe, daß derjenige, der dies nicht herausliest oder einsieht, noch nichts von Theologie kennengelernt hat. Daher vermute ich, daß die Kölner die Schrift nicht auszulegen vermögen, daß es nämlich so geschehen und die Schrift erfüllt werden muß (Mt 26,54). Und wenn sie versuchen würden, die Juden von ihren Gotteslästerungen zu reinigen (scil. durch Bücherverbot), würden sie nur dies bewirken, daß die Schrift und Gott als Lügner erschienen. Aber vertraue darauf, daß Gott sich als wahrhaftig erweisen wird, auch gegen den Willen und die vergeblichen Anstrengungen von tausendmal tausend Kölnern. Denn dies wird allein Gottes Werk sein, der von innen wirkt, nicht das von Menschen, die von außen nur mehr Spielerei betreiben, als daß sie etwas bewirken. Wenn jene (Lästerungen) von ihnen genommen würden, so würden sie (die Juden) schlimmere begehen. Sie sind nämlich durch den Zorn Gottes so sehr in verworfenem Sinn dahingegeben, daß sie nach dem Prediger Salomo (1,15) unverbesserlich sind. Jeder

Unverbesserliche aber wird durch Korrektur schlimmer und niemals gereinigt.

Leb wohl im Herrn und schone meine Ausführungen. Bete aber für meine sündige Seele zum Herrn.

Gegeben heute aus unserem Kloster.

Dein Bruder Martinus Luther.

Brief Luthers vom Februar 1514 an Georg Spalatin. WA BR. 1.23,1-24,46. Vgl. Brief vom 5. 8. 1514. WA BR. 1.28-29.

3. Luther erreicht reformatorische Höhe in seinem Eintreten für die Juden

Die Römerbriefvorlesung 1515 bis 1516

Luthers Erkenntnis von der Gnade Gottes, die den glaubenden Sünder um Christi Willen für gerecht anerkennt, reifte während der Arbeit an seiner Psalmenvorlesung von ersten Anfängen an weiter und wurde zur Struktur- und Gestaltungskraft einer neuen, eben der „lutherischen" Theologie. Gerade diese Erkenntnis, verbunden mit der Absicht weiterer Orientierung und Begründung, regte ihn an, nach dem Psalmenkolleg eine Vorlesung über den Römerbrief des Apostels Paulus zu halten. Keine bessere Hilfe konnte er sich für seine eigene Weiterentwicklung und für die Unterweisung zukünftiger Priester denken als eine intensive Beschäftigung mit dem Römerbrief.

In diesem Brief geht Paulus zudem, sowohl in den Kapiteln 2 bis 4 als auch in den Kapiteln 9 bis 11, aus schwerer eigener Betroffenheit als Jude seiner Herkunft nach, auf die Probleme ein, was es mit dem Volke Israel nach Gottes Willen auf sich habe, warum sich vorerst nur wenige Juden dem Christusglauben zuwenden, was in Zukunft aus dem Volk der Juden werden mag und wie es um das Erwähltsein des Volkes Israel stehe.

Luther begann seine Vorlesung über den Römerbrief bald nach Ostern 1515 und beendete sie Anfang September 1516. Die Handschrift blieb nach seinem Tode lange Zeit unbeachtet bzw. verschollen. Nur unzulängliche Kollegnachschriften von Studenten standen zur Verfügung. Luthers Originalhandschrift entdeckte erst Professor D. Dr. Johannes Ficker († 1944) in Berlin. Er veröffentlichte sie in einer vorläufigen Ausgabe 1908. Als Professor in Halle/Saale, dem ich zu großem Dank für meine Lutherkenntnis und mein Lutherverständnis verbunden wurde, brachte er 1938 die hervorragende Textausgabe von Luthers Römerbriefvorlesung für die Kritische Ge-

Abb. 6. Schloßkirche zu Wittenberg. Holzschnitt von Lukas Cranach d. Ä. 1509. Aus dem „Wittenberger Heiligtumsbuch" von 1509. Die linke Türe ist der Überlieferung nach die Türe des Thesenanschlags. Sie verbrannte im Jahre 1760 mit der gesamten Inneneinrichtung der Kirche. Im Jahre 1858 wurde sie als Stiftung Friedrich Wilhelms IV. von Preußen durch eine zweiflügelige Bronzetüre ersetzt, auf der in erhabenen Buchstaben der Text der 95 Thesen vermerkt ist. Die Turmspitze wurde 1858 durch eine Turmhaube ersetzt (vgl. Abb. 4).

samtausgabe D. Martin Luthers Werke (WA 56) heraus. Diese erst ermöglichte eine wissenschaftlich zuverlässige Erkenntnis des frühreformatorischen Luther.

Am Ende seiner Römerbriefvorlesung war Luther theologisch der Reformator, der ein Jahr später mit seinen 95 Thesen gegen den Ablaßhandel auch theologisch argumentierend an die Öffentlichkeit treten konnte.

In Luthers Römerbriefvorlesung erreicht seine Theologie die reformatorische Ebene und gewinnt damit auch eine neue, eben aus Paulus gewonnene Stellungnahme zum Problem des Volkes Israel. Fernab von allem volkstümlichen oder scholastischen Antijudaismus findet Luther — bei Wahrung der beiderseitigen religiösen Distanz — erstmalig zu einer christlichen Liebe zum Volke Israel, nicht nur zu dem des Alten Testaments, sondern auch zu dem lebenden Volk Israel. Nach Ansicht von Wilhelm Maurer enthält dieser Kommentar wie sonst keine der Lutherschriften Zeugnisse, „die seine Solidarität mit dem schuldig gewordenen, verstockten und verworfenen jüdischen Volk ausdrücken. Luther folgt darin nach seiner Überzeugung dem Vorbild des Apostels Paulus, der selber gern die eigene Seligkeit für das Heil seiner israelitischen Blutsbrüder hingegeben hätte (Röm 9,3) und der flehentlich wünschte, daß sie selig würden." (Maurer, S. 383).

Manche Argumentation aus der Psalmenvorlesung kehrt wieder, jedoch auf ein höheres Niveau gebracht oder der jetzt festverwurzelten Rechtfertigungslehre angepaßt. Manche Selbstkritik des Theologen Luther an der Kirche verstärkt sich, darunter auch die Kritik an Diffamierungen der Juden. Selbstverständlich werden dabei die Unterschiede zwischen jüdischer und christlicher Religion weiterhin angesprochen, jedoch als Unterscheidungsmerkmale und nicht zur Beschimpfung der Juden. Dabei spielt die Theologie des Paulus die entscheidende Rolle.

Manches an theologischer Argumentation Luthers mag heute nicht mehr so nachvollziehbar sein, auch gelingt es ihm nicht immer, sich jeweils in die jüdische Denkweise hineinzuversetzen. Dennoch ist hier durch Luther ein Brückenbau zum Judentum hin begonnen.

(9) Gerechtigkeit gibt es nur durch Christus

Es könnten und möchten wohl die Juden sagen: Wir hören das Gesetz und kennen es, und wir sind das auserwählte Volk aufgrund des Gesetzesbundes vom Berge Sinai. Die (Heiden-)Völker aber: Wir haben das Gesetz nicht ken-

nengelernt, darum entschuldigt uns diese Unkenntnis. Er aber (Paulus) antwortet einem jeden: Nein!... Es bedeutet nämlich ‚Gerechtsein bei Gott' dasselbe wie ‚Gerechtgemacht-werden bei Gott'. Denn nicht weil einer gerecht ist, wird er von Gott anerkannt, sondern weil einer von Gott anerkannt wird, darum ist er gerecht, wie unten Kapitel 4 (des Römerbriefes zu lesen ist). Niemand aber wird als gerecht anerkannt, der nicht das Gesetz durch das Tun erfüllt. Niemand aber erfüllt es, der nicht an Christus glaubt. Und so behauptet der Apostel den Schluß, daß niemand ohne Christus gerecht ist, niemand das Gesetz erfüllt.
Römerbrief 1515-16. Zu Röm 2,11-13. WA 56.22,11-14 und 24-29. Vgl. die Texte 2,10,43,92 u. ö.

(10) Gerechtigkeit kommt aus Glauben, nicht aus Gesetzeserfüllung oder Beschneidung, auch nicht bei Abraham

Zur Widerlegung des Unglaubens und der Überheblichkeit der Juden, die durch Werke gerechtfertigt werden wollen und die meinen, ihnen sei Vater Abraham als Vorbild gesetzt, erweist er (Paulus), daß Abraham nur aus dem Glauben gerechtfertigt wurde... Das beste Argument gegen jüdisches Mißverstehen ist dies: Da ihr Vater Abraham, dessen sie sich so sehr rühmen, nicht aufgrund der Beschneidung und nicht aufgrund von Werken des Gesetzes gerechtfertigt wurde, sondern vor der Beschneidung und vor der Gesetzgebung, wie wollen denn sie, die seine Nachkommen sind, Gerechtigkeit nur durch Beschneidung und Werke des Gesetzes erhalten ohne Glauben? Daher sind sie mehr Söhne der Beschneidung als Söhne Abrahams.
Römerbrief 1515-16. Zu Röm 4,1-3 und 4,9-10. WA 56.40,26-28 und 42,21-26.

Zu Abrahams Gerechtigkeit vgl. Gen 15,1-6. Damit will Luther die Juden seiner Zeit zum wahren Glauben Abrahams zurückrufen. Vgl. die Texte 2,9,43,82,92.

(11) Nicht ganz Israel, doch ein Teil wird schon vor der Endzeit gläubig und so gerettet werden

Es soll niemand meinen, alle Juden seien verworfen, weil nach Hos (2,25) Gott sagt: „Ich werde Nicht-mein-Volk nennen mein Volk". Das nämlich scheint zu bedeuten, daß er nur (Heiden-)Völker zum Volk beruft, weil die Juden „Volk" waren. Wenn er nämlich „Nicht-Volk" zum Volk beruft, wird er folglich die Juden, die „Volk" sind, nicht zum Volk berufen. Gegen solche Deutung „schreit" er (Jesaja nach Röm 9,27) und spricht mit großer Festigkeit, daß er (Gott) auch aus Israel einige berufen wird... Der Sinn (von Röm 11,5) ist, daß so wie damals Übriggebliebene unter den Verlorenen waren

und gefunden wurden, so auch jetzt gemäß der Gnadenwahl Übriggebliebene erfunden werden.
Römerbrief 1515-16. Zu Röm 9,24-27 und 11,5. WA 56.95,19-24 und 431,5-7.

Zu Jesajas Weissagungen vom Rest, der gerettet werden wird, vgl. Jes 10,20-22. Weiter beruft Luther sich hierfür auf Jes 1,8; 4,3; 10,22-23; 11,16; 46,3; 65,8; 49,6; Ps 77 (78),31. — WA 56.405-406 zu Röm 9,27 u. ö.

(12) Israels Erwähltsein bleibt bestehen

Wenn Gott sein Volk verstoßen hätte, dann hätte er noch mehr den Apostel Paulus verstoßen, der mit allen Kräften gegen Gott gekämpft hat. Jetzt aber hat Gott, um zu zeigen, daß er sein Volk nicht verstoßen hat, sogar den angenommen, der hoffnungslos war (Paulus). Damit hat er erwiesen, wie fest seine Vorherbestimmung und Erwählung ist, daß sie selbst durch solche Hoffnungslosigkeiten nicht verhindert werden kann. Deshalb fügt er treffend hinzu: „Gott hat sein Volk nicht verstoßen, das er sich zuvor ersehen hat."
Römerbrief 1516-16. Scholie zu Röm 11,1-2. WA 56.428,29-429,4.

(13) Christliche Liebe wirkt für das Gute — auch der Juden

Seinen Kommentar zu dem großen paulinischen Text über das Volk Israel (Röm 9-11) leitet Luther mit Grunderkenntnissen ein, die zu einem neuen Verhalten gegenüber den Juden bewegen.

Aus diesem Text (Röm 9,1-5) geht zur Genüge hervor, daß die Liebe nicht nur in Angenehmem und Erfreulichem besteht, sondern auch bei größter Trübsal und Bitterkeit. Ja viel mehr noch: sie ist freudig und lieblich in Trübsal und Bitterkeit, denn sie bewertet das Elend und die Beschwerden anderer, als ob sie die eigenen wären. So war auch Christus in seinem letzten und größten Leiden von großer Liebe durchglüht... Dieses Wort (Röm 9,3: „Ich möchte verflucht sein... meinen Brüdern zugut") zeugt von höchster und völlig apostolischer Liebe, sowohl zu Christus als auch zu den Juden... So wünscht er (Paulus) auch für die Juden das höchste Heil, und damit sie dies erhielten, würde er gerne auf sein Heil verzichten.
Römerbrief 1515-16. Scholie zu Röm 9,1-3. WA 56.389.3-7 und 390,13-20.

(14) Luther nimmt die Juden in Schutz gegen Verleumdungen

Aus dieser Stelle (Röm 11,22) lernen wir, wenn wir den Fall der Juden oder der Häretiker oder anderer betrachten, nicht selbst zu Fall zu kommen, sondern das Werk Gottes an ihnen zu bedenken, damit wir am Beispiel fremden Unglücks Gottesfurcht lernen und in keiner Weise Vorentscheidungen treffen. Das nämlich ist die bemerkenswerte Lehre des Apostels, der uns mehr zum Bedenken dessen, der durch sein Werk handelt (Gottes), anregt, als zum Vergleichen von anderen mit uns.

Hiergegen erheben sich viele in erstaunlicher Torheit mit Stolz und nennen die Juden bald Hunde, bald Verfluchte, bald wie es beliebt, obwohl sie selbst auch genau so nicht wissen, wer und als was sie vor Gott sind. Vermessen versteigen sie sich zu blasphemischen Benennungen, wo sie doch schuldig wären, mit jenen zu leiden und für sich Gleiches zu fürchten. Aber im Gegenteil, als über sich und jene ganz sicher, erklären sie ohne Grund sich selbst für die Gesegneten und jene für die Verfluchten. So sind jetzt die Kölner Theologen (die Gegner Reuchlins und des Talmud), die sich bei ihrem übertörichten Eifer nicht schämen, in ihren höchst unfähigen und törichten Artikeln die Juden Verfluchte zu nennen. Warum? Weil sie vergessen haben, was im folgenden Kapitel gesagt wird: „Segnet, und fluchet nicht." (Röm 12,14). Und andernorts: „Man verflucht uns, so segnen wir; man lästert uns, so flehen wir." (1Kor 4,12). Mit Gewalt und Verfluchungen wollen sie die Juden bekehren. Gott aber möge ihnen widerstehen.
Römerbrief 1515-16. Scholie zu Röm 11,22. WA 56.436,7-23. Zu den Kölner Theologen vgl. oben Kap. I. Abschn. 2. Zur Gewaltanwendung vgl. die Texte 47,48,89,99,101 u. ö.

(15) Christen und Juden sollen einander in Güte annehmen

In dem allen löst der Apostel den Streit der Juden und (Heiden-)Völker auf, damit sie nicht gegeneinander uneins werden, sondern sich gegenseitig annehmen, wie Christus sie angenommen hat. Denn er hat nicht nur die Juden, damit sie sich nicht überheben, sondern ebenso die Völker aus reiner Barmherzigkeit angenommen. Daher haben beide Grund zum Lobe Gottes, nicht aber zum Streit miteinander.
Römerbrief 1515-16. Zu Röm 15,13-14. WA 56. 140,16-20.

Dies ist vielleicht das schönste Wort Luthers über das von Gott erwartete Verhalten der Christen und der Juden zueinander. Vgl. auch unten die Historische Einführung zu Kap. II.

(16) Jetzt schon sollen Christen das jüdische Volk in Ehren halten

Diesen ganzen Text hindurch (Röm 11,25-31) zielt er (Paulus) darauf ab, die Umkehr dieses Volkes anzuraten. Um den Apostel richtig zu verstehen, muß man wissen, daß seine Rede sich auf die ganze Menge des jüdischen Volkes erstreckt und die früheren, die gegenwärtigen und die künftigen Guten im Blick hat. Selbst wenn darunter einige Verworfene sind, ist diese Menge

doch wegen der Erwählten in Ehren zu halten. So nämlich ist das jüdische Volk eine ‚heilige Menge' wegen der Erwählten.
Römerbrief 1515-16. Scholie zu Röm 11,28. WA 56.439,6-14.

(17) Nach ihren Leiden werden die Juden als letztes der Völker zum wahren Glauben umkehren

Aus diesem Text (Röm 11,25) wird gemeinhin angenommen, daß am Ende der Welt alle Juden zum Glauben zurückkehren werden. Doch ist er so unklar, daß niemand durch den Text deutlich überzeugt werden könnte, wenn er nicht der Autorität der Kirchenväter folgen würde, die den Apostel so auslegen. Aber es stimmt mit dieser Stelle des Apostels auch der Herr überein, wenn er Lk 21 (23-24) sagt: „Es wird große Not auf Erden und Zorn über dies Volk sein. Und es werden durch die Schärfe des Schwertes viele fallen und gefangen geführt werden in alle Völker. Und Jerusalem wird von den Völkern zertreten werden, bis die Zeit der Völker erfüllt ist." Das ist es, was er hier (Röm 11,25) sagt: „bis die Fülle der Völker eingetreten sei."

Demzufolge ist der Sinn des Apostelwortes „Ich will euch, Brüder, dies Geheimnis nicht vorenthalten" der: seid nicht übermütig! Es ist ein heiliges Geheimnis. Daß die Juden gefallen sind, bedeutet dies, was niemand der Menschen weiß: daß die jetzt noch gefallenen Juden umkehren werden und gerettet werden, wenn die Völker zufolge der Fülle ihrer Erwählung eingetreten sein werden. Sie (die Juden) werden nicht für ewig draußen bleiben, sondern zu ihrer Zeit umkehren... So auch die Juden, die Christus hinausgeworfen haben zu den Völkern, wo er jetzt regiert, werden dennoch zu ihm kommen, vom Hunger nach dem Worte bezwungen...

Daher (heißt es): Jetzt zwar „ist einem Teil in Israel Blindheit widerfahren", dann aber wird nicht nur ein Teil, sondern ganz Israel gerettet werden. Jetzt sind sie zum Teil gerettet worden, dann aber alle.
Römerbrief 1515-16. Scholie zu Röm 11,25. WA 56.436,25-437,6. 437,18-23; 437,27-438,1; 438,24-26.

(18) Ganz Israel wird durch Gottes Gnade gerettet werden

So auch diese (Juden) (Röm 11,23): „Doch auch jene (die Juden), wenn sie nicht halsstarrig im Unglauben verharren, werden eingepfropft" in seinen Ölbaum (das Volk Gottes). „Gott kann sie nämlich wiedereinpfropfen"...

Da nämlich aus dem Olivensamen kein Ölbaum, sondern ein wilder Ölbaum wird, so wird viel weniger aus dem Samen eines wilden Ölbaums ein Ölbaum. Dennoch wird ein wilder Ölbaumzweig durch die Kunst (des Pfropfens) zu einem Ölbaumzweig, was der Ölbaum von Natur aus nicht vermag. Die Tatsache, daß der Olivensamen keinen Ölbaum hervorbringt, zeigt an, daß die Söhne des Fleisches nicht Söhne Gottes sind. Ebensowenig würden die Juden deshalb, weil sie Samen der Väter sind, den Ruhm der Väter besitzen. Ganz im Gegenteil. Wie der wilde Ölbaum nicht von Natur, sondern durch die Kunst des Pfropfens zum Ölbaumzweig wird, so wird ein Volk durch die eingepfropfte Gnade, nicht durch Gerechtigkeit oder Tüchtigkeit von Natur, zum Volk Gottes...

„Ich will euch, Brüder, dies heilige und verborgene Geheimnis nicht vorenthalten" (Röm 11,25), weil es nötig ist, um den Hochmut zu verhindern und „damit ihr nicht für euch selbst klug seid." Gegen solche soll das Volk Israel zu Ehre und Wohlgefallen gebracht werden, „denn Blindheit des Unglaubens war Israel zum Teil widerfahren, bis die Fülle der Völker eingetreten ist" in die Kirche Gottes, das ist die erfüllte Vorherbestimmung der Völker. Und so wird ganz Israel gerettet werden, das ist alle aus Israel zum Heil Bestimmten (Röm 11,26).

Römerbrief 1515-16. Zu Röm 11,23-26. WA 56.113,3-5; 18-27; 10-15.

(19) Das Leiden der Juden dient der Welt und auch den Juden zum Heil

Das Heil ist den Heiden widerfahren durch ihren (der Juden) Fall, damit der Fall nicht gänzlich ohne Frucht und dieses Böse nicht ohne Gutes sei. Den Heiligen wirkt alles zum Guten (Röm 8,28), um so mehr dient dem Christus und dem Gott auch das Böse zum Guten. Fürwahr, in Überfülle dient beim Handeln Gottes das Böse zum Guten, so daß es nicht nur zum Guten anderer, sondern auch zum Guten dessen dient, dem es Böses ist. So auch ist das Heil den Völkern durch ihren (der Juden) Fall gekommen. Und das ist nicht das Ende. Vielmehr: Die gefallen waren, sollen das Gute denen nacheifern, die aufgestanden sind...

So will Gott, daß der Fall der Juden ihnen selbst zum Nutzen diene. Er bewirkt nämlich den Nutzen der Völker, um jene (die Juden) herauszulocken, wenn sie sehen, daß sie gefallen und der Gnade Gottes verlustig sind, mit der die Völker geschmückt erscheinen.

Römerbrief 1515-16. Scholie zu Röm 11,11. WA 56.433,25-31 und 434,1-4.

Abb. 7. Verhör Luthers durch Kardinal Cajetan in Augsburg vom 12. bis 14. Oktober 1518. Holzschnitt aus L. Rabus: Historien des heyligen ausgewählten Gotteszeugen. Straßburg 1556. Bei diesen Verhören berief Luther sich erstmalig vor einer kirchlichen Autorität auf sein Gewissen.

II. Kapitel: Das Aufblühen der Reformation: von den Thesen bis Worms 1517-1521

Historische Einführung

Die ersten Jahre nach dem Thesenanschlag vom 31. Oktober 1517 ließen Luther kaum zur Ruhe kommen. Wie mit einem Sturmwind hatten sich die 95 Thesen in etwa 14 Tagen über fast ganz Deutschland verbreitet und eine Unruhe ausgelöst, wie sie Europa seit Beginn des Mittelalters nicht erlebt hatte. Eine Verpflichtung Luthers jagte die andere. Seine Vorlesungen mußte er halten, ebenso seinem Predigtdienst in der Stadtkirche zu Wittenberg nachkommen. Die theologischen Gegner Tetzel, Emser und Eck schrieben gegen ihn; er mußte sich zur Wehr setzen. Sein Orden verpflichtete ihn, im April 1518 zu einem Ordenskapitel nach Heidelberg zu reisen. Rom leitete den Ketzerprozeß gegen ihn ein. Luther soll sich in Rom verantworten, wovor ihn aber sein Kurfürst Friedrich der Weise bewahrt. Aber im September 1518 reist er nach Augsburg, wo er sich im Oktober 1518 vor dem italienischen Kardinal Cajetan rechtfertigen muß (Abb. 7). Im Januar 1519 muß er nach Altenburg zu Verhandlungen mit dem päpstlichen Sondergesandten Karl von Miltitz. Im Juli 1519 ist er mit Eck zusammen auf der Leipziger Disputation (Abb. 8). Im Juni 1520 droht der Papst ihm mit der Bulle Exsurge Domine den Bann an. Neben vielen Schriften, die bisher schon verfaßt waren, schrieb Luther im Jahre 1520 seine sogenannten Hauptschriften: „An den christlichen Adel deutscher Nation von des christlichen Standes Besserung", „Von der babylonischen Gefangenschaft der Kirche", „Von der Freiheit eines Christenmenschen". Im Oktober 1520 werden Schriften Luthers in Löwen und Lüttich verbrannt, im November auch in Köln und Mainz. Luther antwortet am 10. Dezember 1520 mit der Verbrennung des Kanonischen Rechts und der Bannandrohungsbulle (Abb. 14). Daraufhin wird Luther am 3. Januar 1521 durch die Bannbulle Decet Romanum Pontificem exkommuniziert. Sein Landesherr Friedrich der Weise erreicht aber, daß Luther sich auf deutschem Boden vor Kaiser und Reich verantworten soll. Dies geschieht auf dem Wormser Reichstag am 17. und 18. April 1521 (Abb. 12 und 13).

In all diesen Geschehnissen entwickelt Luther sich auf die reformatorische Höhe seiner theologischen Erkenntnisse und seiner religiösen Gesinnung. Der Gott, der aus Liebe den Menschen seine Gnade umsonst zuwendet und sie so mit sich verbindet, dieser Gott will, daß die Menschen ebenso an ihren Mitmenschen handeln. Wenn so „allewege die Person zuvor gut und fromm (gerechtfertigt) sein muß vor allen guten Werken" und der Christenmensch sich Gottes Wohlgefallen nicht noch durch Werke verdienen muß, vielmehr „frei ist von allen Geboten und aus lauterer Freiheit umsonst alles tut, was er tut, in Nichts damit seinen Nutzen oder Seligkeit zu suchen", dann kann und soll er in dankbarer Fröhlichkeit auch den zweiten Teil des Hauptgebotes befolgen: die Nächstenliebe: „Ei, so will ich solchem Vater, der mich mit seinen überschwenglichen Gütern also überschüttet hat, wiederum frei, fröhlich und umsonst tun, was ihm wohlgefällt, und meinem Nächsten auch ein Christ werden, wie Christus mir geworden ist." (Von der Freiheit eines Christenmenschen. 1520 WA 7.32,7-8; 32,31-33 und 35, 32-35).

Dies mußte sich auf Luthers Denken über die Juden positv auswirken und hat es auch getan (vgl. schon oben Text 15). Auch den Juden soll diese in Christus offenbar gewordene Liebe Gottes zugänglich gemacht werden. Sie sollen nicht mehr von religiöser Angst getrieben versuchen, sich durch Erfüllung des Gesetzes ihre Gerechtigkeit vor Gott zu verschaffen. Jetzt, da die Zeit einer vermeintlich „christlichen" Gewaltherrschaft hierarchischer oder politischer Macht ihrem Ende zugeht, jetzt sollen die wirklichen Christen sich von Gott zur Liebe gegenüber den Juden gerufen wissen und diese durch Wort und Tat zu Christus einladen.

Damit ist Luther im wichtigsten Motiv seiner Beurteilung der Juden über die vernunftgemäße Toleranz hinausgewachsen. Für einen Christen reicht es nicht aus, die Juden aus Humanität leben und denken zu lassen, wie sie wollen; ein Christ ist auch dafür Gott verantwortlich, dem Nächsten das Wertvollste, was er als Christ kennt, zukommen zu lassen, d. h. die in Christus offenbare Liebe Gottes. So folgt aus dem reformatorischen Glaubensverständnis die Haltung zu den Juden, die wir Judeneinladung nennen können und die sich bei Luther seit 1517 durchgesetzt hat. Luthers Haltung zu den Juden ist daher in der reformatorischen Blütezeit als *gottverantwortliche Nächstenliebe* zu bezeichnen.

Diese Gesinnung führte Luther zu einer neuen Hoffnung. Die Juden sollten nicht mehr die diffamierten Randsiedler der Gesellschaft bleiben. Sie sollten frei sein von aller Verfolgung, sie sollten von den Christen eingeladen werden zu gemeinsamen Gottesdiensten. Dafür müßten sie, so meinte Luther, naturgemäß ganz wesentliche Stücke ihres religiösen Denkens und Tuns ablegen und andere dafür annehmen. Daß dies ein Sichselbstaufgeben der Juden bedeutet hätte, war Luther zwar bewußt, aber seiner Meinung nach der Wille Gottes.

Gegenüber den religiösen Besonderheiten der Juden, wie sie der christlichen und jetzt reformatorisch-christlichen Überzeugung Luthers im Wege standen, blieb Luther nicht nur reserviert, sondern weiterhin ablehnend.

Er war jetzt Judenfreund, aber er war keiner, der seinen Freunden alles nachsah. Er war jetzt gewiß kein Judenfeind, aber doch ein harter Kritiker. Er setzte große Hoffnungen auf die Einsicht der Juden, wie er es sah. Auch für die Juden in Europa war damit eine neue Situation geschaffen, eine historische Entscheidung fällig geworden. Wie würden sie sich entscheiden? Wie konnten sie sich entscheiden?

Abb. 8. Luther und Eck bei der Leipziger Disputation vom 27. Juni bis 16. Juli 1519. In Bildmitte: Herzog Georg der Bärtige von Sachsen (Meißen, albertinische Linie). Holzschnitt aus L. Rabus: Historien des heyligen ausgewählten Gotteszeugen. Straßburg 1556. Hier erklärte Luther öffentlich, daß auch Päpste und Konzile irren können.

1. *Schriftstudium führt über Toleranz hinaus zur Einladung an die Juden*

(20) Kabbalistische Schriftauslegung findet nicht das wahre Wesen Gottes: die Barmherzigkeit

Als Luther die 95 Thesen verfaßte, hielt er gerade seine mehrfach unterbrochene Vorlesung über den Galaterbrief, die er im Herbst 1516 begonnen hatte und Ende 1518 in Druck gab. Die scholastische Schriftauslegung, die jeweils einen vierfachen Schriftsinn erarbeiten wollte, vor allem den allegorischen, hatte er längst hinter sich gelassen. Aber auch die im Judentum damals verbreitete kabbalistische Auslegung lehnte er ab. Die Kabbala (= Überlieferung) als eine mystisch-theosophische Schriftauslegung hatte sich seit dem Ausgang der Antike in der jüdischen Theologie zu einer Art Geheimlehre entwickelt und seit dem 13. Jahrhundert eine Blüte in Spanien erreicht. Auch sie bediente sich der Allegorie. Bei Luthers nüchterner Schriftauslegung war es nicht verwunderlich, daß er die Kabbala ablehnte, obwohl eine ganze Reihe zur Mystik neigender Christen, und selbst ein Humanist wie Reuchlin, manches daraus übernahm. Insonderheit das geheimnisvolle Suchen eines tieferen Sinnes in Buchstaben, Zahlen und Zahlenkombinationen, etwa in den Buchstaben des Gottesnamens, war nach Luther eine abergläubische Veräußerlichung. Nach kabbalistischer Meinung hat der Name Gottes 3 mal 72 = 216 Buchstaben, für die das Vierbuchstabenwort (Tetragramm) IHWH als Siegel gilt. Der im Hebräischen mit diesen vier Buchstaben (יהוה = Jachweh) geschriebene Gottesname soll eine Reihe geheimnisvoller Aussagen enthalten (vgl. unten die Texte 105 und 106). Dagegen leitet Luther aus Lehre und Leiden Christi die Möglichkeit zur Erkenntnis vom Wesen Gottes ab:

Das ist es, was Christus uns erworben hat: nämlich daß der Name des Herrn verkündigt werde [das ist: Barmherzigkeit und Wahrheit Gottes]. Dann wird gerettet, wer daran glaubt... Den wahren Namen des Herrn kannst du nirgends klarer erkennen als in Christus. Da siehst du, wie gut, milde, treu, gerecht und wahrhaftig Gott ist, der sogar seinen eigenen Sohn nicht verschont hat (Röm 8,32). Hier zieht er dich durch Christus zu sich selbst. Ohne diese Gerechtigkeit kann das Herz nicht rein sein. Daher ist es unmöglich, daß die Gerechtigkeit der Menschen wahr sei. Hier nämlich wird in Wahrheit der Name des Herrn angenommen, dort wird er in Eitelkeit (Nichtigkeit) angenommen. Denn hier gibt der Mensch Gott die Ehre und sich die Schmähung. Dort gibt er sich die Ehre und Gott die Kränkung. Das ist die wahre Kabbala des Herrennamens, nicht die des Tetragramms, von

dem die Juden abergläubisch fabulieren. Der Glaube an den Namen des Herrn, sage ich, ist Verständnis des Gesetzes, Ende des Gesetzes und geradezu alles in allem. In Christus hinein hat er (Gott) diesen seinen Namen gelegt, wie er es durch Moses vorhergesagt hat.
In epistolam Pauli ad Galatas commentarius. 1519. Zu Gal 2,16. WA 2. 490, 34-35 und 491, 1-11. Ähnlich auch in den Operationes in Psalmos. 1519-21. WA 5. 184,5-39, jetzt in Teil II. 333,2-334,17. Zur Kabbala vgl. unten die Texte 95, 105 und 106.

(21) Nicht Judenverfolgung, sondern Judeneinladung aus christlicher Liebe

Schon bei der Erklärung des Römerbriefes war dem Exegeten Luther anhand der Kapitel 9 bis 11 des Römerbriefes diese Zentralstelle des Paulus zum Problem der Erwählung Israels, der Verstockung Israels und der Erlösung Israels in ihrer vollen und tiefen Bedeutung verständlich geworden. Diese Erkenntnis gab ihm jetzt 1520 Veranlassung, bei Erklärung der Psalmworte „Ach, daß aus Zion das Heil käme und der Herr die Gefangenschaft seines Volkes wenden möge" (Ps 14,7) zu einer deutlichen Verurteilung der Judenverfolgungen, zu einem Appell für die Einladung der Juden und zur christlichen Liebe gegenüber den Juden in Wort und Tat zu finden und zu rufen:

Wie ich sehe, wird dies (Ps 14,7) von den erlauchten Vätern verstanden als auf die Juden bezogen, die am Ende bekehrt werden sollen...

Er (der Psalmist) fügt aber hinzu ‚aus Zion', um zu zeigen, daß ihnen (den Juden) oder irgend anderen Menschen kein anderes Heil gegeben werde als jenes, das in Christus besteht, das in Zion gegeben wurde und von dort in alle Welt verbreitet wurde, und daß darum die Juden zu Christus bekehrt werden sollen, so unsinnig sie auch jetzt gegen ihn sein mögen. ‚Denn bei Gott ist kein Wort (sic!) unmöglich' (Lk 1,37). Und Röm 11(23): ‚Gott ist mächtig, sie wieder einzupfropfen. Darum ist die Raserei gewisser Christen [wenn man sie Christen nennen soll] verdammenswert, die da meinen, sich darin Gott willfährig zu erweisen, daß sie die Juden mit größtem Haß verfolgen, ihnen alles Übel ansinnen und sie mit äußerstem Hochmut und Verachtung verhöhnen, wenn diese ihr Elend beklagen.

Dem Beispiel dieses Psalms (14,4-7) und des Paulus höchstem Wohlwollen (Röm 11,18-32) zufolge wäre es nötig, für sie zu trauern, betrübt zu sein und ohne Unterlaß zu beten. Diese Menschen sollten es ernsthaft bedenken, wenn sie Paulus Röm 11 (18) hören: ‚Rühme dich nicht gegen die Zweige (scil. gegen die aus dem Ölbaum des Volkes Gottes ausgebrochenen Juden). Rühmest du dich aber, (so wisse, daß) nicht du die Wurzel trägst, sondern die Wurzel dich'. Und weiter: ‚Sei nicht stolz, sondern fürchte dich' (Röm 11,20).

Diese gottlosen Namenschristen bereiten durch diese ihre Tyrannei dem christlichen Namen und Volk einen schweren Verlust. Auch sind sie schuld und teilhaftig an der jüdischen Ungläubigkeit. Durch solch ein Beispiel von Grausamkeit treiben sie diese gleichsam vom Christentum weg, obwohl sie diese doch mit aller Milde, Geduld, Bitte und Fürsorge anlocken müßten. Durch solcher Leute Raserei beschützt, verharren gewisse äußerst geschmacklose Theologen und schwatzen in ekelhaftem Hochmut daher, die Juden seien Knechte der Christen und Unterworfene des Kaisers, obwohl sie selbst dabei so wahr Christen sind, wie wahr irgendwer heute Römischer Kaiser ist.

Wer, so frage ich, würde zu unserer Religion übertreten, und sei er noch so gutmütigen und geduldigen Gemüts, wenn er sich von uns so grausam und feindselig und nicht nur unchristlich, sondern vielmehr noch so todbringend behandelt sähe. Wenn Haß auf Juden, Ketzer und Türken die Christen ausmacht, dann sind wir Rasenden wahrhaft die Christlichsten unter allen. Wenn aber Christi Liebe die Christen ausmacht, dann sind wir ohne Zweifel noch schlechter als Juden, Ketzer und Türken, denn niemand würde dann Christum weniger lieben als wir. Ihre Unvernunft ist jenen Toren und Kindern ähnlich, die den auf Wände gemalten Juden die Augen ausstechen, als wollten sie dem leidenden Christus zu Hilfe kommen. Nichts anderes betreiben die meisten Bejammerer der Passion Christi, als daß sie den Trotz der Juden gegen Christus übertreiben und die Herzen der Gläubigen gegen sie (die Juden) aufreizen. Das Evangelium dagegen wirkt daraufhin, uns die Liebe Gottes und Christi in dieser Angelegenheit gänzlich und aufs höchste nahezulegen, woran jene nicht mit einem einzigen Wort erinnern.

Operationes in Psalmos. 1519-21. Zu Ps 14,7. WA 5. 427, 22-23 und 428, 27-429,18.

Dies ist mehr als Toleranz und Humanität für die Juden, es ist verantwortungsbewußte Liebe zu dem Volk, das Gott zu seinem Volk berufen hat. Die glaubenden Christen wurden danach dem Volke Gottes einverleibt, und auch die Juden werden alle zurückfinden. Dazu sollen Christen ihr Bestes in Wort und Tat beitragen. Die Namenschristen aber, eine Bezeichnung, die Luther hier offenbar als erster in den Sprachgebrauch einführt, verüben in ihrem Hochmut nur Grausamkeit.

Heute werden wir zwar die christozentrische Auslegung alttestamentlicher Texte (hier die Worte: aus Zion) nicht mehr so nachvollziehen können, aber doch die neutestamentliche Botschaft, daß von Christus, einem Juden der menschlichen Herkunft nach, das Heil kommt (vgl. Joh 4,22).

Die Bemerkung Luthers, heute sei niemand Römischer Kaiser, kann eine zeitgeschichtliche Anspielung auf die Zeit zwischen Kaiser Maximilians Tod am 12. Januar 1519 und der Krönung von Kaiser Karl V. am 26. Oktober 1520 sein. Luther ließ seinen bis Ps 15 reichenden Kommentar im Januar 1520 im Druck erscheinen. Mit der

Abb. 9. Luther 1520 als Mönch und Professor zur Zeit der zweiten Psalmenvorlesung (Operationes in Psalmos) und der Ausarbeitung seiner „Hauptschriften". Kupferstich von Lukas Cranach d. Ä.

Bemerkung, daß in vielen Darstellungen der Passion Jesu das Mitwirken der Juden dabei übertrieben werde, spielt Luther vielleicht auf die damalige Auffassung von der Kollektivschuld der Juden und ihrer Nachkommen am Tode Jesu an (vgl. W. Bienert: Von der ‚Kollektivschuld' am Tode Jesu).

Die christliche Aufgabe an den Juden ist nach Luther nicht das, was im 19. und 20. Jahrhundert als Judenmission bezeichnet und praktiziert wurde, sondern eine Judeneinladung aus verantwortlicher Nächstenliebe durch Wohlwollen, Mitleiden, Fürbitte und Unterweisung. Zur Übertreibung jüdischen Trotzes bei der Passion Jesu vgl. unten die Texte 25 und 34.

(22) Das der Kirche abgewandte Gesicht der Synagoge (vgl. Abb. 10) Oder: Die tragischen Feind-Brüder

Wenn Luther auch dem antijüdischen Verhalten vieler Christen die Schuld dafür zuschreibt, daß die Mehrheit der Juden nicht konvertiert, so spricht er doch auch vom fehlenden guten Willen der Juden und von dem, was traditionell deren „Halsstarrigkeit" genannt wird (etwa Ex 32,9; Jer 17, 23; Apg 7, 51; 17,4-5 u. a.).

Dies war von jenen Juden gesagt, die, vom Worte (Gottes) überwunden und zur Demut gebracht, zur Mehrung der Kirche gekommen sind. Jetzt wollen wir von denen sprechen, die verworfen sind und in Unglauben verharren. Diese nennt (der Text) Feinde und Hasser, denn die Kirche hat keinen schärferen Haß erduldet als den von ihren jüdischen Brüdern. Beachte dabei die Besonderheit der Wörter: ‚du hast sie mir gegeben als mit dem Rücken Zugewandte und hast sie vernichtet' (Ps 18,41). Furchtbar ist dies: die Synagoge wird besiegt und flieht, die Kirche aber siegt und folgt nach. Das nämlich bedeuten die Worte ‚die Feinde werden gegeben als mit dem Rücken Zugewandte'. So auch Gen 49(8): ‚Juda, deine Hand ist auf dem Nacken deiner Feinde.'

Doch auch dies ist bedauernswert, daß die Synagoge immer mit von der Kirche abgewandtem Gesicht verharrt, das heißt mit dauerndem Haß. Anerkennen will und kann sie diese nicht, den Haß legt sie nicht ab und erreicht dennoch nichts gegen sie, ist vielmehr ständig auf der Flucht und zum Zurückweichen gezwungen. Das haben wir bis heute vor Augen, wie es an den Juden geschieht, so daß ihr Zustand nicht besser mit wenigen Worten ausgedrückt werden kann, als daß sie als mit dem Rücken Zugewandte (dahin-)gegeben sind, so sehr dem Haß und dem Erdulden von Übeln ausgeliefert.
Operationes in Psalmos, 1519-21. Zu Ps 18,41. WA 5.534,13-26.

Tatsächlich wird die Gestalt der Synagoge an Kirchenportalen meist in abgewendeter Haltung gegenüber dem Portal und der Ge-

Abb. 10. Ekklesia und Synagoge. Ca. 1230, Straßburger Münster, südliches Querhausportal

stalt der Kirche dargestellt. Aber ob diese Abwendung Haß zum Ausdruck bringen soll, ist doch sehr fraglich. Versetzt man sich in das mittelalterliche Empfinden der Bildhauer — etwa von Straßburg oder Bamberg —, so spricht aus den Gesichtszügen und Gesten der Synagoge-Figuren kein erkennbarer Haß, vielmehr eine tiefe Trauer

— mittelalterlich gedacht wohl über den äußeren Sieg der triumphierenden Kirche gegenüber der verstoßenen Synagoge.

(23) Eine Bevorzugung der Juden wegen deren Abstammung von Abraham gilt vor Gott nicht

Es sei daran erinnert, daß nach Luthers Verständnis durch die Psalmen Christus zu uns spricht. Luther kommentiert Ps 16,3:

'Den (wirklich) Heiligen und Großherzigen auf Erden gilt all' mein Wohlwollen'. Der Sinn (dieses Satzes) soll daher dieser sein: Wenn auch alle, die mir ein Ärgernis geben, Rücksicht auf die Person nehmen, und sei es auf Feinde des Kreuzes, so verlasse ich andererseits diese, wessen Geschlechts oder Namens sie auch seien, und lasse mich auch nicht davon beeinflussen, daß sie Nachkommen Abrahams sind. Diejenigen aber umarme ich wahrhaft, die Heilige und Großherzige im Geiste sind, verachtet von der Welt und von jenen. Diesen gilt mein Wohlwollen, meine Sehnsucht und mein Erbe. Sie werden mir das vom Vater gegebene Volk sein, wo immer auf Erden sie sein mögen. Es ist nämlich nicht nötig, daß sie in Jerusalem, in Zion oder in Rom sein mögen, vielmehr wie Petrus Apg 10 (34f.) sagt: 'In Wahrheit habe ich erkannt, daß Gott die Person nicht ansieht, sondern in jedem Volk, wer ihn fürchtet und recht tut, der ist ihm angenehm.' Das wollten die Juden nicht, das lehnen auch die heutigen Nacheiferer ab, die Romanisten (Römlinge), die uns an Rom anzubinden suchen und mehr sein wollen... So sind nicht die Juden Heilige noch der Klerus, nicht ein Mensch irgendeines Namens, wenn er nicht im Glauben Gott anhängt und dadurch zum Teilhaber von dessen Natur gemacht ist und dessen 'Leben mit Christus verborgen ist in Gott' (Kol 3,3).
Operationes in Psalmos. 1519-21. Zu Ps 16,3. WA 5.446,36-447,7 und 447,25-28.

(24) Juden und Christen werden gemeinsam Gott anbeten

Der erste Teil dieses Textes (Ps 22,28-30) soll die Schlußsentenz sein und, wie man sagt, die summa summarum. Er sagte nämlich: auch die Juden und die Völker werden sich bekehren und anbeten. Dies Gesagte gleichsam ausführend, spricht er: dann wird alles Ansehen der Person aufhören (Apg 10,34-35), damit es in Christus weder einen Juden noch einen Griechen gibt, aber auch nicht Herr und Knecht, auch nicht reich und arm, auch nicht Mann und Frau, auch nicht Barbar und Scythe, auch nicht klein und groß, sondern alle eins in Christus (Gal 3,28), von einer Erde, zu einem Gott, in einem Glauben, in einem Evangelium sollen sie dienen ohne Unterschied.
Operationes in Psalmos. 1519-21. Zu Ps 22,28-30. Vgl. auch Röm 10,12; 1Kor 12,13; Röm 1,14; Kol 3,11. WA 5.667,27-34.

2. *Vor und in Worms*

(25) Die wahren Schuldigen am Tod Christi sind die sündigen Menschen, also auch die Christen. Oder: Die Juden als Diener im Heilswerk Gottes

Das Warum des Todes Christi ist nach Luther nicht nur mit dem Hinweis auf die an der Passion Beteiligten zu beantworten. Für die glaubenden Menschen sollte auch dadurch Gottes Wille geschehen.

Also viel ängstlicher sollst du werden, wenn du Christi Leiden bedenkst. Denn die Übeltäter, die Juden, wie sie nun Gott gerichtet und vertrieben hat, sind doch deiner Sünde Diener gewesen, und du bist es wahrhaftig, der durch seine Sünde Gott seinen Sohn erwürgt und gekreuzigt hat.
Ein Sermon von Betrachtung des heiligen Leidens Christi. (April) 1519. WA 2.138,29-32. Vgl. W. Bienert, ‚Kollektivschuld' am Tode Jesu. Vgl. auch die Texte 21 und 34.

(26) Luther setzt sich für jüdische Hebräisch-Lehrer ein

Schon im Oktober 1518 hatte Luther sich für die Einstellung des getauften Juden Johann Böschenstein als Hebräisch-Lehrer beim kursächsischen Kanzler Spalatin verwandt (WA BR 1.210, 46ff). Als Böschenstein aber nicht reüssierte, bemühte Luther sich um den getauften Juden Werner Einhorn aus Bacharach, der aber nach Ingolstadt ging (WA BR 1.368, 11-17; 370,90-92. — WA BR 2.48,13-20). Schließlich gelang es Luther, den getauften spanischen Juden Matthäus Adrianus als Lehrer des Hebräischen für Wittenberg zu gewinnen. Dieser war ursprünglich Mediziner und wurde unter Reuchlins Einfluß Hebraist. Er war 1519 in Löwen eingestellt worden, kam am 24. April 1520 nach Wittenberg und ging im Februar 1521 nach Leipzig. In seiner Empfehlung für Adrianus schreibt Luther an den kursächsischen Kanzler Spalatin:

Lieber Spalatin, wie du siehst, hat der Löwener Hebraist Matthäus Adrianus an mich geschrieben. Von den Löwenern wurde er tyrannisch verjagt und erstrebt bei uns eine Professur für Hebräisch. Ich kenne den Ruf und die Gelehrsamkeit dieses Mannes. Daher mögest du dem erlauchten Kurfürsten nahelegen, diese ehrenvolle Gelegenheit zur Förderung der hebräischen Sprache bei uns als Gottesgabe wahrzunehmen. Daher bitte ich, mir zu antworten, damit ich ihm Antwort geben kann. Sein Bote hält sich bis dahin bei mir auf.
Brief Luthers vom 7. Nov. 1519 an Spalatin. WA BR 1.551,4-9. Vgl. Text 48.

(27) Luther als Judenbeschützer?

Bei der Leipziger Disputation vom 27. Juni bis 16. Juli 1519 (vgl. Abb. 8) hatte Luther gegenüber dem Ingolstädter Theologieprofessor Johann Eck (Abb. 28) die Heilsnotwendigkeit der hierarchischverfaßten Römischen Kirche bestritten und behauptet, der Primat des Papstes beruhe nicht auf geistlichem Fundament, sondern allenfalls auf menschlichem Recht. Daraufhin war Luther in den Verdacht geraten, ein Hussit zu sein. Der Leipziger Theologe Hieronymus Emser griff Luthers Theorie in einer Streitschrift an, indem er ihn zwar gegen den Vorwurf hussitischer Gesinnung in Schutz nahm, aber ihm anlastete, daß die Hussiten sich als Lutheraner verstünden. Luther antwortete im September 1519 mit seinem „Zusatz zum Emserschen Bock", wobei er auch eine Bemerkung über sein Verhältnis zu den Juden machte:

Warum beschuldigst du mich nicht, ein Judaist und ein Judenbeschützer zu sein? Das heißt: warum entschuldigst du mich nicht, der ich es doch verneine, mit ihnen gleicher Gesinnung zu sein? Sie selbst aber geben zu, sie hätten vieles (an Lehren), das ich beständig vertrete. Oder warum hast du diese Aufgabe den Brüdern deiner Art überlassen, die doch ketzerische Bücher und Ketzereien als ihrer Meinung konform finden können? Was wohl würden sie nicht finden, die doch so ängstlich Nachforschungen anstellen? Wenn schon die Juden andererseits mir in vielem gefallen, so müssen wir uns von Magister Emser Juden nennen lassen.
Ad aegocerotem Emserianum M. Lutheri additio. 1519. WA 2.662,5-11.

(28) Luther zu freundlichem Empfang von Juden bereit

Als man Luther vorwarf, er unterhalte Kontakte mit den ketzerischen (hussitischen) Böhmen, antwortete er:

Sie schreien auch, daß Böhmen bei mir gewesen und Schriften zu mir gebracht haben. Es ist mir aber im Herzen leid, daß die Böhmen nicht getrost zu mir kommen und schreiben. Ich wollte sie fröhlich und freundlich empfangen. Dasselbe wollte ich auch Juden, Türken und Heiden, ja auch ihnen selbst, meinen Feinden, tun.
Verklärung etlicher Artikel in dem Sermon von dem heiligen Sakrament. Januar 1520. WA 6.82,24-28.

(29) Luthers Vorurteil, Zinsnehmen sei unchristliches jüdisches Verhalten

Neben aller einladenden Freundlichkeit und theologischen Distanzierung stehen beim Luther der ersten reformatorischen Jahre auch noch nebenbei eingeflossene Verunglimpfungen. Diese stammen zwar nicht aus seiner Theologie oder Frömmigkeit, aber aus einer latent in ihm weiterlebenden antijüdischen Volksmeinung. Sie zeigen damit an, wie selbstverständlich mittelalterliche Vorurteile einer Diskriminierung weiterwirkten. Dazu gehörte auch die weitverbreitete Überzeugung, ein Zinsnehmen für Darlehen sei unchristlich, ja jüdisch. Zugrunde liegt dieser Volksmeinung das Kanonische Recht (cc. 1-4 C. 9 q. 3 Corpus Iuris Canonici) mit dem Zinsverbot. Es wurde zwar viel umgangen, auch der Theologe Johann Eck hatte 1514 einen Zinssatz von fünf Prozent als vertretbar hingestellt. Aber die Volksmeinung war von dem kirchlichen Recht geprägt. Diese mittelalterliche Auffassung war angesichts des aufgekommenen Handels- und Bankwesens ein Anachronismus. Aber auch Luther hat diesen Fortschritt innerlich nicht mitvollziehen können. In seinem ersten (kleinen) „Sermon von dem Wucher“ (November 1519) führt er aus, daß ein Christ (nach Mt 5,40) auch einem Unrechttäter Rock und Mantel überlassen müsse, daß man jedem Bittenden das Erbetene geben müsse (Mt 5,42) und daß ein Christ im dritten Grad seiner Moral auch ohne Zinsnehmen Geld oder Güter ausleihen müsse (Lk 6,30-34):

> Dieser dritte und letzte Grad ist der einfachste, auch so leicht, daß er im Alten Testament dem schlichten unvollkommenen Volk der Juden geboten ist. Ja auch der zweite Grad, wie Dtn 15,7-8 geschrieben steht: ‚So jemand von deinen Brüdern in deiner Stadt arm wird, sollst du dein Herz nicht gegen ihn verhärten, noch deine Hand zuhalten, sondern sollst sie auftun und ihm leihen, wessen er bedarf...
>
> Nun sehet zu, wo die bleiben, die Wein, Korn, Geld und was es sei, ihren Nächsten also leihen, daß sie über das Jahr hinaus dieselben zu Zinszahlungen verpflichten oder beschweren und überladen, so daß sie mehr oder etwas anderes, was besser ist, wiedergeben müssen, als sie geborgt haben. Das sind jüdische Stücklein und Tücklein und ist ein unchristlich Vornehmen gegen das heilige Evangelium Christi, ja gegen das natürliche Gesetz und Recht, das der Herr Luk. 6 (30-31) anzeigt.

(Kleiner) Sermon von dem Wucher. November 1519. WA 6.3,20-25 und 5,3-9. Vgl. auch ebenda WA 6.5,15-26 und 5,32-6,8. Dazu Abb. 11 und 20 und die Texte 30, 33, 60, 69 und 112.

Zwar wird solches Zinsnehmen bzw. Wuchertreiben hier an Christen kritisiert, aber mit der Charakterisierung, es sei „jüdisch“, das meint hier unmoralisch. Hinter diesem Vorurteil steht als dessen Quelle auch das kirchliche Zinsverbot. Wenn den Christen ein Ausleihen gegen Zinsen verwehrt war, so wurde damit den Juden diese bei fortgeschrittener Wirtschaft unentbehrliche Vermittlertätigkeit geradezu aufgedrängt, zumal ihnen andere Berufe vielerorts versperrt waren. Etwa die Landwirtschaft, weil sie keinen Grund und Boden erwerben durften. Oder Handwerk, weil sie keiner christlichen Zunft angehören durften. So blieb als Berufszweig durchweg nur der Handel. Der dortige Erfolg aber nährte natürlich den Neid von Christen, die darin ein Verdienen ohne Arbeit sahen. In Wirklichkeit waren kirchliche Gesetzgebung, Volksmeinung und auch Luther hinter der Entwicklung zurückgeblieben.

(30) Reste eines volkstümlichen Antijudaismus

Drei sonderlich nötige Werke hat zu unseren Zeiten alle Herrschaft zu tun, vornehmlich in diesen Landen. Zum ersten: abzutun das grausame Wesen des Fressens und Saufens, nicht allein des Überflusses, sondern auch der Kostspieligkeit wegen... Zum anderen wären auch die überschwenglichen Kosten der Kleidung (abzutun), womit so viel Gut umgebracht und doch nur der Welt und dem Fleisch gedient wird. Daher ist es erschrecklich, zu bedenken, daß solcher Mißbrauch bei dem Volk gefunden werde, das dem gekreuzigten Christus geschworen, getauft und zugeeignet ist... Zum dritten: vertreiben den wuchersüchtigen Zinskauf, der in aller Welt alle Land, Leute und Städte verdirbt, verzehrt und verstört durch seinen schalkhaften Schein, mit dem er bewirkt, daß er nicht Wucher sei, so er doch wahrhaftig damit ärger denn Wucher ist, deshalb weil man sich nicht wie vor dem öffentlichen Wucher vorsieht.

Siehe, das sind drei Juden [wie man so sagt], die die ganze Welt aussaugen. Hier sollten (die) Herren nicht schlafen noch faul sein, wollten sie Gott eine gute Rechenschaft geben von ihrem Amt.

Von den guten Werken. Mai 1520. WA 6. 261,23-262,13. Vgl. unten die Texte 33, 60, 69 und 112.

Abb. 11. Titelblatt zu Luthers Schrift „Ein Sermon von dem Wucher". Erweiterte Ausgabe, die 1519 als sog. Kleiner Sermon erschienen war und in dieser Ausgabe von 1520 als großer Sermon bezeichnet wird. Der Wittenberger Verleger Grunenberg hatte diese Ausgabe Anfang 1520 mit diesem Holzschnitt als Titelbild veröffentlicht. Er wählte dieses Karikaturbild ohne Willen und Wissen Luthers, offenbar, um den Absatz zu heben. Luther erklärte 1520, er könne sich nicht auch noch um die Illustrationen zu seinen Schriften kümmern. WA 6. 36ff und 82. Auch der Beitext „Bezahl oder gib Zins — Denn ich begehre Gewinns" stammt nicht von Luther.

Eyn Sermon von dem Wucher.
Doctoris Martini Luther
Augustiner zu Wittenbergk.

Auch hier lastet Luther zwar den Juden nicht diese drei Soziallaster an, ebensowenig wie in seiner Schrift „An den christlichen Adel" (WA 6. 465,22-467,17). Jedoch verwendet er eine volkstümliche Redensart, derzufolge ein sozialschädliches Verhalten personifiziert als „Jude" bezeichnet wird. Luther ist also auch in dieser Zeit nicht frei von überkommenen antijüdischen Vorurteilen und Redensarten.

(31) Die jüdische Erwartung eines weltlichen Messiasreiches ist nichtchristlich

In Christus ist (gilt) kein Mann, kein Weib, kein Herr, kein Knecht, kein Jude, kein Heide, sondern was die leibliche Person betrifft, ist alles gleich (Gal 3,28; 5,6). Wer aber stärker glaubt, hofft und liebt, der ist ein besserer Christ. Daher ist es offenbar, daß die Christenheit eine geistliche Gemeinde ist, die nicht unter die weltliche Gemeinde gezählt werden kann... Derhalben alle, die christliche Einigkeit oder Gemeinde leiblich und äußerlich machen, anderen Gemeinden gleich, sind rechte Juden. Denn dieselben warten auch auf ihren Messias, daß er soll auf benanntem äußerlichen Ort, nämlich zu Jerusalem, ein äußerlich Reich aufrichten, und also den Glauben, der allein Christi Reich geistlich und innerlich macht, fahren lassen.
Von dem Papsttum zu Rom wider den hochberühmten Romanisten zu Leipzig. Juni 1520. WA 6.295, 19-23 und 294,35-295,2. Vgl. unten Text 102.

(32) Fürbitte für Juden

Bei der Erklärung der vierten Bitte des Vaterunsers, der Bitte um das tägliche Brot, vergißt Luther die Fürbitte für die Juden nicht:

In diese Bitte gehören alle Gebete und Psalmen, die man für die Obrigkeit bittet, sonderlich wider die falschen Lehrer, für die Juden, Ketzer und alle irrenden Menschen, auch für alle betrübten und trostlosen leidenden Menschen.
Eine kurze Form der Zehn Gebote etc. Juni 1520. WA 7.226, 15-17.

(33) Handel treiben entspricht nicht jüdischem Charakter, bringt aber schädlichen Luxus

In seiner biblisch gebundenen Denkweise über Wirtschaftsformen konnte Luther sich nicht an den um 1500 n. Chr. aufblühenden Handel und Großhandel gewöhnen.

Zum ersten wäre hochnötig ein allgemeines Gebot und Beschluß deutscher Nation gegen den überschwenglichen Überfluß und die Kostbarkeit der Kleidung, dadurch so viel Adel und reiches Volk verarmt. Hat Gott uns doch wie anderen Ländern genug gegeben: Wolle, Haar, Flachs und alles, das zu geziemender ehrlicher Kleidung einem jeglichen Stand redlich dient, so daß wir nicht bedürften so greulichen großen Schatz für Seide, Samt, Goldstoff und was der ausländischen Ware ist, so vergeudend zu verschütten. ...Ich sehe nicht viel gute Sitten, die je in ein Land durch Kaufmannschaft gekommen sind, und Gott ließ vor Zeiten sein Volk Israel darum von dem Meere (entfernt) wohnen und nicht viel Kaufmannschaft treiben.
An den christlichen Adel deutscher Nation von des christlichen Standes Besserung. August 1520. WA 6.465,25-31 und 466,9-12. Vgl. oben Text 30.

(34) Auch Passionspredigt ist kein Grund zur Beschimpfung der Juden

Zum ersten treiben etliche das Leiden Christi auf die Weise, daß sie sich feindlich schelten mit den Juden und meinen, es sei wohl betrachtet, wenn sie über die Juden feste zornig werden und den armen Judas schelten. Aber das ist nicht rechte Predigt oder Betrachtung des Leidens Christi, bringt auch keinen Nutzen.
Predigt vom 29. März 1521 (kurz vor der Abreise nach Worms) am Ostersamstag. Predigten Luthers, gesammelt von Joh. Poliander. 1519-1521. WA 9.651,6-10. Zum antijüdischen Mißbrauch von Passionsdarstellungen vgl. oben die Texte 21 und 25.

(35) Luther in Worms: Das Schicksal des jüdischen Volkes als Mahnung

Nachdem Luther in Worms am (17. und) 18. April 1521 im großen Saal der bischöflichen Pfalz vor Kaiser und Reich dem kaiserlichen Wunsch zum Widerrufen seiner Schriften nicht entsprochen (vgl. Abb. 12) und der Kaiser am 19. April den Reichsständen erklärt hatte, er sei bereit, gegen Luther seine ganze Macht, ja auch Leib und Blut, Leben und Seele einzusetzen, wurde von den Reichsständen doch noch eine Nachverhandlung mit Luther erwirkt. Diese fand am 24. April 1521 im Wormser Quartier des Trierer Erzbischofs Richard von Greiffenklau statt. Außer diesem nahmen teil: der Kurfürst Joachim von Brandenburg, Herzog Georg von Sachsen, der Augsburger Bischof Christoph von Stadion, der Brandenburger Bischof Hieronymus Schulz, der Deutschmeister Dietrich von Cleen, der Graf Georg zu Wertheim, der Doktor Bock aus Straßburg und der Humanist Doktor Konrad Peutinger aus Augsburg sowie der badische Kanzler Hieronymus Vehus. Auf des letzteren Mahnung zur Einigkeit hin erwiderte Luther nach dem Bericht wie folgt:

Die Artikel wären nicht sein, sondern Gottes und der heiligen Schrift, darum könne er also davon nicht lassen... Also steht von Christo: ‚Er ist der Stein des Ärgernisses' (Jes 8,14; Röm 9,33). Folglich kann ich den Herrn Christus nicht anders machen, denn Gott selbst ihn gemacht hat. Stand auch wohl darauf, wann man die Ärgernisse und Entbehrungen wollte wehren, daß man sie erst damit erwecken würde. Denn das heilige Wort Gottes habe allezeit das Ansehen gehabt, als wollte die Erde versinken und der Himmel fallen, wie die Juden auch getan, als sie sagten: ‚Lassen wir diesen, so kommen die Römer und zerstören uns' (Joh 11,48), und ist doch eben dadurch die Zerstörung erfolgt.
Verhandlungen mit D. Martin Luther auf dem Reichstage zu Worms 1521. WA 7.846,30-31 und 847.14-21.

(36) Die Legende von zwei sich streitenden Wormser Juden

In der an Legendenbildungen reichen Zeit des auslaufenden Mittelalters kamen unvermeidlich auch Legenden über Luther in Umlauf. Teils wollten seine Gegner ihn durch erfundene Geschichten unglaubwürdig machen, teils wollten seine Anhänger ihn durch konstruierte Geschehnisse verherrlichen. Naturgemäß rankten sich die meisten Luther-Legenden um sein aufsehenerregendes Auftreten in Worms und sein mysteriöses Verschwinden auf der Wartburg.

Erstmals im Jahre 1575 — also fast 30 Jahre nach Luthers Tod — veröffentlichte der Leipziger Pfarrer Nikolaus Selnecker (1530-92) eine die Judenfrage betreffende Legende (s. Lit. Verz.):

In Luthers Wormser Herberge (im Johanniterhof) hält der Reichsherold Kaspar Sturm Wache. Zwei Juden, die um ein Gespräch mit Luther nachsuchen, werden von ihm in Luthers Zimmer geführt. Sie verbeugen sich, überreichen einige Flaschen Wein und erbitten von dem „trefflichsten Manne, der derzeit lebt", Unterweisung in einigen Fragen. Luther legt ihnen aber die Frage vor, was ihre Meinung zur prophetischen Weissagung der Jungfrauengeburt Jesu sei: „Siehe, eine Jungfrau ist schwanger und wird einen Sohn gebären." (Jes 7,14). Die Juden antworten, das hier mit Jungfrau übersetzte hebräische Wort עַלְמָה (almah) bedeute junge Frau, junges Weib. Luther weist auf Rebekka und Mirjam hin, die beide als Unverheiratete eben Jungfrauen (עַלְמָה) genannt wurden (Gen 24,43 und Ex 2,8). Der eine der beiden Juden erkennt dies an, der andere bleibt bei seiner Deutung des Wortes almah. Die beiden Juden geraten miteinander in Streit und gestikulieren heftig. Da packen einige Diener der anwesenden Fürsten die beiden Juden und werfen sie hinaus, worüber die Zuschauer in Gelächter ausbrechen.

Diese weder von Luther noch von einem seiner Zeitgenossen je erwähnte Episode trägt deutlich die Züge einer Erdichtung, die Luther als Sieger herausstellen will, an sich. Der Reichsherold hat auch nie in Worms Türhüterdienste getan.

Abb. 12. Luther auf dem Reichstag zu Worms am 17. und 18. April 1521. Holzschnitt aus: L. Rabus: Historien des heyligen ausgewählten Gotteszeugen. Straßburg 1556.
Von links wird Luther vom Reichsmarschall Ulrich von Pappenheim hereingeführt. In der Mitte steht der Trierer Offizial Dr. Johann von der Ecken als Sprecher des Kaisers. Rechts dahinter vor dem Reichsadler sitzt Kaiser Karl V., links von ihm (mit Barett in der Hand) wahrscheinlich Kurfürst Friedrich der Weise von Sachsen. Die lateinische Inschrift „Intitulentur libri" besagt, daß der Offizial einige Titel von Lutherschriften verliest. Der deutsche Text unten im Bilde „Hie stehe ich, Ich kann nicht anders, Gott helfe mir, Amen." hat wahrscheinlich kürzer gelautet: „Gott, komme mir zu Hilfe, Amen, da bin ich."

Anlaß zu dieser späten Legendenbildung kann ein Tischgespräch (Nr. 5026) Luthers vom Mai/Juni 1540 mit drei Rabbinern über die Bezeichnung der Maria als Jungfrau (almah) gewesen sein, das wir unten wiedergeben (vgl. die Texte 53, 79, 97, 98). Reinhold Lewin, der im Jahre 1911 mit seinem Buch „Luthers Stellung zu den Juden" die erste wissenschaftliche Arbeit zu diesem Thema veröffentlichte und damit erst die Diskussion ermöglichte, hat diese Legende noch als historischen Bericht gewertet (Lewin S. 14-25). Er zog daraus irrtümlicherweise die Folgerung, der bis zum Reichstag von Worms nur in antijüdischer Theologie denkende Luther sei durch die Bekehrung des einen der beiden Juden zu einer Kehrtwendung hin zu projüdischer Haltung gekommen, zumal er hier einen ersten Erfolg einer Judenmission gesehen habe.

Aber die bisherigen Texte zeigen deutlich, daß in Luther schon vor Worms antijüdische und projüdische Ansichten nebeneinanderliefen, letztere aber in den Jahren kurz vor Worms schon das Übergewicht erhalten hatten. Ein weiterer Anlaß zur Bildung dieser Legende kann die unten im Text 53 behandelte Äußerung Luthers aus dem Jahre 1523 sein. Vgl. auch die Texte 79, 97 und 98.

In der wissenschaftlichen Diskussion gilt die Selneckersche Erzählung heute als Legende.

(37) Die Legende von Luthers Handel mit Frankfurter Juden

Auf seinem Wege nach Worms hatte Luther für eine Nacht (14./15. April 1521) in Frankfurt im Restaurant „Zum Storchen" am Kornmarkt übernachtet, wo er auch ein Gespräch mit dem ihm befreundeten Gelehrten Wilhelm Nesen führte. Um 1570 kam folgende Legende auf:

Bei einem Frankfurter Aufenthalt habe sich Luther an die Juden von Frankfurt gewandt und ihnen einen Handel vorgeschlagen. Sie sollten ihm einige Hundert Gulden geben, dafür wolle er sie in seinen Schriften lobend erwähnen. Die Frankfurter Juden aber hätten diesen Vorschlag abgelehnt mit der Begründung, sie wollten Kaiser Karl V. die Treue halten. Hierüber sei Luther so sehr erbittert gewesen, daß er fortan die Juden so heftig angegriffen habe.

An dieser von Georg Nigrinus (S. XXXX) erzählten Geschichte ist wohl alles falsch. Zudem ist es auch undenkbar, daß Luther, der kurz vorher seine Sermone gegen den Wucher veröffentlicht hatte und auch sonst, wie wir sahen, gegen unlautere Praktiken aufgetreten war, aus Gewinnsucht gegen seine Überzeugung hätte schreiben wollen. Den Tatsachen widerspricht es auch, wie wir sehen werden, daß Luther seitdem negativer als zuvor über die Juden sich geäußert habe, allenfalls ist das Gegenteil zutreffend.

Während die vorige Legende (Text 36) eine prolutherische Tendenz hatte, ist diese ausgesprochen antilutherisch orientiert.

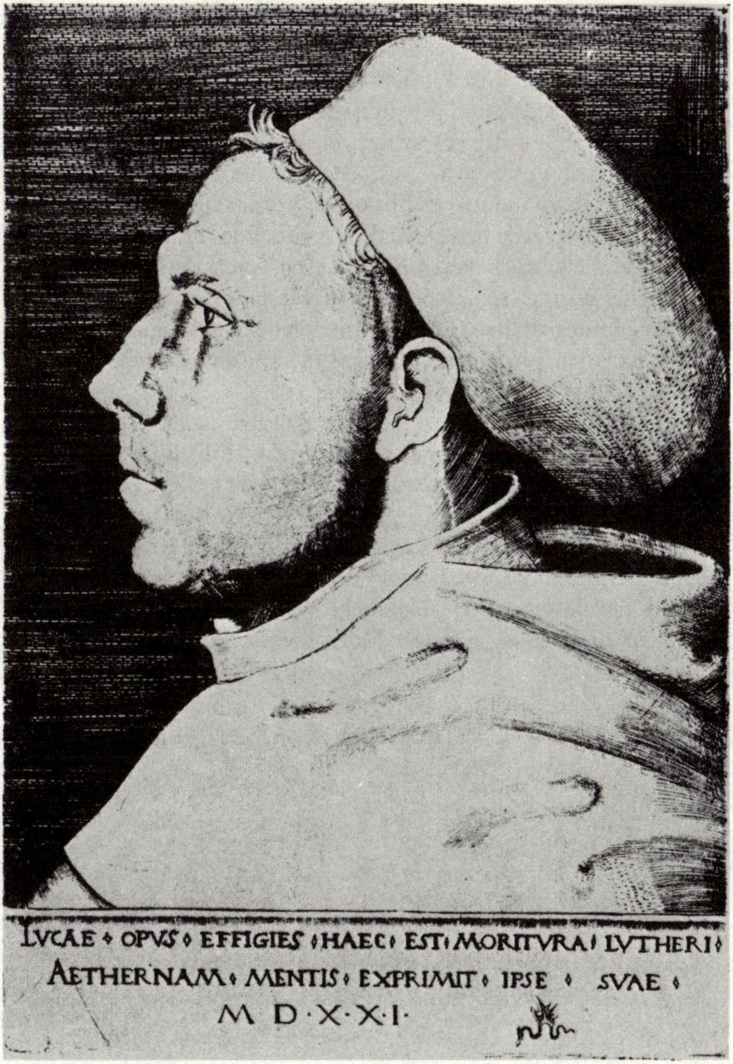

Abb. 13. Luther zur Zeit des Wormser Reichstages 1521 mit Doktorhut. Kupferstich von Lukas Cranach d. Ä.

Folgerung

Ganz offensichtlich ist Luthers distanziert wohlwollende Beschäftigung mit den Juden und der jüdischen Religion während der Jahre von 1513 bis 1521 stetig gewachsen, ohne daß er etwas von seiner reformatorischen Position aufzugeben brauchte. Diese förderte vielmehr seine Überwindung traditioneller Vorurteile, obwohl er die religiösen Unterschiede bewahrte. Der Einfluß des Humanismus dabei wurde deutlich, doch war er für Luther nicht bestimmend. Die eigentliche Wurzel seines neuen Verhaltens gegenüber den Juden war seine intensive Beschäftigung mit den beiden Religionen gemeinsamen Schriften (dem Alten Testament) und der Durchbruch neutestamentlicher personaler Ethik.

Als Gründe für Luthers projüdische Haltung haben sich besonders zwei biblische Aussagen herausgeschält, einmal die biblische Verheißung des Heils für das ganze jüdische Volk (vor allem nach Röm 9-11) und zum anderen Jesu Doppelgebot der Gottes- und Nächstenliebe (Mk 12,28-34). Daraus zog Luther die doppelte Konsequenz, die bisherigen Diffamierungen und Verfolgungen von Juden einzustellen und statt dessen durch freundliche Begegnung und Unterweisung die Juden zu Jesus als auch der Juden Messias einzuladen.

III. Kapitel:
Von der Wartburg bis zur Coburg 1521-1530: Luthers Engagement für die Juden beim Aufbau der Gemeinden

Historische Einführung

Luther mußte Worms auf wohlbegründete Empfehlung der Berater des sächsischen Kurfürsten Friedrichs des Weisen am 26. April 1521 nachts heimlich verlassen, weil Kaiser Karl V. den Fürsten am Tage nach Luthers Verhör, d. i. am 19. April, den Einsatz aller seiner Macht gegen Luther angekündigt hatte. Auf der Rückreise wurde Luther am 4. Mai 1521 von kursächsischen Reitern auf die Wartburg gebracht, um dort als Verborgener geschützt leben zu können. Dies erwies sich als weise Vorsichtsmaßnahme, da der Kaiser am 26. Mai durch das Wormser Edikt die Reichsacht über Luther verhängte und jedermann zur Verhaftung Luthers verpflichtete.

Auf der Wartburg kam Luther zur der Erkenntnis, daß eine völlige, nicht mehr hierarchische Neuordnung des Kirchenwesens erforderlich sei. Dieses solle aus dem Evangelium begründet sein und daher die Verkündigung des Evangeliums zum Mittelpunkt kirchlichen Handelns machen. Darum vollendete Luther neben manchen kleineren Schriften eine beispielhafte Auslegung des Magnificats, d. i. des Lobgesangs der Maria nach Lk 1,46-55. Dabei entwickelte er das Bild einer ganz auf die Gnade Gottes gestellten Maria. Für die Pfarrer verfaßte er eine „Kirchenpostille" als Sammlung von Bibelauslegungen, die er später als sein bestes Werk bezeichnete. Noch bedeutsamer wurde seine deutsche Übersetzung des Neuen Testaments, das die Grundlage der neuen Kirche werden und jedermann zugänglich sein sollte.

Da sah Luther sich am 1. März 1522 gedrängt, nach Wittenberg zurückzukehren, wo — wie auch andernorts — im kirchlichen Leben durch Übereifer mancherlei Unruhe aufgekommen war. Fragen wir zunächst, wie und was der Luther auf der Wartburg über die Juden dachte und schrieb.

1. *Auf der Wartburg, im Magnificat und in der Kirchenpostille 1521-1522*

(38) Einzige Ursache für der Juden Elend ist deren Ablehnung Jesu Christi

Am Himmelfahrtstag, 9. Mai 1521, wurde in der Burgkapelle der Wartburg die Messe gefeiert, bei der nach der Epistel die Verse 18 und 19 des 68. Psalms gesungen wurden. Am Pfingstfest wurden weitere Verse dieses Psalms dargeboten. Das gab Luther Veranlassung, eine Auslegung des 68. Psalms zu schreiben, deren Manuskript er bereits am 26. Mai an Melanchthon schickte. Bei der Erklärung von Ps 68,22, den er als Christuspsalm interpretiert, schreibt er:

> Es ist öffentlich genug (bekannt), daß die Juden allezeit sind die größten Feinde Christi gewesen, obwohl sie Gottes größte Freunde sein wollen. Aber das kann auch niemand leugnen, daß ihnen geschehen ist, wie dieser Vers sagt, daß ihr Haupt zerstört ist, (daß sie) kein Königreich, keine Herrschaft, kein Priestertum mehr haben und immer ohne Haupt sind, welches bald nach Christi Auffahrt geschehen (ist). (Dies) zeigt keine andere Missetat an, denn daß sie Christi Feinde sind und ihn nicht Gott sein lassen... Das geschieht alles darum, daß sie nicht an den glauben wollen, der Sünde und Tod hinnimmt.
>
> Deutsche Auslegung des 67. (68.) Psalmes. 1521. Auf der Wartburg zu Ps 68,22. WA 8. 22,33-23,13. Vgl. hierzu die Texte 6, 7, 55, 57, 61-64, 69, 74, 79, 93, 95-97, 99, 100, 101, 109 und 115.

(39) Luthers Protest gegen Verbrennung jüdischer Schriften

Luthers „Deutsche Auslegung des 67. (68.) Psalmes“ war dank Melanchthons Vermittlung am 6. August 1521 in Wittenberg gedruckt erschienen. Inzwischen hatte Luther am 26. Mai 1521 auf der Wartburg ein Exemplar einer Streitschrift erhalten, die der Löwener Theologe Jakob Latomus verfaßt hatte und die am 8. Mai herausgekommen war. In Löwen waren schon im November 1520 auf Betreiben des päpstlichen Nuntius Aleander Schriften Luthers verbrannt worden, dann auch in Köln und Mainz. Jetzt setzte sich Latomus erneut für die Verbrennung der Schriften Luthers ein. Luther antwortete mit der Schrift Rationis Latomianae confutatio, die bereits Ende Juni fertig war und im September gedruckt erschien. In dieser Schrift wurde er an die schon 1510 von den Universitäten Köln, Erfurt und Heidelberg gutachtlich empfohlene Verbrennung aller nichtbiblischen jüdischen Schriften erinnert (Pfefferkorn-Reuchlinscher Streit, vgl. oben Kap. I. Abschn. 2). Natürlich muß man die mittelalterliche Gedankenwelt zum Problem der Verbrennung „schädlicher" Schriften auch bei Luther beachten, aber gerade dann ist es erstaunlich, wie er sich zur Toleranz jüdischer Schriften durchgerungen hat.

Abb. 14. Verbrennung des Kanonischen Rechts und der Bannandrohungsbulle durch Luther am 10. Dezember 1520 vor dem Elstertore von Wittenberg. Holzschnitt aus L. Rabus: Historien des heyligen ausgewählten Gotteszeugen. Straßburg 1556

Daß Bücher mit Irrlehren zu verbrennen sind, dem stimme ich zu und das billige ich, aber nicht solche (Bücher), die noch nicht als irrig nachgewiesen sind, wie es die anmaßenden neuen Propheten in ihrem Wahn verlangen. Auch ich habe ja päpstliche Bücher verbrannt (die decretales des Corpus Iuris Canonici, am 10. Dezember 1520, vgl. Abb. 14), damit unsere Lehrmeister sehen, es sei keine Kunst und keine Geistesleistung, Papier zu verbrennen.

Das können unsere Köche und Mundschenken auch. Feuer, so sagt man, hebt keine Argumente auf. Die Leute von Apg 17 (19,19) haben die Bücher (der Geisterbeschwörer) nicht eher verbrannt, als bis sie die Wahrheit erkannt hatten und wußten, daß es vorwitzige (Bücher) sind. Unsere Lehrmeister aber sind dem Leichteren nachgegangen. Was ihre Arbeit und Pflicht war, haben sie den Gemütern der Gläubigen überlassen, denn der Spruch muß gelten: die Löwener irren nicht. Schließlich mißfällt es mir, daß (der Kaiser) Maximilian in der Zeit, da die Bücher der Juden von den Sophisten aufgespürt wurden (vgl. Text 8), deren Gutachten nicht über ihre eigenen Häupter gehen ließ, alle Raupen, Ungeziefer, Heuschrecken, Kröten und sophistischen Läuse entfernen ließ und sie zur alleinigen und reinen Schrift hinführen ließ. Das wäre gewiß ein viel heilsamerer Rat und viel notwendiger als das, was sie gegen die jüdischen Schriften vorbrachten. Mit so schwachsinnigen und törichten Artikeln haben sie diese Angelegenheit geplagt, daß ich mich dessen zutiefst schäme, wie im Namen des Christentums bei uns wegen dieser nichtigen Sache solche Tragödien von unseren Propheten und Vätern arrangiert werden.
Rationis Latomianae confutatio. 1521. WA 8. 52, 11-26.

(40) Das wahre Israel ist von Gott gesetzte geistliche Größe

Luther hatte wenige Wochen vor seiner Abreise nach Worms eine neue Schrift begonnen: „Das Magnificat verdeutscht und ausgelegt“, auch erschienen unter dem Titel „Lobgesang der heiligen Jungfrau Maria“. Fertigstellen konnte er diese Schrift erst auf der Wartburg am 10. Juni 1521, so daß sie August/September 1521 erscheinen konnte. Es ist eine Auslegung von Lk 1,46-55. Bei Vers 54, wo es von Gott heißt: „Er hat aufgenommen seinen Diener Israel“, stellt Luther die religiöse Bedeutung Israels heraus:

Aber es ist wahr, daß mit dem Wörtlein ‚Israel‘ allein die Juden verstanden werden und nicht wir Heiden (-Christen). Doch weil sie ihn (Christus) nicht haben wollten, hat er doch einige von ihnen auserlesen. Damit (hat er) dem Namen Israel Genüge getan und hinfort ein geistliches Israel gemacht. Das wird bewiesen Gen 32 (24ff.), wo der heilige Patriarch Jakob mit dem Engel hinrang und dieser ihm die Hüfte lähmte, um anzuzeigen, daß seine Kinder hinfort sich nicht fleischlicher Geburt (Abstammung) rühmen sollten, wie die Juden tun. Daselbst er auch den Namen bekam, daß er hinfort Israel heißen sollte, als ein Patriarch, der nicht allein Jakob, also der leiblichen, sondern auch Israel, der geistlichen Kinder Vater wäre... Da ist viel von zu sagen, denn es ist Israel ein seltsam hohes Mysterium.
Das Magnificat verdeutscht und ausgelegt 1521. WA 7.597, 1-9 und 23-24.

Die Deutung Luthers von Gen 32,24ff. mag exegetisch heute nicht mehr zu halten sein, aber seine Absicht, die Juden zu der, nach

Abb. 15. Luther als Junker Jörg auf der Wartburg Holzschnitt von Lukas Cranach d. Ä. 1522

Luthers Meinung, wahren Bedeutung von Israel als einer geistlichen Größe zurückzuführen, wird deutlich.

(41) Die Verheißung Gottes an Abraham gilt allen Nachkommen Abrahams, damit auch Jesus, allen Christen und aller Welt

Der letzte Vers des Magnificats gab Luther einen besonderen Anlaß, auf die Abrahamskindschaft Israels zu sprechen zu kommen. Der Lukastext (1,55) lautet: „Wie er geredet hat zu unsern Vätern, Abraham und seinem Samen in Ewigkeit." Dazu Luther:

Gott hat (das Volk) Israel nicht um seines Verdienstes willen angenommen, sondern um seiner eigenen Verheißung willen. Aus lauter Gnade hat er sich gebunden, aus lauter Gnade hat er's auch erfüllt...

Die Verheißung Gottes an Abraham steht vornehmlich Gen 12 (3) und 22 (15-18), wird auch sonst an vielen Stellen herangezogen und lautet also: ‚Ich habe bei mir selbst geschworen: In deinem Samen sollen gesegnet werden alle Geschlechter oder Völker der Erde'...

Denn in den Worten ist Abraham erhalten mit allen seinen Nachkommen und selig geworden und müssen auch wir noch alle drinnen selig werden, denn es ist Christus drinnen begriffen und zugesagt (als) aller Welt Heiland... Er (Gott) macht dem Abraham den Samen, einen natürlichen Sohn von einer seiner Töchter, einer reinen Jungfrau Maria, durch den heiligen Geist...

Daß sie (Maria) aber spricht ‚seinem Samen in Ewigkeit' soll die Ewigkeit verstanden werden, daß solche Gnade währt in Abrahams Geblüt, welches da sind die Juden von der Zeit an durch alle Zeit bis an den Jüngsten Tag. Denn obwohl der große Haufe verstockt ist, sind doch allezeit, wie wenig ihrer sei, die sich zu Christus bekennen und an ihn glauben. Denn diese Zusage Gottes lügt nicht, daß dem Abraham und seinem Samen die Verheißung geschehen sei, nicht auf ein Jahr, nicht auf tausend Jahr, sondern in saecula, das ist: von einer Menschenzeit in die anderen ohne Aufhören.
Das Magnificat verdeutscht und ausgelegt 1521. WA 7. 597, 28-31 und 598, 1-8 und 599, 13-15 und 600, 26-33.

Nach Mt 1,2-16 und Lk 3,23-34 stammte nicht Maria, sondern Joseph der leiblichen Herkunft nach von Abraham ab. Die Jungfrauengeburtslehre müßte eigentlich Maria und nicht Joseph aus dem Geschlecht Abrahams abstammen lassen. Doch galt für das Judentum weniger die biologische als die rechtliche Herkunft als maßgeblich. Vor allem galt für Luther die Frau Josephs als zur Nachkommenschaft Abrahams gehörig, weil sie und Joseph denselben Großvater Mattan hatten, der Nachkomme Abrahams war. Vgl. unten Text 109.

Abb. 16. Wartburg, Lutherstube. Hier wohnte Luther von Mai 1521 bis März 1522, schrieb hier sein „Magnificat", das ebenso wie seine „Kirchenpostille" im Text mehrfach erwähnt ist, und übersetzte hier 1521/22 das Neue Testament ins Deutsche.

(42) Luthers Folgerung: Nicht Verfolgung der Juden, sondern gütige Einladung durch christliche Lebensführung

Im unmittelbaren Anschluß an den vorigen Text fährt Luther fort:

Darum sollen wir die Juden nicht so unfreundlich behandeln, denn es sind noch zukünftige Christen unter ihnen und werden (es) noch täglich. Dazu haben sie allein und nicht wir Heiden (-Christen) solche Zusage, daß allezeit in Abrahams Samen sollen Christen sein, die den gesegneten Samen erkennen. Unser Ding steht auf lauter Gnade ohne Zusagen Gottes, wer weiß wie und wann. Wenn wir christlich lebten und sie mit Güte zu Christus brächten, (das) wäre wohl das rechte Maß. Wer wollte Christ werden, so er sieht Christen so unchristlich mit Menschen umgehen? Nicht also, liebe Christen. Man sage ihnen die Wahrheit. Wollen sie nicht, laß sie (in Frieden) fahren. Wie viele sind Christen, die Christum nicht achten, hören auch nicht seine Worte, ärger als Heiden und Juden, und (wir) lassen sie dennoch mit Frieden gehen.

Das Magnificat verdeutscht und ausgelegt 1521. WA 7. 600,33-601,7.

(43) Der jüdische Irrtum einer Werkgerechtigkeit

In seiner auf der Wartburg (Abb. 16) geschriebenen Kirchenpostille erläutert Luther zum St. Stephanstag, d. i. 26. Dezember, die Kapitel 6 und 7 der Apostelgeschichte. Daran wird deutlich, was für den Juden ein Übertritt zum evangelischen Glauben bedeuten würde, nämlich eine Umstellung von der Werkgerechtigkeit auf die Glaubensgerechtigkeit. Bei ersterer gehen die Werke voran und bewirken ein Anerkanntwerden von Gott. Bei letzterer steht das Angenommensein von Gott voran und folgen daraus personalethisch die guten Werke.

Das meint hier nun St. Stephan (Apg 7,51), daß die Juden allezeit dem heiligen Geist widerstreben, indem sie sich wegen ihrer Werke vermessen, seiner (des Hl. Geistes) nicht bedürfen wollen und dieselben Werke nicht als unrechte verworfen haben wollen, tun und tun immer am Gesetz und halten doch keines recht, bleiben Heuchler ihr Leben lang, wollen den Glauben nicht annehmen, daß sie durch ihn zu rechten guten Werken kämen und durch des Geistes Gnade Lust und Liebe gewönnen zum Gesetz und also aus freiem Herzen das Gesetz erfüllten. Solche Täter und Gesetzeshalter will Gott haben und keine anderen. Darum spricht er auch, daß sie halsstarrig und unbehauen an Herz und Ohren sind, daß sie solches weder hören noch verstehen wollen, rufen immer: gute Werke, gute Werke, Gesetz, Gesetz, und tun ihrer doch selbst keines, gleich wie unsere Papisten auch tun.
Kirchenpostille 1522. Epistel am St. Stephanus-Tage. Apg 6,8-14. WA 10.I.1. 259, 14-260,3. Vgl. oben die Texte 2, 9, 10 und unten die Texte 82, 92 u. ö.

(44) Liebe bringt Fürbitte und Opfer auch für gegnerische Juden

Luther erläutert die Fürbitte des Stephanus, der für diejenigen bittet, die ihn steinigen wollen.

Dazu, da er für sich selbst bat und seinen Geist (Gott) befahl, steht er aufgerichtet. Aber zuletzt, da er für seine Mörder bittet, kniet er nieder, dazu ruft er mit großer Stimme, was er für sich nicht tat. O, wie viel ernster ist ihm dies Gebet gewesen denn sein Gebet für sich selbst... Er setzt auch seine Worte fein und spricht: ‚Behalte ihnen diese Sünde nicht‘, das ist: mach nicht, daß sie bestehen bleibe, wie eine Säule oder Grund unbeweglich steht. Damit beichtet er für sie, bereut und tut genug, als sollte er sagen: Lieber Herr, es ist je eine Sünde und nicht recht, das kann niemand leugnen, wie denn Reue und Beichte zu sagen pflegt: die Schuld einfältiglich hassen und bekennen. Danach bittet er und opfert sich selbst dafür, damit der Sünde je Genugtuung geschehe. Siehe, so sehen wir, wie die rechte Liebe zugleich so ein großer Feind und Freund ist, wie hart sie straft und wie süß sie hilft. Eine harte

Schale, aber einen süßen Kern hat sie, bitter ist sie dem alten Menschen, aber gar süß dem neuen Menschen.
Kirchenpostille 1522. Epistel am St. Stephanus-Tage. Apg 6, 8-14. WA 10. I.1. 265, 11-266,9.

(45) Hoffnung Luthers auf Bekehrung der Juden angesichts des nahen Weltendes

Schon aufgrund seines Verständnisses von Röm 9-11 war Luther sich jetzt gewiß, daß auch die Juden zum wahren Volk Gottes hinzugebracht werden, d. h. Christus auch als ihren Messias erkennen werden. Jetzt, da Luther in den unruhigen Jahren nach dem Wormser Reichstag den Jüngsten Tag nahe meint, ist seiner Ansicht nach auch die Zeit zur Bekehrung der Juden gekommen.

Doch endlich ist hier den Juden Trost zugesagt, da er (scil. Christus) spricht: ‚Fürwahr, sage ich euch, ihr werdet mich von nun an nicht sehen, bis daß ihr sagt: Gebenedeit sei, der da kommt im Namen des Herrn.' (Mt 23,39). Diese Worte hat Christus am Dienstag nach Palmsonntag geredet, und das ist der Schluß und das letzte Wort seiner Predigt auf Erden (gemeint ist Jesu öffentliche Lehre). Darum ist es noch nicht erfüllt auf Erden und muß erfüllt werden. Sie haben wohl einmal ihn so empfangen am Palmsonntag, aber damit ist dies nicht erfüllt... So ist's nun gewiß, daß die Juden zu Christus noch sagen werden: Gebenedeit sei, der da kommt im Namen des Herrn. Das hat auch Moses verkündigt, Dtn 4 (30):
‚In der letzten Zeit wirst du wiederkommen zu deinem Herrn und wirst seiner Stimme gehorchen. Denn Gott, dein Herr, ist ein barmherziger Gott, er wird dich nicht verlassen noch gar vertilgen, auch nicht vergessen des Bundes, den er geschworen hat deinen Vätern.' ...
Sanctus Paulus stimmt auch hiermit überein Röm 11 (25f.) und spricht: ‚Blindheit ist gekommen in einen Teil des israelischen Volks, bis daß die Fülle der Heiden eingehe und also (dann) das ganze Israel selig werde.'
Gott gebe, daß die Zeit nahebei sei, wie wir hoffen! Amen.
Kirchenpostille 1522. St. Stephanus-Tag 1521 gehaltene Predigt. WA 10. I. 1. 287,15-288,2 und 288,9-13 und 289,7-10.

2. *Eingliederung der Juden in die Gesellschaft und Einladung in die evangelische Gemeindekirche*

Vorbemerkung

Von der Wartburg zurückgekehrt, hatte Luther für den Aufbau einer am Evangelium orientierten Kirche alle Hände voll zu tun. Es sollte eine Gemeindekirche werden, deren Leben vom gläubigen Kirchenvolk der heiligen Schrift gemäß zu ordnen ist (vgl. Bienert, Ev. Kirchengestaltung S. 20-49). Da erhielt das Abendmahl eine neue Bedeutung: „Von beiderlei Gestalt des Sakraments" 1522; da wurde der Inhalt des Gottesdienstes neu bestimmt: „Von dem Mißbrauch der Messe" 1522; da wurde mit dem „Septembertestament" den Gemeindegliedern das Neue Testament als Richtschnur in die Hand gegeben 1522; da wurde das Problem „Vom ehelichen Leben" von der Bibel her beantwortet 1522; da wurde die hierarchische Kirchenleitung abgeschafft: „Wider den falsch genannten geistlichen Stand" 1522; da wurde die diakonische Arbeit neu geregelt: „Ordnung eines gemeinen Kastens" 1523; da wurde eine neue Kirchenordnung eingeführt: „Daß eine christliche Versammlung oder Gemeinde Recht und Macht habe, alle Lehre zu beurteilen, und Lehrer (Prediger) zu berufen, ein- und abzusetzen" 1523; da wurde der Ablauf des Gottesdienstes neu festgelegt: „Von Ordnung des Gottesdienstes in der Gemeinde" 1523; da wurde gehandelt: „Von weltlicher Obrigkeit, wie weit man ihr Gehorsam schuldig sei" 1523 usf.

Daß Luther dabei auch noch die Stellung der Juden in der neuen Gesellschaft und im kirchlichen Verhalten eingehend behandelte, zeigt deutlich, wie sehr ihm dies Problem — auch mit allem bisherigen kirchlichen Versagen und Verschulden — auf dem Gewissen lag. Neben vielen Einzelbemerkungen (etwa Texte 46-48) wandte er sich mit einer besonderen Schrift an die Öffentlichkeit, d. h. an Christen und Juden zugleich, um sie zu einem neuen Verhalten zueinander zu bewegen. Beide Seiten wollte er so bereitmachen, doch freundlich aufeinander zuzugehen, und wählte dazu den geschickten Titel „Daß Jesus Christus ein geborener Jude sei" 1523. Die Juden sollen eine ganz neue, am Evangelium orientierte Würdigung erfahren.

(46) Christen und Juden gehören zu der einen Gesellschaft und dürfen auch untereinander heiraten

Zu den heiklen Themen in der Christenheit gehörte auch das päpstliche Verbot der Ehe zwischen Juden und Christen. Solche Bestimmungen nannte Luther „der Narren Gesetze":

Wie ich nun mag mit einem Heiden, Juden, Türken, Ketzer essen, trinken, schlafen, gehen, reiten, kaufen, reden und handeln, also mag ich auch mit ihm ehelich werden und bleiben, und kehre dich nichts an der Narren Gesetze, die solches verbieten. Man findet wohl Christen [und das zum größten Teil], die im innerlichen Unglauben ärger sind als Juden, Heiden, Türken oder Ketzer.

Vom ehelichen Leben. 1522. WA 10. II. 283,9-14. Zur biblischen Begründung vgl. 1Kor 7,10-17.

(47) Gewalt ist in Religionsfragen unangebracht

Für das Mittelalter war es eine ausgemachte Sache, gegen Ketzer, Heiden oder Juden Gewalt anzuwenden, um sie von ihrer Religion oder Elementen ihrer Religionsausübung abzubringen. Dem hat Luther prinzipiell ein Ende bereitet durch seine Unterscheidung von weltlichem Reich und geistlichem Reich. Hier bestreitet er den Fürsten das Recht, in Religionsfragen mit ihren weltlichen Mitteln einzugreifen, auch wenn es sich um Irrlehren handelt. Ebenso darf aus religiösen Motiven der Staat nicht mit Gewalt gegen Juden vorgehen.

Lieber, willst du Ketzerei vertreiben, so mußt du den Griff treffen, daß du sie vor allen Dingen aus dem Herzen reißest und gründlich mit Willen abwendest. Das wirst Du mit Gewalt nicht beenden, sondern nur stärken... Das hat Hiob 41 (18 bzw. 19) reichlich bezeugt, da er sagt, wie der Teufel ‚Eisen für Stroh achtet‘ und keine Gewalt auf Erden fürchtet. Man sieht es auch wohl in der Erfahrung. Denn ob man gleich alle Juden und Ketzer mit Gewalt verbrennte, so ist und wird doch keiner dadurch überwunden noch bekehrt.
Von weltlicher Obrigkeit, wie weit man ihr Gehorsam schuldig sei. 1523. WA 11. 269,9-12, und 27-31. Vgl. die Texte 14, 48, 89, 99, 101 u. a.

(48) Licht und Wärme für die Juden: Luthers Verwerfung „christlicher“ Judenhetze und Ruf zum goldenen Licht des Evangeliums

Bernhardus Gibbingnen(sis) aus der Diözese Konstanz war am 28. Dezember 1519 in der Universität Wittenberg immatrikuliert worden und im Sommer 1520 in Leipzig als Bernardus Iudeus renatus in Geppingen, hebraice lingue doctor. Er war offenbar vor Dezember 1519 in Göppingen getauft worden, galt aber erst seit seiner Begegnung mit dem Evangelium als überzeugter Christ. Ursprünglich hieß er Rabbi Jakob Gipher. In Leipzig wohnte er bei dem Humanisten und Universitätsrektor Petrus Mosellanus (Peter Schade aus Bruttig bei Cochem, 1493-1524). Dieser charakterisiert ihn in einem Brief vom 13. November 1520 mit den Worten: „Er ist ein Hebräer, aber aus Überzeugung Christ geworden, und das durch die Predigten Luthers, ein untadeliger und zuverlässiger Mann.“ (WA BR 3 Nr. 629. Anm. 102-104). Nach Wittenberg kam er 1521 zurück, wurde dort Lehrer für Hebräisch und heiratete dort auch. Aber schon 1523 war er in Schweinitz, a. d. Schwarzen Elster, und in Löben (Lübben?) als Küster, oft aber auch in Sachen der Reformation unterwegs. Zu den anderen Hebraisten jüdischer Herkunft vgl. oben bei Text 26.

Der folgende Brief Luthers an diesen Bernhard vom Juni 1523 ist eines der schönsten Zeugnisse evangelisch-reformatorischer Zuwendung zu den Juden.

Gnade und Friede vom Herrn! Fast aller Welt gilt eine Bekehrung von Juden als infam. Nicht nur bei den Christen, sondern auch bei den Juden. Letztere sagen, niemand könne guten Glaubens vom Judentum zum Christentum abfallen, wer aber dies erstrebe, könne als durch eine Untat gekennzeichnet nicht bei Juden bleiben. Jene in der Tat bezeugen aus Erfahrung, diese (scil. getaufte Juden) würden gewöhnlich zu ihrem Erbrechen (vgl. 2Petr 2,22) zurückkehren oder unter erdichtetem Namen das Judentum verlassen.

Bekannt ist jene Geschichte, die sich unter Kaiser Sigismund (1410-37) zugetragen haben soll. Da hatte ein Hofjude den Kaiser mit viel Bitten um das Christentum angegangen, wurde endlich zugelassen und getauft, später auch auf die Probe gestellt, doch vor der Zeit und über die Kräfte. Bald nämlich nach der Taufe schichtete der Kaiser zwei Feuer, deren eines er für die Juden bezeichnete, das andere für die Christen. Dann befahl er dem getauften Juden zu wählen, in welchem er lieber verbrannt werden wolle. Als schon Getaufter, so sagte er, bist du auch heilig, besser wirst du in Zukunft wohl kaum werden. Dieser beklagenswerte Mensch, sei es seines fingierten oder sei es seines schwachen Glaubens Zeuge, wählt das Feuer der Juden, springt als Jude hinein und brennt als Jude. Bekannt ist auch jene Geschichte vom Testament des Kölner getauften Juden und viele andere Geschichten.

Aber als Ursache solcher Infamie sehe ich weniger den Starrsinn und die Nichtsnützigkeit der Juden an als die höchst geschmacklose Rohheit und die eselhafte Ignoranz, dann das höchst lasterhafte und schamlose Leben der Päpste, Priester, Mönche und Studenten, die weder durch die Lehre noch durch christliche Sitten auch nur einen Funken von Licht oder Wärme den Juden erweisen, sondern völlig im Gegenteil jener (der Juden) Herzen und Gewissen abstoßen durch die Dunkelheiten und Irrtümer ihrer Traditionen und durch Beispiele schlechtester Sitten. Nur den christlichen Namen stecken sie sich an, wie man leider an jenem Wort Christi über sie erkennen kann: ‚Wehe euch, Schriftgelehrte und Pharisäer, die ihr Meer und Land durchzieht, um einen Proselyten zu machen; und wenn er es geworden ist, macht ihr aus ihm einen Sohn der Hölle, doppelt so wie ihr selbst seid.' (Mt 23,15). In diesem Sinne beschuldigen sie die Juden, nur zum Schein sich zu bekehren, aber sich selbst beschuldigen sie freilich nicht, jene nur zum Schein und gewissenlos zu bekehren, ja sogar aus einem Irrtum in einen anderen, doppelt schlimmeren wegzuführen. Ich frage, welcher Ruhm, ja welche Raserei jenem Lehrer ansteht, der einem Knaben von guten Aussichten und Anlagen nichts beibringt als nur höchst Verderbliches, zumal dann wenn er mit seinem eigenen Lebenswandel nur äußerst verdorbene Sitten aufweist, danach aber dennoch seine Hände wäscht (in Unschuld) davon, daß dieser Knabe von ihm nichts Gutes gelernt habe? Das ist so, als wenn eine Kupplerin ein Mädchen zum Unzuchtsgewerbe anlernt, sie hernach aber anklagt, nicht als Jungfrau zu leben. Daß unsere Sophisten und Pharisäer fürwahr eine solche Methode zur Bekehrung und Unterweisung der Juden anwandten, das bezeugt wohl deine eigene Erfahrung.

Jedoch, da jetzt aufgeht und leuchtet das goldene Licht des Evangeliums, besteht Hoffnung, daß viele Juden sich ernsthaft und gläubig bekehren und so von Herzen zu Christus hingerissen werden, wie du hingerissen worden bist, und auch manche andere, die ihr übriggeblieben seid von der Nachkommenschaft Abrahams, um durch Gnade gerettet zu werden (Röm 11,5). Denn der es angefangen hat, der wird es auch vollenden (Phil 1,6), weil sein Wort nicht leer zu ihm zurückkehren wird (Jes 55,11). Deswegen schien es mir gut, dir beiliegendes Büchlein (lateinischer Text von Luthers Schrift: Daß Jesus Christus ein geborener Jude sei) zu schicken zur Stärkung und Festigung deines Glaubens an Christus, den du jüngst aus dem Evangelium kennengelernt hast. Jetzt aber bist du schließlich auch geistlich getauft und aus Gott geboren (Mt 3,11; Joh 1,13). Ich möchte, daß dieser (Gott) durch dein Beispiel und dein Wirken auch bei anderen Juden allgemein bekannt werde, damit diejenigen, die zuvor verordnet sind, berufen werden und auch hingelangen zu ihrem König David (Röm 8, 29-30; Eph 1,11). Dieser möge sie weiden und ihnen dienen, der von den Päpsten und Pharisäern unter uns bei diesem Urteil über die Vorherbestimmten in unglaublicher Torheit verdammt wird.

Lebe wohl in Gott und bete für mich!

WA BR 3. Nr. 629. 101,1-102,48.

Die am Ende des zweiten Briefabsatzes erwähnte Geschichte eines getauften Juden aus Köln erwähnt Luther in seinen Tischreden, vgl. WA TR 5. Nr. 5354 vom Sommer 1540, siehe unten Text 85 und WA TR 6. Nr. 7038, sowie in einer Predigt vom 25. September 1539 über Mt 23,15, vgl. WA 47. 466,20-24.

(49) Jesus der Jude. Lieber ein Jude sein als ein schlechter Christ

Jetzt macht Luther sich daran, dem Thema Juden erstmals eine eigene Schrift zu widmen. Hier behandelt er ein Thema, das durch das Dogma von der Gottheit Jesu Christi ganz in den Hintergrund getreten war, nämlich die Zugehörigkeit Jesu zum jüdischen Volk. Er tat dies nicht nur, um sich wegen seiner Freundlichkeit zu den Juden zu entschuldigen, sondern um den Juden den Zugang zum Christentum zu erleichtern: „Daß Jesus Christus ein geborener Jude sei."

Darum will ich aus der Schrift erzählen die Ursachen, die mich bewegen, zu glauben, daß Christus ein Jude sei, von einer Jungfrau geboren (Abb. 17),

Passional Christi und

In Armut und Eryd ward Christus geboren —

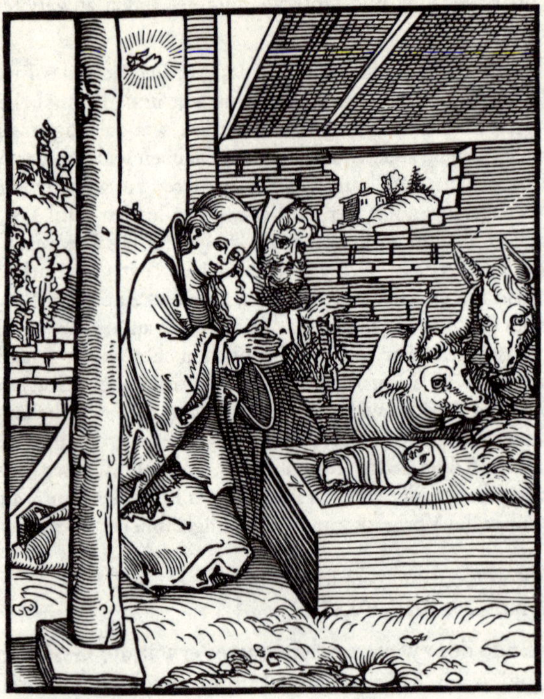

Die Fuchs haben ihre Grůben, und die Vogel der Luft ihre Nester, aber der Sohn des Menschen hat nicht, do er sein Håupt legte. Luc. 9. (V. 58.)

Dieser, ob er wohl reich war, dennoch umb unsertwillen ist er arm worden und sein Armuth hat uns reich gemacht. 2. Kor. 8. (V. 9.)

Abb. 17. Geburt Jesu Christi. Holzschnitt von Lukas Cranach d. Ä. Aus Cranachs „Passional Christi und Antichristi", das 1521 unter dem Eindruck von Luthers Schrift „Ad librum eximii Magistri Nostri Magistri Ambrosii Catharini defensoris Silvestri Prieratis acerrimi responsio" (vom März 1521) entstanden war und die Schlichtheit des Lebens Jesu mit der Aufwendigkeit der Papstkirche konfrontieren sollte.

ob ich vielleicht auch der Juden etliche möchte zum christlichen Glauben reizen. Denn unsere Narren, die Päpste, Bischöfe, Sophisten und Mönche, die groben Eselsköpfe, haben bisher also mit den Juden gefahren, daß wer ein guter Christ gewesen wäre, hätte wohl ein Jude zu werden gemocht. Und wenn ich ein Jude gewesen wäre und hätte solche Tölpel und Knebel gesehen den Christenglauben regieren und lehren, so wäre ich eher eine Sau geworden denn ein Christ.
Daß Jesus Christus ein geborener Jude sei. 1523. WA 11. 314,25-315,2.

(50) Evangeliumsverkündigung statt Diffamierung oder nur äußerlich-rechtlicher Aufnahme

Denn sie haben mit den Juden gehandelt, als wären es Hunde und nicht Menschen, haben nichts mehr kundgetan denn sie schelten und ihr Gut nehmen. Wenn man sie getauft hat, keine christliche Lehre noch Leben hat man ihnen erwiesen, sondern (sie) nur der Päpsterei und Möncherei unterworfen. Wenn sie dann gesehen haben, daß der Juden Ding so stark (die) Schrift für sich hat und der Christen Ding ein lauter Geschwätz gewesen ist ohne alle Schrift, wie haben sie (die Juden) da mögen ihr Herz stillen und recht gute Christen werden? Ich hab's selbst gehört von frommen getauften Juden, daß wenn sie nicht zu unserer Zeit das Evangelium gehört hätten, sie wären ihr Leben lang Juden unter dem Christenmantel geblieben.
Daß Jesus Christus ein geborener Jude sei. 1523. WA 11.315,3-12.

(51) Gewinnung der Juden zu ihrer Väter Glauben (Abb. 18)

Ich hoffe, wenn man mit den Juden freundlich handelt und aus der heiligen Schrift sie säuberlich unterweist, es sollten ihrer viele rechte Christen werden und wieder zu ihrer Väter, der Propheten und Patriarchen, Glauben treten, davon sie nur weiter geschreckt werden, wenn man ihr Ding verwirft und so gar nichts will sein lassen und handelt gegen sie nur mit Hochmut und Verachtung. Wenn die Apostel, die auch Juden waren, also hätten mit uns Heiden gehandelt wie wir Heiden mit den Juden, es wäre nie einer von den Heiden Christ geworden. Haben sie denn mit uns Heiden so brüderlich gehandelt, so sollen wir wiederum brüderlich mit den Juden handeln, ob wir etliche bekehren möchten, denn wir sind auch selbst noch nicht alle hinan, geschweige denn hinüber... Aber weil wir an dem sind, daß wir nicht allein den unnützen Lügnern antworten, die mich in diesen Stücken austragen, sondern auch gerne den Juden dienen wollten, ob wir ihrer etliche möchten zu ihrem eigenen rechten Glauben bringen, den ihre Väter gehabt haben, wollen wir weiter mit ihnen handeln und denjenigen, so mit ihnen handeln wollen, eine Weise und Spruch vorlegen, derer sie gegen jene gebrauchen sollen.
Daß Jesus Christus ein geborener Jude sei. 1523. WA 11.315, 14-24 und 325, 16-20.

(52) Die Juden haben die Priorität — Luther als Judenfreund

Und wenn wir uns gleich hoch rühmen, so sind wir dennoch Heiden (-Christen), die Juden aber von dem Geblüt Christi. Wir sind Schwäger und Fremdlinge, sie sind Blutsfreunde, Vettern und Brüder des Herrn. Darum, wenn man sich des Bluts und Fleisches rühmen sollte, so gehören je die Juden Christus näher zu denn wir, wie auch S. Paulus Röm 9 (5) sagt. Auch hat's Gott wohl mit der Tat bewiesen, denn solche große Ehre hat er nie einem Volk unter den Heiden getan als den Juden. Denn es ist je kein Patriarch, kein Apostel, kein Prophet aus den Heiden, dazu auch gar wenig rechter Christen erhoben. Und obgleich das Evangelium aller Welt kundgetan ist, so hat er doch keinem Volk die heilige Schrift, das ist das Gesetz und die Propheten, befohlen denn den Juden, wie Paulus sagt Röm 3 (2) und Ps 147 (19-20). ‚Er verkündigt sein Wort Jakob und seine Rechte und Gesetze Israel. Er hat keinem Volk also getan und seine Rechte ihnen offenbart.' Ich bitte hiermit meine lieben Papisten, ob sie schier müde werden, mich einen Ketzer zu schelten, daß sie nun anfangen, mich einen Juden zu schelten.
Daß Jesus Christus ein geborener Jude sei. 1523. WA 11.315,25-316,3.

(53) Luthers Entgegenkommen bei der Formulierung der Jungfrauengeburt (vgl. Abb. 18)

Luther versucht, den Juden die Anerkennung Jesu als des Messias nahezubringen, in dem er die alttestamentlichen Messiasweissagungen auf Jesus deutet: Gen 3,15; Gen 22,18; 2Sam 7,12 und Jes 7,14. Besonders diese Stelle Jes 7,14 legt Luther im Eingehen auf jüdische Gegenargumente aus, um sie auch den Juden als messianische Weissagung auf die Jungfrauengeburt Jesu akzeptabel zu machen.

Daher streitet die Schrift auch gar nichts, noch sagt (sie etwas) von der Jungfrauenschaft Mariens nach der Geburt, womit sich doch die Heuchler hoch bekümmern, gerade als wäre es ihr Ernst und alle Seligkeit daran läge... Aber die Schrift bleibt dabei, daß sie Jungfrau gewesen sei vor und in der Geburt, denn so fern hat Gott ihrer Jungfrauschaft nötig bedurft...

Abb. 18. Disputation zwischen jüdischen und christlichen Gelehrten. Holzschnitt, 16. Jahrhundert. Die jüdischen Gelehrten sind an ihren sog. Knopfhüten erkennbar, die christlichen an ihren Doktorbaretts. Seit 1215 war durch die IV. Ökumenische Lateransynode und seit 1229 speziell für Deutschland das Tragen einer „Judentracht" vorgeschrieben. Sie bestand aus einem langen, meist mit Kapuze versehenen Gewand (vgl. Text 69) und einem gelben, auf der Brust zu tragenden Tuchflecken (vgl. Abb. 29) sowie dem oben spitz zulaufenden und mit einem Knopf versehenen Hut, lateinisch: pileum cornutum (vgl. Abb. 34).

So achte ich keinen Juden so grob, der Gott nicht so viel Macht gäbe, daß er möge ein Kind von einer Jungfrau machen, sintemal sie bekennen müssen, daß er Adam von der Erde und Eva von Adam gemacht hat, welches nicht geringerer Macht bedarf.

Wenn sie aber vorgeben, es steht im Hebräischen nicht: ‚Es ist eine Jungfrau schwanger' sondern also: Siehe, es ist eine ‚Almah' schwanger; ‚Almah' aber heiße nicht Jungfrau, sondern ‚Bethulah' heiße Jungfrau, ‚Almah' aber heiße eine junge Dirn. Nun möge wohl eine junge Dirn ein verruchtes Weib sein und eines Kindes Mutter heißen.

Hier ist bei den Christen leicht geantwortet aus S. Matthäus und Lukas, die alle beide den Spruch des Jesaja auf Maria führen und verdolmetschen das Wort ‚Almah' mit ‚Jungfrau' (Mt 1,18-23; Lk 1,26-35). Den Evangelien ist mehr zu glauben denn aller Welt, geschweige denn den Juden. Und wenn ein Engel vom Himmel spräche, es hieße nicht eine Jungfrau, sollten wir's dennoch nicht glauben. Denn Gott der heilige Geist durch S. Matthäus und Lukas redet, welchen (Hl. Geist) wir gewiß dafür halten, er verstehe die hebräische Sprache und Worte wohl.

Aber weil die Juden nicht annehmen die Evangelisten, müssen wir ihnen anders begegnen... Laß sein, daß ‚Bethulah' heiße eine Jungfrau und nicht ‚Almah' und Jesaja hier nicht ‚Bethulah', sondern ‚Almah' sage, dennoch ist das alles ein lauter vergebliches Abwehrwort. Denn sie stellen sich, als wüßten sie nicht, daß ‚Almah' in der ganzen Schrift an keinem Ort ein verrucht Weib heiße [und wissen's so herzlich wohl], sondern heiße eine junge Dirn, die unbescholten und nie keins Mannes schuldig geworden ist, welche man je eine Jungfrau heißt...

Und weil sie denn ja so wortkriegerisch sind und an den Buchstaben so hart hängen, so geben wir's zu, daß ‚Bethulah' ein anderes Wort sei als ‚Almah', aber damit haben sie nichts erstritten denn so viel, daß dies Weibsbild hier nicht mit dem Namen ‚Jungfrau' genannt wird,... so ist es je eine Jungfrau an der Person...

Wohlan, so wollen wir den Juden zu Dienst nicht also verdolmetschen: ‚Siehe, eine Jungfrau ist schwanger' (Jes 7,14), damit sie das Wort ‚Jungfrau' nicht irritiere, sondern also: ‚Siehe, eine Magd ist schwanger.' Denn gleich wie im Deutschen ‚Magd' heißt ein solches Weibsbild, das noch jung ist und mit Ehren den Kranz trägt und im Haar geht, so daß man spricht: Es ist noch eine Magd und keine Frau.

Daß Jesus Christus ein geborener Jude sei. 1523. WA 11.319,32-320,6 und 321,9-26; 321,32-322,3; 322,5-8; 322,11; 322,13-18. Zum Streit um die Jungfrauengeburt vgl. die Texte 41, 79, 83, 97, 98, 109 u. ö., dazu im Nachwort, Punkt 6.

Wenn Luther gleich im ersten Satz dieses Textes auf die damals in der Christenheit allgemein geglaubte und gelehrte „ewige" Jungfrauenschaft der Maria verzichtet, so war dies ein mutiger Schritt. Die Tatsache, daß Jesus den Evangelien zufolge Brüder hatte (Mt 12,46f.; Mk 3,31f.; Lk 8,19f.; Joh 7,5), wurde damals geleugnet, indem diese Brüder zu „Vettern" erklärt wurden. Luther beschränkt sich jetzt darauf, daß Maria bis zur Geburt Jesu einschließlich Jungfrau gewesen sei. Seine Vorstellung, daß Gott einer Jungfrauenschaft Marias „nötig bedurft" hätte, um sein Heilswerk in Gang zu bringen, läßt sich auch aus Jes 7,14 nicht überzeugend herleiten.

Die Jungfrauengeburtslehre konnte Luther nach dem damaligen Stand der wissenschaftlichen Exegese und Evangelienkritik nicht bestreiten, geschweige denn angesichts des Reichsrechts. Wenn er die heute geläufigen Erkenntnisse gehabt hätte — etwa das Fehlen der Jungfrauengeburtslehre in den ältesten Evangelien (Urmarkus, Markus, Redenquelle) und bei Jesus selbst sowie in der Urgemeinde und bei Paulus, oder das späte Hineingearbeitetsein der Jungfrauengeburtslehre in die Vorgeschichten von Matthäus (1,18-25) und Lukas (1,26-37) —, vielleicht hätte er auch den mutigen Schritt zur Bestreitung der Jungfrauengeburtslehre gewagt. Sein Kriterium für sachgerechte Echtheit von Textaussagen „ob sie Christum treiben oder nicht" müßte ihn dahin gedrängt haben (Vorrede zum Hebräerbrief, WA DB 7.384,27 vom Jahre 1522). Vgl. Nachwort, Punkt 6.

(54) Wenn Heiden (-Christen) sich dem Juden Jesus unterordnen, so dürfte es Juden nicht schwer fallen

Weiter müssen das die Juden bekennen, daß sich die Heiden noch niemals also willig haben unter einen jüdischen Mann ergeben als einem Herrn und König wie diesem Jesus... Und ist wunder, daß die Juden das nicht bewegt, an diesen Jesus, ihr eigen Fleisch und Blut, zu glauben, auf welchen die Sprüche der Schrift sich mit der Tat so mächtig und eben reimen, weil sie doch sehen, daß wir Heiden (-Christen) so viel, so hart, so fest an ihm halten, daß viel tausend um seinetwillen ihr Blut vergossen haben. Sie wissen ja wohl, daß die Heiden (-Christen) allezeit keinem Volk feindlicher gewesen sind denn den Juden und nie deren Herrschaft, Gesetz oder Regiment haben leiden wollen. Wie sollt's denn nun sich so verkehren, daß sie sich so williglich und beständiglich unter diesen Juden begeben und ihn einen König über alle Könige, Herrn über alle Herren mit Leib und Leben bekennen, wenn hier nicht der rechte Messias wäre.
Daß Jesus Christus ein geborener Jude sei. 1523. WA 11.331,3-20.

Des weiteren zieht Luther Gen 49,10; Dan 9,24-27 und Ps 2,1-8 heran.

(55) Die Gottheit Jesu Christi ist den Juden vorerst nicht zumutbar

Ob es aber die Juden ärgern würde, daß wir unsern Jesus einen Menschen und doch wahren Gott bekennen, wollen wir mit der Zeit auch kräftiglich

aus der Schrift bessern. Aber es ist zum Anfang zu hart. Laß sie zuvor Milch saugen und aufs erste diesen Menschen Jesus für den rechten Messias erkennen. Danach sollen sie Wein trinken und auch lernen, wie er wahrhaftiger Gott sei. Denn sie sind zu tief und zu lange verführt, (so) daß man muß säuberlich mit ihnen umgehen, als denen es ist allzu sehr eingeprägt, daß Gott nicht möge Mensch sein.
Daß Jesus Christus ein geborener Jude sei. 1523. WA 11.336,14-21. Zur Gottheit Christi vgl. Text 64 mit den dort angegebenen Texten und im Nachwort, Punkt 3.

(56) Nächstenliebe und vorbildliche Lebensführung als neues Verhalten zu den Juden (vgl. Abb. 19) – Der Höhepunkt in Luthers Überwindung mittelalterlicher Judenfeindschaft im Schlußwort seiner Judenschrift

Der Durchbruch aus dem Mittelalter gelang Luther durch seinen Rückgriff auf das Evangelium, unangesehen aller kirchlichen und weltlichen Autoritäten und Vorurteile. Von hier aus mahnt er auch zu einer Umorientierung im Verhalten zu den Juden:

Darum wäre meine Bitte und Rat, daß man säuberlich mit ihnen umginge und sie aus der Schrift unterrichte, so möchten ihrer etliche herbeikommen. Aber nun wir sie nur mit Gewalt treiben und gehen mit Lügenteidingen um, geben ihnen die Schuld, sie müßten Christenblut haben, damit sie nicht stinken (s. Abb. 27), und weiß nicht, was des Narrenwerkes mehr ist, daß man sie gleich für Hunde hält. Was sollen wir (damit) Gutes an ihnen schaffen? Item, daß man ihnen verbietet, unter uns zu arbeiten, hantieren und andere menschliche Gemeinschaft zu haben, womit man sie zum Wuchern treibt, wie sollte das sie bessern?

Will man ihnen helfen, so muß man nicht des Papstes, sondern christlicher Liebe Gesetz an ihnen üben und sie freundlich annehmen, mit gewährenlassen, werben und arbeiten, damit sie Ursache und Raum gewinnen, bei und um uns zu sein, unsere christliche Lehre und Leben zu hören und zu sehen. Obschon etliche halsstarrig sind, was liegt daran? Sind wir doch auch nicht alle gute Christen. Hierbei will ich's diesmal bewenden lassen, bis ich sehe, was ich gewirkt habe. Gott gebe uns allen seine Gnade. Amen.
Daß Jesus Christus ein geborener Jude sei. 1523. WA 11. 336,22-37.

Damit war die christliche Höhe in Luthers Würdigung der Juden erreicht. Erst einmal sind die Juden als Menschen zu behandeln, ob sie nun Christen werden oder Juden bleiben wollen. In allen weltlichen Dingen sind sie den Christen gleich.

Das gilt beim Aufbau der Gemeindekirche für alle Gemeindeglieder als verbindlich bei der Verwirklichung der Nächstenliebe. Christen dürfen keinen Haß mehr gegen die Juden schüren. Der Umgang mit den Juden soll freundlich („säuberlich“) werden. Alle Gewaltanwendung gegen die Juden soll ein Ende haben. Ebenso alle Verbreitung von Greuelmärchen und Diffamierungen („Lügenteidingen“ und „Narrenwerk“). Alle Berufsverbote für Juden sollen aufgehoben und ihnen auch dadurch eine freie Lebensgestaltung und Ein-

Das iſt/ Dein name werde recht erkand/ durch rechte lere vnd glauben/vnd dadurch gelobet vnd gepreiſet.

Abb. 19. Lutherischer Gottesdienst. Holzschnitt von Lukas Cranach d. Ä. 1529. Wahrscheinlich für einen Tafeldruck von Luthers Kleinem Katechismus 1529 bestimmt. In der noch nicht mit Bänken ausgestatteten Kirche stehen die Gottesdienstbesucher oder sitzen auf mitgebrachten Hockern. Der Prediger auf der Kanzel holt aus dem Bibelbuch die Botschaft vom Kreuz Christi heraus. Ähnlich ist die Konzeption im Predellagemälde des Cranach-Altars in der Wittenberger Stadtkirche, vgl. Abb. 21.

gliederung in die Gesellschaft („menschliche Gemeinschaft“) ermöglicht werden. Natürlich sollen auch die päpstlichen Anordnungen betr. besondere Kleidung, Ehehindernis, Kontaktpflege usf. aufgehoben sein (vgl. unten S. 158).

Das Mittelalter war damit in der Judenfrage prinzipiell zu Ende. Aber leider noch nicht überall praktisch.

Das Hauptgewicht in Luthers Würdigung liegt aber bei der Nächstenliebe. Das Spezifisch-Christliche gegenüber den Juden ist es, der „christlichen Liebe Gesetz“ an ihnen zu üben, ihnen Freiheit des Glaubens, Denkens und der religiösen Lebensführung zu gewähren. Mit den Juden über die Religionsunterschiede sprechen und die beiderseitigen Argumente aus der Heiligen Schrift ernst nehmen, das ist ein rechter Umgang unterschiedlicher Religionen miteinander.

So können „Lehre und Leben“ echter Christen manchen Juden vorbildlich werden.

3. Vom Bauernkrieg bis zum Augsburger Bekenntnis 1524-1530

Vorbemerkung

Als im Juni 1524 die Unruhen unter der Bauernschaft zum Ausbruch des Bauernkrieges führten, standen die sozialen Probleme im Mittelpunkt des öffentlichen Interesses. Auch Luther nahm einen regen, ja führenden Anteil an der Diskussion über soziale Mißstände. Schon in seiner Schrift „Von Kaufhandlung und Wucher“ 1524 prangerte er soziales Unrecht mit äußerst heftigen Formulierungen und gezielten Angriffen auf unsoziale Ordnungen und Verhaltensweisen an. Insbesondere waren es Kaufmannschaft und Handel, denen sein Zorn galt. Besonders richteten sich seine Vorwürfe gegen Zinsnehmen für ausgeliehenes Geld, was ihm Wucher bedeutete.

Während in der Volksmeinung des Reformationszeitalters für solche Geldgeschäfte vorwiegend „die Juden“ angeprangert wurden, machte Luther jetzt ganz andere Schuldige ausfindig: Gewinnsucht, Rücksichtslosigkeit, Genußsucht, Mangel an Nächstenliebe (WA 15. 294,24-296,28). An Personen nennt er die „Finanzer“ oder „Gürtelstecher“, aber auch Engländer, Portugiesen, Monopolisten und auch „Frankfurt“ (WA 15. 294,8-20; 305,19-306-,23; 308,15; 308,28-309,5).

Während des Bauernkrieges schrieb Luther neben anderem drei betont soziale Schriften und machte in allen dreien die Fürsten und die Großkaufleute für das soziale Elend verantwortlich. Dieselbe

Abb. 20. Bauer bei jüdischem Geldverleiher. Holzschnitt zu Cicero: Officia. Augsburg 1531. Der Geldverleiher sitzt hinter seinem Rechenbrett. Daneben liegt sein Geldbeutel. Er trägt die vorgeschriebene Kapuze.

Haltung nahm er auch in seinem „Großen Katechismus“ 1529 ein. Luther behält seine freundliche Einladung an die Juden zum christlichen Glauben ebenso bei wie seine Distanzierung von Diffamierung der Juden.

Noch während des Bauernkrieges heiratet Luther am 13. Juni 1525. Aber mit dem Ende des Bauernkrieges erhielt Luthers begonnener Aufbau einer Gemeindekirche einen gewaltigen Schock. Luther hatte für eine Gemeindekirche „noch nicht die Leute dazu", wie er sich ausdrückte, und wandte sich daher ab 1526 den Landesherren als Nothelfern für den organisatorischen Aufbau der Kirche zu. Nur mühselig kam so eine geordnete kirchliche Versorgung der Bevölkerung zustande. Dem ersten evangelischen Gesangbüchlein von 1524 folgten bald weitere und umfassendere. Luthers Predigten dienten vielen Pfarrern als Hilfe. Im Jahre 1528 trat eine das kirchliche Leben mit staatlicher Autorität regelnde Visitationsordnung (von Melanchthon) in Kraft. Gleichzeitig erschien Luthers Lied „Ein feste Burg" und bald auch sein „Großer" und sein „Kleiner" Katechismus.

Der im Ausland siegreiche Kaiser Karl V. berief zur Regelung der Religionsfragen 1530 einen Reichstag nach Augsburg. Der unter Acht und Bann stehende Luther durfte nur bis zum südlichen Zipfel Kursachsens, d. h. bis zur Veste Coburg, reisen. Deshalb vertrat Melanchthon mit dem Augsburger Bekenntnis die Sache der Protestanten auf dem Reichstag.

Wie wirkte sich dies alles auf Luthers Haltung zu den Juden aus?

(57) Freundliches Heranbringen von Juden an die Liebe zu Christus

Auch in dieser unruhigen Zeit gelingt es Luther, sich noch mehr als bisher in das religiöse Leben und Empfinden der Juden hineinzudenken, vor allem durch Lektüre jüdischer Schriften. Das bedeutet gewiß nicht ein Aufgeben zentraler christlicher Positionen, aber doch ein besseres psychologisch-pädagogisches Umgehen mit Menschen, die nur an ihrem religiösen Standort zu verstehen sind und auch dort abgeholt werden müssen, wenn man sie gewinnen will. Dies legte Luther den Gemeindegliedern in Predigten und Schriften und den künftigen Pfarrern auch in Vorlesungen nahe (vgl. die Abb. 4, 19 und 21).

Darum ist bei diesem Tun so zu handeln, als wenn dir ein Jude vorkäme, der nicht vergiftet und verstockt wäre, den du zu Christus bringen wolltest. Wiewohl es ein nötiger Artikel ist zu glauben, daß Christus Gottes Sohn sei, wollte ich dennoch davon zum ersten schweigen und mich also gegen ihn lenken und schicken, daß er zuvor eine Liebe zum Herrn Christus gewönne, und sagen, daß er ein Mensch wäre wie ein anderer, von Gott gesandt, und was Gott durch ihn den Menschen für Wohltat getan habe. Wenn ich ihm

nun das ins Herz brächte, daß er brennte und Liebe und Lust zu Christus hätte, wollt ich ihn auch wohl weiter bringen, daß er glauben würde, daß Christus Gott wäre. Also wollt ich mit ihm handeln um des willen, daß ich ihn freundlich herzubrächte, an Christus zu glauben. Wenn er aber halsstarrig wäre und nicht hören wollte, so müßte ich ihn auch fahren (d.i. in Frieden ziehen) lassen. Also tue auch in diesem Fall.
Predigten des Jahres 1524. Predigt am 14. Februar 1524 über Mt 4,1-11. WA 15. 447,11-23.

(58) Keine Hoffnung auf Wiederherstellung eines jüdischen Staates

In der unruhigen Zeit des Bauernkrieges und anderer turbulenter Ereignisse sah Luther schon Anzeichen des Weltendes. Darum hielt er eine Hoffnung auf Wiederaufrichtung eines Staates Israel für illusorisch. Angesichts der damaligen Weltsituation, der türkischen Herrschaft über den gesamten Orient und des türkischen Vordringens bis nach Ungarn und Österreich waren wohl auch keine Aussichten zu erkennen. In seiner Predigt vom 20. November 1524 über die eschatologische Rede Jesu nach Mt 24,15ff. führte Luther aus:

Erstlich fängt Christus in diesem Kapitel an zu weissagen von des jüdischen Reichs endgültiger Zerstörung, welche die Juden gar nicht glaubten noch sich ihrer versahen. Denn das Volk war durch trefflich große Zeichen und Worte oder Zusagung Gottes, die er den lieben Vätern erwiesen und getan hatte, eingesetzt, desgleichen nie einem Volk auf Erden widerfahren war. Derhalben standen sie ganz steif und verließen sich darauf, hielten dafür, sie würden ewig bleiben, wie sie noch heutigen Tages meinen, ihr Reich sei nicht zerstört, sondern ein wenig gefallen und solle noch wieder aufgerichtet werden. Sie können es aus dem Sinn (d.i. ihrer Gesinnung) nicht treten, daß es gar mit ihnen aus sei.
Ein Sermon von des jüdischen Reichs und der Welt Ende. (Gedruckt) 1525. WA 15.743,17-25. Zu Luther als Prediger vgl. die Abb. 19, 21 und 25.

(59) Luthers Mitempfinden für die Zerstörung Jerusalems und die Leiden der Juden

Jesu Weissagung von der Zerstörung Jerusalems ist nach Luthers Meinung auf so grausige Weise i. J. 70 n. Chr. erfüllt worden, wie es der jüdische Historiker Flavius Josephus in seinem Buch „Vom Jüdischen Krieg“ (75-79 n. Chr.) beschrieben hat. Aber die Behandlung der Propheten, Jesu Christi und der Apostel durch die Juden war die Ursache für solches Strafgericht Gottes.

So ist's auch wahr, was er (Jesus) sagt, daß keine größere Plage auf Erden gekommen sei noch kommen werde, als in der Zerstörung gewesen ist, wie man in den Historien sehen kann, wie jämmerlich sie umgebracht sind und sich untereinander selbst umgebracht haben, selbst ins Feuer gesprungen sind und einer den anderen geheißen hat, sich zu erwürgen. Ja, auch der Hunger so groß war, daß sie die Adern (Sehnen) von Armbrustbögen fraßen, dazu auch ihre eigenen Kinder. Ist so schändlich und greulich zugegangen, daß solcher Jammer und Elend nie mehr gehört ist. Sie wollten's auch selbst haben, daß sie Gott so verblendet (hat) und verderben ließ. Er hätte sich ihrer wohl erbarmt und sie gerne erhoben. Doch sie brachten sich zu solchem Jammer mit ihrem harten Kopf, daß sie sich selbst mußten würgen und verzehren, daß, wie sie es angegriffen, alles solchen Mord und Blutvergießen stärken mußte. Also ist der Tod Christi und aller Propheten an ihnen greulich genug gerächt, darum weil sie ohne Aufhören wider Gottes Wort tobten und dazu die Apostel verfolgten und verjagten, wie Paulus sagt, 1Thess 2 (14-16).
Ein Sermon von des jüdischen Reichs und der Welt Ende. (Gedruckt) 1525. WA 15. 747,13-28. Vgl. auch unten Text 81.

Ein starkes Mitempfinden Luthers mit den Juden ist herauszuspüren. Auch Luthers Kritik an dem „harten Kopf" der Juden bleibt auf der reformatorischen Höhe, daß eine weitere Rache an den Juden, zumal eine von Christen, nicht angebracht sei, da sie „genug" Strafe von Gott erfahren haben. Eine Rache an unschuldigen nachfolgenden Generationen kommt Luther nicht in den Sinn.

Die Darstellung Luthers läßt auch die von Josephus (Bell. Jud. VII. Buch, Kap. 8-9) berichteten Vorgänge bei der Erstürmung der Festung Masada erkennen.

(60) Die Juden als Bankleute sind Gottes gehorsames Werkzeug zur Bestrafung unchristlicher Christenvölker

Luther ist der Meinung, ein Christ solle aufgrund von Mt 5,42 und Lk 6,30 ausgeliehenes Geld oder Gut nicht zurückverlangen, wenn es nicht freiwillig zurückgegeben wird. Zinsnehmen war am Ausgang des Mittelalters den Christen prinzipiell verboten, aber den Juden (als Nichtchristen) je nach ihren Privilegien gestattet. Luther sieht darin auch ein Handeln Gottes als des Herrn der Geschichte.

Doch hat das Volk der Juden stärker und vorzüglicher das Recht nicht nur zum Zurückverlangen von Ausgeliehenem, sondern auch, wie es hier heißt, zum Ausleihen gegen Zinsen an die Leute und zum Einholen von Zinsen; und dies aufgrund göttlicher Ermächtigung, die dieses so festgesetzt hat und erlaubt. Gott selbst ist nämlich Herr über alles; er nimmt nicht nur weg Geld und Gut, Herrschaften und Reiche, wem er will; er gibt sie auch, wem er will. Wenn Gott also zur Bestrafung von Völkern diese durch Zins und Wucher züchtigen will und die Ausführung den Juden befiehlt, dann tun die Juden gut daran, daß sie sich gehorsam als Werkzeug Gottes bewähren und dessen zornigen Willen durch Zins und Wucher an den Völkern erfüllen. Deuteronomium Mosi cum annotationibus. 1525. WA 14.655,35-656,7.

Abb. 21. Luther als Prediger. Rechter Teil des Predellagemäldes vom Cranach-Altar in der Wittenberger Stadtkirche. 1546/47.
Luther holt seine Botschaft aus dem Bibelbuch und weist mit seiner ausgestreckten Rechten auf den Christus am Kreuz, das ähnlich wie in Abb. 19 vor der hörenden Gemeinde steht.

Mit dieser Sicht und Deutung hat Luther ein neues und positives Verständnins dafür entwickelt, daß christliche Staaten den Juden weithin Landwirtschaft und Handwerk verwehrt und sie so auf den Handel beschränkt hatten. Die Juden sind nicht freiwillig Fachleute für das Bankwesen geworden, sondern aus ihrer geschichtlichen Notlage. Aber hinter und über dem allen steht Gottes Wille, der sich der Juden zur Züchtigung der ihm ungehorsamen Christen bedient. Vgl. auch die Texte 29, 30, 33, 69 und 112.

Mag die grundsätzlich negative Bewertung des Bankwesens durch Luther auf seinen schon für die Renaissancezeit rückständigen Vorstellungen vom Wirtschaftsleben beruhen, so sieht er doch die im Bankwesen tätigen Juden jetzt nicht als nur aus eigenem Gewinnstreben Handelnde, sondern als Beauftragte Gottes an.

(61) Der Dissensus Juden-Christen bleibt. Nur einzelne Juden werden Christen

Aus der jüdischen Ablehnung Christi ist einerseits Gottes Strafgericht der Zerstörung Jerusalems und der Zerstreuung des jüdischen Volkes in alle Welt erfolgt, zum anderen ist die Ablehnung Christi auch Kennzeichen der jüdischen Religion in ihrem Verhältnis zum Christentum. Solange die Juden in dieser Ablehnung verharren, sind sie nach Luther „verstockt" und können den wahren Christus nicht erkennen. An dieser Stelle stehen beide Seiten sich kompromißlos gegenüber. Hier sind „die Juden" ebenso hart wie „die Christen" (einschl. Luther). Im Psalm 109 ist von den „Gottlosen" die Rede, d. h. von den Juden, die das Gesetz kennen, aber nicht befolgen. Sie reden giftig gegen den frommen Psalmsänger und erstreben den Fluch, nicht aber den Segen. Diese unfrommen Juden identifiziert Luther jetzt mit den Juden seiner Zeit, die Jesus Christus ablehnen (Ps 109,1-20, bes. Vers 17).

Das ist: es geschehe ihm (d. i. dem nach Ps 109 unfrommen Juden), wie er will, und der Fluch, den er ja haben will, müsse ihm anhangen, (er) müsse das Evangelium für Gift und Fluch und Christum für einen Buben halten. Er sei und bleibe also verstockt, daß Gott die Hand abtue und seinen Geist und Wort nicht unter sie gebe, um sie zu bekehren, wie er auch Jes 5 (6) droht: ‚Ich will meinen Wolken gebieten, daß sie nicht über sie regnen sollen.' Nicht, daß gar kein Jude mehr zum Glauben kommen möge. Denn es müssen noch etliche Brocken übrig bleiben und etliche einzelne bekehrt werden. Sondern das Judentum, welches wir das jüdische Volk heißen, wird nicht bekehrt. Es wird auch das Evangelium nicht (darum) unter ihnen gepredigt, daß dadurch der heilige Geist bei ihnen Raum fände, sondern wo sie beisammen sind und ihre Schulen sind, da bleiben sie bei ihrem Fluch und Gift, daß sie Christum verfluchen und ihr Gift für Heil und Fluch für Segen halten müssen. Aber nichts destoweniger springen zuzeiten etliche von dem Haufen einzeln ab, auf daß Gott dennoch Gott des Samens Abrahams bleibe und sie ‚nicht gar verstoße' wie Sankt Paulus Röm 11 (2) spricht.
Vier tröstliche Psalmen an die Königin zu Ungarn. 1526. Hier zu Ps 109,19. WA 19.608,23-609,4. Zur Rettung des „Restes" vgl. auch Text 41, zum Inneren einer damaligen Synagoge Abb. 35.

(62) Das Verhalten der Juden gegenüber Jesus war ihrem Monotheismus entsprechend

Im Zusammenhang mit dem weitverbreiteten Vorwurf, „die Juden" hätten Jesus getötet, kann hier auch ein Wort Luthers aus seiner Predigt vom 24. Sonntag nach Trinitatis 1531 seinen Platz haben.

Das Auftreten Jesu und seine Kritik am damaligen Judentum haben eine jüdische Reaktion ausgelöst, die vergleichsweise ein Christ zu Luthers Zeit auch vornehmen könnte (vgl. Abb. 22). Jesu Anspruch führte nach Luther notwendigerweise zum Konflikt:

Er (Jesus) sieht weiter als wir und wir müssen ihm nachsehen, was er für Objekte und Umstände habe und warum er's also rede, nämlich wider das jüdische Volk, das doch mit dem Königreich und Priestertum also gefaßt war, daß man nicht dawider mucken durfte. Hättest du trotzdem gesagt ‚dieses Königreich oder Priestertum ist des Teufels', gleich als wenn heutzutage einer predigte und sagte, daß die christliche Kirche müsse zu Scheitern gehen, so trüge ich selbst Schwert, Holz, Stroh und Feuer herzu und verbrennete einen solchen... Also schwer ist's da auch gewesen, daß der Mann Christus soll sagen ‚Ihr Juden, ihr müßt mich anbeten und werdet ihr mich nicht hören, so werdet ihr untergehen.' Das war den Juden eine unerträgliche, unleidliche Predigt, daß ihr Priestertum, von Gott gestiftet, und ihr Reich, von Gott verordnet, sollte zu Boden gehen um des Mannes willen, daß sie den nicht angebetet haben...

Das ist stark gepredigt und sie (die Worte Jesu) sind dazumal den Leuten gar sehr zu Herzen gegangen... Wenn ich also geredet hätte, so hätte ich tausend Hälse verlieren müssen...

(Jesu Worte von Joh 8,28 wollen sagen:) Kurzum, entweder ihr Juden sollt mein Wort hören oder ihr seid nicht Gottes Volk (nach Joh 8,26 sind Jesu Worte Gottes Worte), denn Gott hat sein Volk nicht also gestiftet, wie ihr meinet, daß sie alle müßten sein Volk sein, die das Königreich und Priestertum hätten. Sind doch nicht alle Abrahams Same, die von Abraham der Geburt nach abstammen. Ihr habt wohl ein Königreich und Priestertum, das von Gott verordnet und gestiftet ist, aber doch seid ihr darum nicht alle Gottes Kinder.

Predigten über Joh 6-8. Hier über Joh 8,28, vom 24. Sonntag nach Trinitatis 1531. WA 33.623,31-624,3; 624,17-27; 625,22-24 und 30-32; 626,24-36.

Diese Stelle mag ebenso wie der folgende Text die Frage nach der Reinheit des christlichen Monotheismus aufwerfen. Dazu vermerkte Ed. Lamparter (Das Judentum S. 294) schon im Jahre 1928 in betreff des nachbiblischen Judentums: „Dem Judentum ist von der Vorsehung die Bestimmung zugewiesen worden, ein Zeuge und Wächter des reinen Monotheismus zu sein." Vgl. auch die Texte 55, 63, 64, 75, 76, 106 und im Nachwort, Punkt 5.

(63) Die halsstarrige jüdische Ablehnung Christi ist psychologisch verständlich

Eines der interessantesten religionspsychologischen Dokumente bietet Luther mit dem folgenden Text, bei dem es um den Mittelpunkt christlicher Lehre im damaligen Verständnis und zugleich den Schwerpunkt in der theologischen Kontroverse zwischen Christentum und Judentum geht: die Person Jesu Christi. Was dem Christen an der heftigen und auch nicht immer zartfühlenden jüdischen Ablehnung Jesu Christi als Verstockung oder Halsstarrigkeit erscheint, hat seine eigentliche Ursache am Kreuz Christi, das ganz natürlicherweise dem Juden ein „Ärgernis" und dem nur nach Vernunftgründen urteilenden Menschen eine „Torheit" ist (vgl. 1Kor 1,23).

Also ist der Fluch und (die) Verstockung der Juden so ganz durch Herz, Mut und Sinn gegangen, durch Mark und Bein getrieben, daß da keine Hilfe noch Rat ist... Das sehen wir auch an den Juden täglicher Erfahrung wohl, wie steif und verstockt sie sind von Kind zu Kindeskindern. So giftig und häßlich können sie von Christus reden, das über alle Maße ist. Denn sie halten's für eitel Fluch und Gift, was wir von Christus glauben und lehren; (sie) meinen schlicht nicht anders, denn Christus sei ein böser Bube gewesen, der um seiner Bosheit willen mit anderen Buben gekreuzigt sei. Darum, wenn sie ihn nennen, so nennen sie ihn schmählich ‚Thola', das ist: den Gehenkten. Denn weil sie das glauben, daß Jesus ein Bube gewesen sei, so kann's nicht anders sein, sie müssen uns Christen für die allertörichtesten, unflätigsten Leute halten, so unter der Sonne sind. Weil die Vernunft hier sagen muß, daß, wenn heute ein Mörder geköpft würde und morgen kämen etliche Leute und beteten ihn an und hielten ihn für einen rechten Gott, das wäre doch viel närrischer, denn so jemand einen Klotz oder Stein anbetet, und könnte nicht närrischer sein. Hinzu kommt nun, daß wir Christen auch böse sind und böse Exempel geben. Also werden sie allenthalben verstockt und geärgert, daß solcher Fluch muß wohl durch Mark und Bein gehen und sie zutiefst vergiften, daß sie nicht vermögen, herauszukommen und den gekreuzigten Jesus für einen Herrn und Gott zu halten. Und bleibt also bei ihnen ein lächerlich Ding, daß wir Christen einen bübischen und verdammten Juden anbeten.
Vier tröstliche Psalmen an die Königin zu Ungarn. 1526. Hier zu Ps 109,18. WA 19.607,24-26 und 607,32-608,18.

Die Bezeichnung Jesu als „Gehenkter" (Thola) ist erst in der Kreuzzugszeit in der jüdischen Literatur aufgetaucht, also keine Talmud-Aussage, sondern offenbar Reaktion auf antijüdisches Verhalten der Christen, sonderlich der Kreuzzugsprediger. Vgl. Eckert in Monumenta Judaica S. 170. Vgl. auch Joh. Maier, passim. Dazu die Texte 69 und 79.

Lassen wir einmal die wechselseitige Polemik beiseite, so ist ganz offensichtlich die Christologie beiderseits als der eigentliche Unterschied zwischen Christentum und Judentum herausgestellt. War Jesus nur ein Mensch oder war er der Messias? Oder war er beides in einem? Oder war er Gott und Mensch? Hierzu vgl. die Texte 38, 55, 57, 62, 64, 79 und Kap. VII. Abschn. 4 sowie Nachwort, Punkt 3.

Abb. 22. Jesus wird dem Hannas als dem Haupt der hohenpriesterlichen Familie vorgeführt. Die jüdischen Diener haben Jesus gebunden und ihm ins Gesicht geschlagen. Holzschnitt von Lukas Cranach d. Ä. aus dessen „Passion unsers Herrn Jesu Christi", Wittenberg 1509. Vgl. Joh 18,12-24.

(64) Zentralstreitpunkt: Christologie bzw. Gottheit Christi Gespräch mit gelehrten Rabbinern (Abb. 18)

Die messianische Weissagung von Jer 23,5-6 besagt als Verheißung Gottes, daß ein Nachkomme Davids König sein und Recht und Gerechtigkeit auf Erden aufrichten werde. Dessen Name soll lauten: „Der Herr unsere Gerechtigkeit". Dies bezieht Luther auf die Messianität Jesu.

Dieweil nun die heilige Schrift und die Juden selbst, dazu auch die heiligen Väter und alle Schreiber übereinstimmen, daß dieser Name allein und eigentlich der göttlichen Majestät und Wesen zugehört, so haben wir hier im Propheten Jeremia einen mächtigen starken Stoß wider die Juden und gar einen trefflichen großen Trost für uns Christen. Denn da wird ganz kräftiglich dieser Artikel unseres Glaubens begründet, daß Christus ein wahrer Gott von Natur sei.

Ich habe selbst mit den Juden davon geredet, auch mit den allergelehrtesten, welche die Bibel so wohl wußten, daß auch kein Buchstabe darinnen war, sie verstanden es (denn), und habe ihnen diesen Spruch vorgehalten. Aber sie konnten nichts wider mich aufbringen. Zuletzt gaben sie diese Antwort und sagten, sie würden ihrem Talmud glauben, das ist ihre Auslegung; die sage nichts von Christus, und derselbigen Auslegung müßten sie folgen. Darum bleiben sie nicht bei dem Text, suchen Ausflüchte. Denn wo sie bei diesem Text allein blieben, wären sie überwunden. Denn dieser Spruch schließt zu stark, daß dieser Same Davids sei ein wahrer Gott von Natur; denn er soll mit dem Namen genannt werden, mit dem der wahre rechte Gott genannt wird.

Predigten des Jahres 1526. Predigt vom 25. Nov. 1526 über Jer 23,5-8. WA 20.569,25-570,12. Vgl. die Texte 6, 7, 38, 55, 57, 61, 62, 63, 68, 69, 74, 75, 76, 79, 88, 93, 95, 96, 106, 108, 109, 110, 115 und Kap VII. Abschn. 4.

Wenn christliche Theologen und jüdische Theologen miteinander ins Gespräch kommen, so muß notwendigerweise über die Verschiedenheit der Schriftauslegung hinaus die Christologie als der Stein des Anstoßes Gegenstand der Auseinandersetzung werden.

Luther vertrat aufs Ganze gesehen die dem Christentum von damals gemeinsame Christologie.

Ihr Schwerpunkt war das auf dem 4. ökumenischen Konzil zu Chalcedon im Jahre 451 n. Chr. beschlossene Dogma der Zwei-Naturen-Lehre. Dies Dogma war durch Reichsrecht geschützt. Die Zwei-Naturen-Lehre besagt, daß Jesus Christus vollkommener Gott und vollkommener Mensch sei, insbesondere in der Ewigkeit schon vor allen Zeiten seiner göttlichen Natur nach von Gottvater erzeugt sei (Präexistenz Christi), von der Jungfrau Maria als der Gottesmutter aber nach seiner menschlichen Natur geboren sei. Im Beschluß von Chalcedon ist der Beschluß des Konzils von Nicäa 325 n. Chr. enthalten bzw. vorausgesetzt. Vgl. auch im Nachwort, Punkt 3-5.

Diese mit dem Gottesverständnis der hebräischen Bibel unvereinbare Lehre mußte und muß auch heute noch den Protest von Menschen herausfordern, für die das Alte Testament Gottes Offenbarung bedeutet. Erst in christliche Überzeugung eingedrungenes antikgriechisches Denken konnte eine solche Vorstellung von zwei Naturen Jesu Christi entwickeln.

Luther war in seiner theologischen Grundhaltung so selbstverständlich an dieses Dogma gebunden, daß ihm das Spannungsverhältnis zwischen dieser Zwei-Naturen-Lehre und dem Christusglauben des Neuen Testaments nicht bewußt wurde, welch letzterer doch der jüdischen Messialogie näherstand als dem Dogma von den Zwei-Naturen Christi.

Jesus selbst, seine Jünger, Paulus und die ältesten Urkunden christlichen Glaubens im Neuen Testament wissen nichts von einer vorweltlichen Existenz Jesu Christi als göttlichen Wesens. Die synoptischen Evangelien setzen den Beginn der Gottessohnschaft Jesu mit der Taufe Jesu an (Mt 3,13-17; Mk 1,9-11; Lk 3,21-22). Diese Gottessohnschaft Jesu entsteht durch die Verleihung des Heiligen Geistes (pneuma), so daß Gottessohnschaft ein geistliches Verhältnis zwischen Gott und Jesus Christus bedeutet. Auch Petrus in der Urgemeinde ist überzeugt, daß Gott diesen gekreuzigten Jesus zu einem Herrn und Christus gemacht hat (Apg 2,36; 5,30-31; 10,36-38). So dachte auch Paulus über Jesu Gottessohnschaft (Röm 1,4; 5,15; 8,14; 9,3-5 u.v.a., vgl. Barnikol, Mensch und Messias). Lediglich Spätschriften im Neuen Testament wissen von einer vorweltlichen Existenz Jesu, der Prolog des Johannesevangeliums (Joh 1,1-3; dazu Joh 17,5.24), der Hebräerbrief (etwa Hebr 1,3), Kol 1,16; 1Joh 1,1-2; und der nachpaulinische Einschub Phil 2,6-7 (vgl. Barnikol, Philipper 2). Aus dem eigentlichen Gehalt des Neuen Testaments läßt sich hierzu sagen: Gottes Weisheit, Schöpfungs- und Erlösungswille waren vorweltlich (ewig) existent, nicht aber Jesus Christus als Gott von Natur.

Damit brauchte eine neutestamentliche Christologie dem vom Alten Testament religiös bestimmten Menschen (wie etwa dem Petrus, dem Paulus, dem Jakobus u.v.a.) nicht ein so unüberwindbares Hindernis zu sein, wie die Zwei-Naturen-Lehre es auch heute noch ist. Zum weiteren vgl. die Texte 68, 76, 79, 88, 106 und die bei Text 64 obengenannten Stellen.

Dann bliebe als zentraler Dissensus aber immer und wohl auch als unerläßliche Entscheidung die Frage, ob Jesus von Nazareth der in der hebräischen Bibel verheißene Messias war und ist.

Der Streit könnte entschärft werden zu einer Gewissensentscheidung hierüber, die jeder persönlich zu treffen hat: War Jesus Mensch und Messias/Christus? Oder war er nur Mensch? Oder war er Gott und Mensch zugleich? Ein menschlicher (menschgewordener) Gott nach Joh 1,14 oder ein göttlicher Mensch? Ist der Streit um „Naturen" überhaupt möglich inbezug auf Gott? Hat Gott eine „Natur"?

(65) Luthers Lob der hebräischen Sprache

Ich vergieße bereits Schweiß beim Wiedergeben der Propheten in unsere Muttersprache. Mein Gott, was für eine große und mühsame Arbeit ist es, die hebräischen Schriftsteller in die deutsche Sprache zu zwängen! Sie sperren sich, weil sie ihre hebräische Sprache nicht verlassen und das barbarische Deutsch nicht nachsprechen wollen. So als wenn die Nachtigall gezwungen würde, den Kuckuck nachzuahmen, und so ihre schöne Melodie aufgäbe zugunsten von dessen verwünschter Eintönigkeit.
Luthers Brief vom 14. Juni 1528 an Wenzeslaus Link in Nürnberg. WA Br. 4.484,14-18.

Dazu muß beachtet werden, daß Luther die deutsche Sprache wegen ihrer Ausdrucksfähigkeit für seelische Vorgänge wie Innigkeit, Empfindung, Liebe, Holdseligkeit u. a. zwar sehr schätzte, aber sie in ihrer damaligen Gestalt als (noch) nicht so zur Wiedergabe theologischer Argumente und Aussagen wertete, wie es die hebräische, die griechische und die lateinische Sprache schon lange waren.

(66) Wohlmeinende Fürsorge Luthers für die Taufhandlung an einem jüdischen Mädchen

Auf Anfrage gibt Luther von der Veste Coburg aus (Abb. 23) einem Pfarrer detaillierte Empfehlungen, aus denen seine Freude über den Entschluß eines jüdischen Mädchens zu spüren ist.

Dem lieben Bruder Heinrich Gnesius, treuem Diener der Gemeinde Ichtershausen, in Gott geliebt.

Gnade und Frieden in Christus. Ich stimme mit dir, mein Heinrich, überein in der Frage des zu taufenden jüdischen Mädchens. Sie möge ganz in Leinentuch gehüllt getauft werden, d. h. nach dem Ritus, wie wir ihn auch in unseren Bädern mit dem Leinen pflegen, das wir Badetuch nennen. Daher

Abb. 23. Lutherzimmer auf der Veste Coburg. Hier lebte Luther im südlichsten Teil des Kurfürstentums Sachsen, weil er als unter Bann und Acht stehend nicht am Reichstag zu Augsburg 1530 teilnehmen durfte. Luther wohnte hier vom 16. April bis 4. Oktober 1530.

würde ich es für gut halten, wenn sie vom Badetuch umhüllt in einer großen, mit Wasser gefüllten Wanne stehend sittsam übergossen würde; oder wenn sie bis zum Halse im Wasser sitzt, mit solchem Leinentuch umhüllt, und ihr Haupt durch dreimaliges Eintauchen untergetaucht würde. Diese Wanne möchte ich durch herabhängende Teppiche abgeschirmt haben, so wie man die häuslichen Bäder abzuschirmen pflegt. Das halte ich für eine alte kirchliche Sitte, daß wir Knaben, die jetzt ohne Anstößigkeit nackt getauft werden, doch in ein solches Leinentuch hüllen, das wir Westerhemd nennen. Früher wurden nämlich alle Christen in solchem Gewand getauft, woher der Sonntag Quasimodogeniti („Wie die eben geborenen Kinder") bis heute auch Weißer Sonntag genannt wird. Dieses Gewand wurde nämlich von der Taufe an die volle Woche hindurch getragen. Es ist nämlich nicht anzunehmen, daß das Geschlecht der Juden nicht so wohl gesittet und Christus mit den Aposteln so schamlos gewesen wären, Erwachsene nackt zu taufen. Hinzu kommt, daß wir auch den Toten ein solches Gewand anlegen zur Erinnerung an unsere Taufe, durch die wir in den Tod Christi getauft sind (Röm 6,3). Daher wird bei der Taufe wie beim Tod die Auferstehung der Toten angezeigt, da die Taufe nichts anderes ist als das Sterben zum künftigen Leben. Gleichwohl aber achte auch darauf, daß dieses Mädchen den Glauben an Christus nicht vortäuscht, denn dieses Menschengeschlecht täuscht Erstaunliches vor. Damit will ich nicht bezweifeln, daß ein Rest (der Nachkommen)

Abrahams übrigbleiben wird, der zu Christus gehört. Aber bisher haben Juden schon auf mancherlei Weise unseren Glauben vorgespielt. Ermahne sie also, daß sie zu ihrem Unglück sich nicht selbst täuscht. Wenn sie wahrhaftig ist, wünsche ich ihr Gnade und Beharrlichkeit. Sage ihr in meinem Namen Heil in Christus und meinen Dienst christlicher Liebe. Im Herrn lebe wohl. Aus meiner Einsamkeit (auf der Veste Coburg) am 9. Juli 1530. T. Martinus Luther.
WA BR. 5.452,1-28.

Folgerung

Luther hat sich entwickelt. Aus dem traditionell Distanzierten im Verhältnis zu den Juden ist ein positiv Engagierter geworden. An der volkstümlichen Judenhetze hatte er sich sowieso nicht beteiligt. Jetzt ist er zum Fürsprecher für die Juden geworden, der nicht bei humanistischem laissez-faire einer Toleranz und Toleranzbefürwortung stehenbleibt. Er kämpft gegen Intoleranz, Judendiskriminierung und Judenverfolgung, dabei besonders gegen die antijüdisch denkenden und handelnden Kirchenmänner, Theologen wie Juristen. Er bekennt die Schuld der Christen an dem vielen Unrecht, das Juden zu erleiden hatten. Er findet zu Fürbitte für die Juden und zur Liebe zu den Juden und empfiehlt der Christenheit ein gleiches.

Er geht noch einen Schritt weiter, indem er sie zum Christentum einlädt. Nicht mit gewaltsamen Bekehrungsmitteln, sondern durch freundliche Unterweisung und christliche Verhaltensweise. Dabei ist er nicht nur in der Methode, sondern auch in der Sache zu Zugeständnissen bereit. Er treibt nicht Judenmission, wie sie im 19. und 20. Jahrhundert betrieben wurde, zumal er sich keinen Übertritt des jüdischen Volkes in seiner Mehrheit vorstellen kann, da dies nach Paulus auch nicht schriftgemäß wäre. Luther läßt eine Einladung an die Juden ergehen, wie er sie auch an die Christen richtet und worauf er wenigstens ein sporadisches Kommen von Juden erwartet.

Dabei findet Luther zu einem neuen Verständnis auch der nicht übertrittswilligen Juden. Einmal haben sie als das von Gott erwählte Volk die Hoffnung, am Weltende dem Messias zu begegnen, der für Luther natürlich Jesus Christus ist. Zum anderen hat Gott auch mit den Juden, die nach der Zerstörung Jerusalems über alle Welt hin zerstreut sind, als Herr der Geschichte etwas vor, indem er sie als seine Werkzeuge benutzt. Drittens bringt Luther ein geradezu erstaunliches psychologisches Verständnis für die Juden auf, die von ihrer Religiosität her Jesus Christus nicht als Gottes Sohn anerkennen können.

Damit sind die Unterscheidungsmerkmale für Juden und Christen aufgewiesen, die keiner von ihnen überspringen kann, ohne dabei seine bisherige Religion aufzugeben. Es liegt nicht einfach an mangelndem guten Willen, wenn die Juden nicht Christen werden wollen, es liegt daran, daß sie ihre Religion ernst nehmen.

Mag als gemeinsames religiöses Gut auch der Glaube an den Gott der Väter und an die Autorität der hebräischen Bibel (Altes Testament) vorhanden sein, so ist der Gottesbegriff doch bei Anerkennung Jesu Christi modifiziert und die Auslegung der hebräischen Bibel kontrovers. Insbesondere bilden christliche Dogmen wie die von der Jungfrauengeburt und der Christologie unübersteigbare Hindernisse.

Dies alles führt trotz guten Willens auf beiden Seiten auch zum Beharren eines jeden auf seiner Position, wobei jeder dem anderen Halsstarrigkeit vorhalten kann.

Daraus wiederum erklären sich Vorbehalte und wird auch ein gewisses Mißtrauen genährt. Auch Luther hat nicht zu einer völlig ausgewogenen Denk- und Handlungsweise gefunden.

Aber immerhin hat er auch darin das Mittelalter hinter sich gelassen, daß er Andersgläubige nicht um ihres Glaubens willen bestraft wissen wollte, und vor allem darin, daß er den Weg der Juden in christlicher Verantwortlichkeit begleitete und bei ihnen wie bei den Christen die Hoffnung auf Israels Erlösung nährte.

Abb. 24. Martin Luther um 1533 mit Doktorbarett. Zeichnung von Lukas Cranach d. Ä. (Sammlung des Herzogs von Buccleuch)

IV. Kapitel: Luthers kritisches Abwarten 1530-1537

Historische Einführung

Die Jahre nach dem Augsburger Reichstag von 1530 brachten Luther und dem Protestantismus eine Epoche relativ ungestörten Ausbaus ihres Kirchenwesens. Der Kaiser hatte zwar seine Absicht zu scharfem Vorgehen gegen den Protestantismus auch in Augsburg wieder unmißverständlich zum Ausdruck gebracht, aber er war durch die außenpolitischen Schwierigkeiten so gebunden, daß er noch nicht gegen den Protestantismus vorgehen konnte. Von 1532 bis 1538 stand Kaiser Karl V. in ständigen politischen und militärischen Verwicklungen mit Frankreich, Ungarn, den Türken, in Italien und Spanien, bis es 1536-38 zum dritten Krieg gegen Franz I. von Frankreich kam. Die protestantischen Fürsten nützten diese Chance, indem sie sich 1531 in Schmalkalden (in Thüringen) zu einem Schutz- und Trutzbündnis zusammenschlossen. Im Nürnberger Anstand von 1532 wurde diesen Fürsten erstmals reichsrechtlich die Duldung der lutherischen Religion in ihren Territorien zugestanden. Sie erstrebten ein freies Konzil, was aber Papst Paul III. dilatorisch verzögerte. Für dies erhoffte Konzil schrieb Luther seine vielleicht schönste Bekenntnisschrift, die „Schmalkaldischen Artikel" 1537. Deren erster und Hauptartikel verdient es, als die theologische Grundlage Luthers für die Zeit bis zu seinem Tode festgehalten zu werden, weil ohnedem vieles an Denken und Verhalten Luthers unverständlich bleibt, auch was seine Stellung zu den Juden betrifft:

Daß Jesus Christus, unser Gott und Herr, sei um unserer Sünde willen gestorben und um unserer Gerechtigkeit willen auferstanden, Röm 4 (25), und er allein das Lamm Gottes ist, das der Welt Sünde trägt, Joh 1 (29), und Gott unser aller Sünde auf ihn gelegt hat, Jes 53 (6). Item: Sie sind allzumal Sünder und werden ohne Verdienst gerecht aus seiner Gnade und durch die Erlösung Christi in seinem Blut etc. Röm 3 (23f).

Dieweil nun solches muß geglaubt werden und sonst mit keinem Werk, Gesetz noch Verdienst mag erlangt oder gefaßt werden, so ist es klar und gewiß, daß allein solcher Glaube uns gerecht mache, wie Röm 3 (28) S. Paulus spricht: ‚Wir halten, daß der Mensch gerecht werde ohne Werke des Gesetzes durch den Glauben.' Item: ‚Auf daß er alleine gerecht sei und gerecht mache den, der da ist des Glaubens an Jesus (Röm 3,26).

Von diesem Artikel kann man nichts weichen oder nachgeben, es falle Himmel und Erde oder was nicht bleiben will. ‚Denn es ist kein anderer Name den Menschen gegeben, dadurch wir können selig werden', spricht S. Petrus Apg 4 (12). Und durch seine Wunden sind wir geheilt, Jes 53 (5).

Und auf diesem Artikel steht alles, was wir wider den Papst, Teufel und die Welt lehren und leben. Darum müssen wir dessen ganz gewiß sein.
(WA 50. 198,25-200,2).

In dreifacher Hinsicht ist die in diesem Artikel festgehaltene Glaubenshaltung mitbestimmend für Luthers Beurteilung der jüdischen Religion und der Juden

Einmal ist die zentrale Stellung Jesu Christi in Luthers Theologie der Stein des Anstoßes für die Juden, die in Jesus nicht den Messias anerkennen konnten, und umgekehrt auch das Kriterium für Luthers Kritik an diesen Juden und ihrer fortbestehenden Erwartung des Messias.

Zum zweiten ist Jesus Christus für Luthers Schriftauslegung des Alten Testaments im Vergleich zur jüdischen Auslegung ein Interpretationsprinzip, mit dessen Hilfe Luther das Alte Testament als Offenbarung des einen Gottes ansieht, in dessen Handeln und Reden Jesus immer schon mitwirkt, so daß es Aufgabe des Exegeten ist, den christusbezogenen Sinn aus den alttestamentlichen Texten herauszuarbeiten. Das war den jüdischen Gelehrten in keiner Weise möglich und ist auch für heutige evangelische Theologie in vielen Fällen eine gekünstelte Interpretation.

Drittens bedeutet die Glaubensgerechtigkeit die einzige Lehraussage, die Anspruch auf Wahrheit und Gültigkeit erheben kann. Daß nach Luther der Mensch nicht durch seine eigene Lebensführung (Werke) sich vor Gott gerecht machen kann, daß vielmehr nur Gott den Menschen durch Gnade gerecht machen kann, das war der jüdischen Theologie mit ihrem Jahrtausende alten Streben nach Gerechtigkeit entsprechend der Tora unannehmbar.

Diese jüdische Theologie aber ist dann notwendigerweise für Luther die Lehre von einer Werkgerechtigkeit, aufgrund derer ein Mensch sich sein Heil selbst verdient. Auch beim Festhalten seiner Position hoffte Luther, daß jetzt viele Juden zum evangelischen Glauben übertreten würden, wo sie nicht mehr unter religiösem Leistungsdruck stünden, sondern frei ihres Glaubens leben könnten. Dies um so mehr, da sie jetzt bei einer Konversion nicht mehr wie zuvor nur ihre bedrückende Werkgerechtigkeit gegen eine andere, christlich-mittelalterliche Werkgerechtigkeit eintauschen würden.

Es gab Begegnungen zwischen Luther und jüdischen Gelehrten, die aber alle ergebnislos ausgingen. Luthers Hoffnung geriet ins Schwimmen. Sie reduzierte sich auf den „kleinen Rest“ der Juden, die sich bekehren und so gerettet würden.

Abb. 25. Kanzel aus der Stadtkirche zu Wittenberg, um 1490 entstanden. Von den ursprünglich vier Evangelistentafeln sind nur diese beiden erhalten. Jetziger Standort: Lutherhalle in Wittenberg. Auf dieser Kanzel hat Luther die meisten seiner Predigten gehalten.

1. *Gemäßigte Kritik bei Hoffnung auf Bekehrung 1530-1537*

(67) Christen sind das wahre Israel

Schon auf der Coburg hatte Luther eine Vorrede zu zwei Kapiteln des Propheten Hesekiel geschrieben, in der er den jüdischen Anspruch, das wahre Israel zu sein, bestreitet. Dieser Gedanke war gewiß schon vorher in Luther lebendig, seine Betonung zeigt aber, wie Luther sich kritisch distanziert. Die Kirche ist das wahre, das neue Israel.

Die Apostel und andere Jünger Christi, so aus den Juden kommen, waren rechte Israel(iten) und haben des ganzen Volkes Israel Namen geerbt, wie Sankt Paulus den Namen Ben Jamin. Darum ist der Name Israel hinfort bei den Aposteln geblieben und auf alle ihre Jünger vererbt, (so) daß nunmehr die heilige Christenheit und wir auch und alle, die dem Wort der Apostel glauben und ihre Jünger sind, Israel heißen...

Warum sollen wir nicht auch um unseres Herrn Jesus willen Israel heißen? So er doch ein rechter natürlicher Israel, ja das einige Kleinod in Israel ist und seine Apostel, unsere Herzöge, auch rechte Israel sind?

Das sage ich darum, daß man sich an der Juden Auslegung nicht kehre, es geht sie dieser Text (Hes 38-39) nichts an. Daniel hat ihnen im neunten Kapitel (Dan 9,26f) ihr Ende angezeigt, daß sie keiner Versammlung (Sammlung aus den Völkern nach Israel) mehr hoffen dürfen. Wir sind's, die aus allerlei Völkern zusammengebracht (sind) unter einen Herrn Christus, und sonderlich jetzt, in diesen letzten Zeiten, sind wir kaum ein wenig (= erst vor kurzem) durchs Evangelium aus allem irrigen Glauben zusammengebracht.
Vorrede Martin Luthers auf das 38. und 39. Kapitel Hesekiel vom Gog. 1530. WA 30. II, 224,24-29 und 225,6-14.

Zu Dan 9,26f und der darin nach Luther vorausgesetzten Zerstörung Jerusalems vgl. die Texte 40, 74, und 93e.

(68) Gottes Volk zu sein, ist kein Privileg für die Juden

Aber man kann der Gottessohnschaft Jesu keinen Juden bereden, du darfst nicht mit der hohen Frage an ihn kommen, daß Jesus Gott sei. Hebe da an: Ihr seid nicht das alleinige Volk Gottes. Das Argument können sie nicht leiden. Von anderem will ich schweigen. Das ist eben mit einem Juden zu disputieren als mit einem Strohhalm auf einen Amboß zu schlagen (vgl. Abb. 18). Denn das geben sie nicht zu, daß auch Unbeschnittene Volk Gottes sind. Dennoch haben sie Beispiele der Schrift gegen sich: den Pharao von Ägypten; Jethro, den Schwiegervater des Moses; Niniviten; Könige Ägyptens, de-

ren Töchter Salomo zur Ehe hatte; Könige von Tyrus usw. Auch den Syrer Naëman. Was sollten sie mit den andern tun? Wenn sie das nicht zugeben ‚Ich bin Gott auch eines Volkes ohne Beschneidung.' , wie sollten sie das andere glauben, daß Christus Gott sei, geboren von einer Jungfrau usw.? Das heißt Blindheit, daß sie diese kleinen Dinge nicht zugeben, die durch so viele Beispiele erwiesen sind.
Tischrede vom Herbst 1532. Nr. 369. WA TR 1. 161,2-13.

Ähnlich äußert sich Luther in den Tischreden Nr. 2184 vom August/September 1531, Nr. 2139 vom 18.-26. Dezember 1531, Nr. 1586 vom Mai 1532 und Nr. 1867 vom 20. September bis 21. Oktober 1532. WA TR 2.352,8-11; 334,17-2; 143,21-24 und 241,30-33.

(69) Luther nimmt Anstoß an jüdischem Wucher und Proselytenmachen

Nur ganz nebenbei hatte Luther früher einmal Juden in Zusammenhang mit dem damals weitverbreiteten Wucher gebracht, vgl. die Texte 29, 30, 33, 60 und 112. Dann hat er den Wucher als allgemeines Zeitübel erkannt, das man nicht den Juden insonderheit anlasten dürfe, vgl. Text 33. In seinem Kampf gegen den Wucher hat er daher die Juden deutlich ausgespart. Jetzt aber setzen auch bei ihm dahingehende Vorwürfe und eine stärker werdende (vgl. Text 100) Bereitschaft zum Hören auf volkstümlichen Antijudaismus ein. Dies Thema war Inhalt eines Tischgesprächs:

Von den Folgen des Wuchers. Was soll der Wucherer Umschlag nicht Schaden tun, wo ein (Geldstück) ein zweites oder drittes erzeugt und die ganze Welt durch diesen Wucher ausgeleert wird, wo jemand sich in wenigen Tagen durch Wucher einen riesigen Schatz erwirbt! So sehen wir es an den Juden, die ohne Arbeit sehr reich geworden sind.

Da erwähnte der Barbier Andreas (der gerade den an Brustschmerzen leidenden Luther behandelt hatte) einen äußerst hochmütigen Juden namens Michael (Michael Jud aus Derenburg). Als dieser von seinem Herrn um 70000 Gulden bestraft worden sei, habe er gesagt: ‚Oh, es hat mich eine Mücke gestochen!' Dieser Taugenichts kam mit 16 Pferden zu (Graf) Albert Schlick, gab sich als Graf von Henneberg aus, ließ sich in dessen Namen alle Ehren erweisen, saß bei dessen (des Grafen Schlick) Frau zu Tisch und ließ sich nach Prag führen! Danach stellte es sich heraus, daß er ein Jude war. Diese Schmach, so getäuscht worden zu sein, hat Albert Schlick nur ärgerlich ertragen. Solche Taugenichtse haben sich bestens unter die Christen gemischt. In Torgau waren es kürzlich mehr als dreißig. Frankfurt ist voll von Juden, alle Bewohner dort üben den jüdischen Wucher. Die Ortschaft Komotau (bei Brüx) hat unter ihren Juden nur 28 christliche Einwohner. Luther antwortete: Verdientermaßen werden diese Taugenichtse wegen ihrer Unver-

schämtheit und ihres Wuchers verjagt. Als sie nämlich gehört hatten, daß wir uns ihrer hebräischen Sprache widmen, hofften sie alsbald, wir würden Proselyten. Auch kamen einige, um mit mir zu disputieren. Denen habe ich geantwortet: ‚Wir ehren gewiß eure Sprache wegen der heiligen Schrift, aber euren Kult halten wir für nichtig. Hofft nicht darauf, daß wir euch beistimmen!' Ich habe ihnen einen Empfehlungsbrief an die Geleitsleute gegeben, worin ich um Christi Willen bat, man möge sie passieren lassen. Diesen Brief zeigten sie dem Aurogallus (einem Mitarbeiter Luthers) und sagten: ‚Wenn nur der Thola (Gehenkte) nicht darinnen stünde', d. i. der gekreuzigte Christus. Summa: Diese Taugenichtse und Diebe sind keiner Nachsicht oder Erbarmung wert. Daher gefällt es mir wohl, daß sie in Prag mit aller Verachtung behandelt werden. Dort darf sich kein Jude unter den Christen niedersetzen, er muß stehen, und stets müssen sie mit Kapuzenmänteln einhergehen oder sie können von jedermann rechtmäßig verprügelt werden.
Tischrede vom 18. Dezember 1536. Nr. 3512. WA TR 3. 369, 21-370, 21. Zur Bezeichnung Jesu als „Gehenkter" (Thola) vgl. bei Text 63 und 79.

Hier ist Luther vielleicht einigem Barbiergeschwätz aufgesessen. Sollte es aber doch eine zuverlässige Nachricht sein, so dürfte der Einzelfall nicht verallgemeinert werden. Zu den Vorschriften über Kennzeichen für Juden an der Kleidung vgl. unten den Exkurs nach Text 103 und Abb. 18, 29 und 36.

(70) Wenn ein Rabbi überträte...

Wie sehr Luther das Hin und Her umtrieb, zeigt ein Vergleich des vorigen, sehr abweisenden Textes mit diesem einladenden.

Ich glaube, sprach Doktor Martinus Luther, wenn die Juden hörten unsere Predigten und wie wir die Schrift des Alten Testaments traktierten und handelten, daß ihrer viele würden gewonnen werden. Aber mit Disputieren werden sie nur irritiert, erbittert und halsstarrig; denn sie sind gar zu hoffärtig und vermessen. Wenn ein Rabbi oder zwei abfielen, dann sollte sich ein Fallen anheben. Sie sind des Harrens schier müde.
Tischreden aus verschiedenen Jahren. Vor 1538. Nr. 7041. WA TR 6. 353,12-18.

(71) Hoffnung auf Übertritte von Juden bleibt

Sie hoffen, wir werden zu ihnen übertreten, weil wir jetzt auch mit der hebräischen Sprache umgehen und diese lehren und lernen. Aber das soll nicht geschehen. Sie müssen unsere Religion und den gekreuzigten Christus annehmen und alle Ärgernisse überwinden, sonderlich daß der Sabbat verlegt ist,

welches sie sehr bewegt und hart vor den Kopf stößt. Und die Apostel habens also geordnet, des Herrn Auferstehung zu Ehren.
Tischreden aus verschiedenen Jahren. Nr. 6191. WA TR 5. 530,17-21. Vgl. auch oben Texte 69 und 70.

(72) Luthers Zurückhaltung gegenüber antijüdischen Greuelmärchen

Nicht nur Luthers Äußerungen zeigen sein Denken über die Juden, sondern je und dann auch sein Schweigen. Es wäre ihm ein leichtes gewesen, sich die weithin antijüdische Volksstimmung zuei-

Abb. 26. Hostienschändung. Angebliche Hostiendurchstechung durch Juden zu Sternberg. Holzschnitt 1492. Lübeck. Die geweihten Hostien galten gemäß der Lehre von der Wandlung (Transsubstantiatio) als Substanz des Leibes Christi. Die den Juden nachgesagte Hostiendurchbohrung sollte eine erneute Durchbohrung des Leibes Christi bedeuten.

gen zu machen oder sich ihrer bei seiner Kritik zu bedienen. Nichts davon war bisher erfolgt, auch wenn noch so viele gehässige Erzählungen im Umlauf waren. Auf dieses Niveau wollte Luther sich nicht begeben. Es waren vor allem drei Greuelmärchen, die bald hier, bald dort aufflackerten. Als behaupteter Ritualmord galt die öfter auftauchende Erzählung, Juden hätten einen Christenknaben getötet, um an dessen Blut zu kommen, das sie angeblich für rituelle Zwecke benötigten (vgl. Abb. 27). Der Vorwurf der Hostienschändung besagt, Juden hätten sich geweihter Hostien bemächtigt, die nach der Transsubstantiationslehre in den Leib Christi verwandelt sind, und hätten diese Hostien mit Messern zerstochen (Abb. 26), womit sie den Herrn zum zweitenmal töten würden.

Solche und viele andere im Volksmund, aber auch in Flugschriften verbreiteten Greuelmärchen bezeichnet Luther als „Lügenteidinge" und „Narrenwerk" (vgl. Text 56). Luther war vor allem seit seiner Schrift „Daß Jesus Christus ein geborener Jude sei" von 1523 als Judenfreund bekannt und gelegentlich auch als solcher angegriffen. Auch sein engster Freundeskreis und seine Schüler wußten natürlich von dieser seiner Haltung und dachten in ähnlicher Richtung.

Da erregte im Jahre 1529 ein Flugblatt Aufsehen, das einen Ritualmord an einem Knaben in Ungarn beschrieb:

Ein erschrockenlich geschicht und mordt, ßo von den Juden zu Pösing [ein Markt in Ungarn gelegen] an einem neunjährigen Knäblein begangen, wie sie das jämmerlich gemartert, geschlagen, gestochen, geschnitten und ermordt haben. Darum dann biß in die dreissig Juden, Mann und Weibspersonen, umb yhr Mißhandlung, auff Freitag nach Pfingsten, den XXI. tag May, des MD und XXIX. jahrs, verprennt worden sind.
(Flugblatt in der Münchener Universitätsbibliothek), Abb. 27 und 36.

Der lutherische Prediger an St. Lorenz in Nürnberg, Osiander (1498-1552), griff diese törichte Legende auf. Osiander hatte schon 1529 an der Marburger Disputation zwischen Luther und Zwingli teilgenommen und ebenso 1530 als Nürnberger Delegierter am Augsburger Reichstag. Osiander hatte in Ingolstadt bei dem Hebraisten Böschenstein Hebräisch gelernt, der 1518 in Wittenberg gelehrt hatte (vgl. Text 26). Jetzt lebte Böschenstein in Nürnberg. Osiander hatte in Nürnberg schon einigen Juden Taufunterricht gegeben und sie getauft. Jetzt setzte Osiander sich energisch für die Unschuld der Juden und gegen dies Greuelmärchen ein mit der Schrift:

Ob es war und glaublich sey, daß die Juden der Christen Kinder heymlich erwürgen, und jr blut gebrauchen, ein treffenliche schrifft, auff eines yeden urteyl gestelt.

Die Schrift war 1530 geschrieben und erschien ohne Jahresangabe, wahrscheinlich 1540 als Schutzschrift für die Juden, war aber nach der Reformationszeit verschollen, bis Moritz Stern sie 1893 auffand und 1903 wieder veröffentlichte. Osiander kam nach gründlicher Erwägung zu dem Schluß:

Ich hab aber nichts können finden, erdenken noch hören, das mich bewegt het, solchem argwon und bezichtigung zu glauben, sondern habe dargegen soviel umbstend und ursach gefunden... und gewiß bin, es geschehe den Juden in diesem fall unrecht.

Abb. 27. Ritualmord. Die angebliche Ermordung des dreijährigen Knaben Simon durch Juden in Trient 1475. Holzschnitt von Michael Wolgemut in Hartmann Schedels Weltchronik. Nürnberg 1493

Als Argument führt Osiander u. a. an: das alttestamentliche Verbot des Tötens (Gen 9,6); das Verbot des Blutessens (Gen 9,4); die Antipathie des Menschen gegen Kannibalismus; nur Gesetzestreue gilt Juden als Weg zum ewigen Leben; Juden haben keinen Haß auf Christen; Juden sind viel zu verzagt; sie brauchen kein Kinderblut für die Hände ihrer Priester (wie die Legenden behaupten), da sie keine Priester haben; die Legende ist erst 200 bis 300 Jahre alt; die sogenannten Geständnisse sind unter Folter erpreßt; kaiserliche und päpstliche Gerichte haben keine Beweise für Ritualmorde erbringen können (vgl. Eckert S. 265ff.) usw.

Während ein Lutheraner sich so gewissenhaft gegen Diffamierung und Verfolgung von Juden einsetzt, erweist sich ein alter Luthergegner, Johann Eck aus Ingolstadt, als Judenfeind (Abb. 28). Er greift anläßlich einer neuerlichen Erzählung von einem jüdischen Ritualmord (in Sappenfeld bei Eichstätt i. J. 1541) die Schrift Osianders an mit seiner Schrift:

Ains Judenbüechlins verlegung: darin ein Christ, gantzer Christenhyit zu schmach, will es geschehe den Juden unrecht in bezichtigung der Christen Kinder mordt durch Doctor Joh. Ecken zu Ingolstadt. 1541.

Eck wirft Osiander vor, daß er sich „untersteht, die blutdürstigen Juden zu verteidigen“ (Vorwort) und nennt ihn ein „unseliges Lästermaul“, das „durch das jüdische wucherische Geld also verblendet“ sei. Auch er führt Argumente an, etwa: der Talmud lehre, „es sei die beste Tat, wenn ein Jude einen Christen oder Heiden töte“. Als Beweise zählt Eck Greueltaten aus Toledo, den Verrat Ulms 1316, die Ermordung des Thomas von Asperg 1531, die Brunnenvergiftungen von 1322 und 1348 und vor allem die (angebliche) Ermordung des S. Simon von Trient 1475, die Ritualmorde in Brandenburg 1510 u. a. auf. Über Osiander vgl. Gottfried Seebaß und Moritz Stern.

Dann erteilt Eck Ratschläge zur Judenbehandlung: Verbot der Schmähung christlicher Lehre und Sitte, Ausgangsverbot für Juden in der Karwoche, Tragen von Kennzeichen auf der Kleidung, keine Zulassung zu Ämtern, Verbot der Beschäftigung christlicher Dienstboten, Verbot von Ehen mit Christen, Wucherverbot u. a.

Luther hielt sich gegenüber den Greuelmärchen sehr zurück, seine Schüler opponierten gelegentlich gegen die in der Volksmeinung verbreiteten Legenden oder schwiegen auch.

Daß Luther solche Lügenmärchen kannte, hat er 1543 in seiner Schrift „Von den Juden und ihren Lügen“ mehrfach bestätigt. Hierüber vgl. WA 53.482,6-23 und 530.6-24, aber auch oben bei Text 56. Das in mehreren Städten bzw. Territorien verordnete Kennzeichen, das Juden an ihrer Kleidung tragen mußten, war meist ein gelber Ring oder Tuchflecken (vgl. unten S. 158).

Abb. 28. Dr. Johannes Eck (1486-1543), seit 1510 Professor der Theologie in Ingolstadt, einer der bedeutendsten Gegner Martin Luthers

2. *Kontakte mit Josel von Rosheim, dem Vorsteher der Juden in Deutschland 1537*

(73) Luthers Befürchtung jüdischen Proselytenmachens

Schon 1536 hatte Luther auf die vermeintliche Gefahr hingewiesen, daß Christen einer jüdischen Mission anheimfallen könnten, vgl. Text 69. Solche als Proselyten bezeichnete ehemalige Christen sind vor allem dann anfällig, wenn evangelische Prediger fehlen. Vgl. auch unten Text 77.

Dem Doktor Martinus wurde der Brief eines gewissen Juden (Josel von Rosheim, s. Text 74) überbracht, mit dem er bat und drängte — wie er schon zuvor an den Doktor geschrieben hatte —, daß er ihm beim Kurfürsten sichere Ein- und Durchreise durch sein Fürstentum erwirke. Doktor Martinus antwortete: Was soll man den Buben vergönnen, die die Leute an Hab und Leib schädigen und mit ihren abergläubischen Bräuchen viele Christen abwenden. In Mähren nämlich haben sie viele Christen beschnitten und nennen sie mit einem neuen Namen die Sabbather. Also geht's in jenen Ländern, in denen die evangelischen Prediger vertrieben werden; da werden sie gezwungen, die Juden zu ertragen. So wird vom Herzog Georg (dem Bärtigen von Sachsen-Meißen 1500-1539) erzählt, der eidlich bekräftigt haben soll: ehe er die Lutheraner dulden wolle, ließe er zuvor alle Kirchen, Taufen und Sakramente verwüsten. Als ob wir nicht dieselbe Verehrung Christi und die Sakramente predigen würden! Summa: mundus vult decipi (Die Welt will betrogen werden). Ich will aber diesem Juden schreiben, er möge nicht zurückkommen.
Tischrede vom Mai/Juni 1537. Nr. 3597. WA TR 3.441,20-442,12.

(74) Luther 1537 am Scheideweg: Von Herzen den Juden zugetan, aber durch religionspolitische Bedenken gehemmt, dem Vorsteher der Juden zu helfen (Abb. 29)

In Kursachsen waren Erzählungen über angebliche Verbrechen von Juden in Umlauf gekommen. Unter Bezugnahme hierauf ließ der Kurfürst Johann Friedrich der Großmütige (1532-47) im August 1536 die Juden aus seinem Lande ausweisen. Viele fanden Zuflucht im benachbarten Kurfürstentum Brandenburg. Da wandte sich Josel von Rosheim (im Elsaß bei Obernai, sein richtiger Name war Joseph Ben Gerson Lorchans) als politischer Sprecher der Juden in Deutschland mit der Bitte um Fürsprache beim Kurfürsten von Sachsen an Luther. Josels Vater war 1477 in Endingen (am Kaiserstuhl) nur knapp dem Verbrennungstod entkommen. Jetzt war Josel „regierer gemeiner judischait im reich“ (WA Br. 8.77,14). Über diesen Josel vgl. S. Stern. Josel von Rosheim hatte ein Empfehlungsschreiben des Straßburger evangelischen Theologen Wolfgang Capito vom 26. April 1537 an Luther bei sich sowie ein Empfehlungsschreiben des Rats der Stadt Straßburg an den sächsischen Kurfürsten.

Dennoch lehnte Luther eine Fürsprache seinerseits ab. Immerhin hob der Kurfürst sein Verbot schon 1538 wieder auf. Luther, der schon in einem Tischgespräch seine Absage angekündigt hatte (vgl.

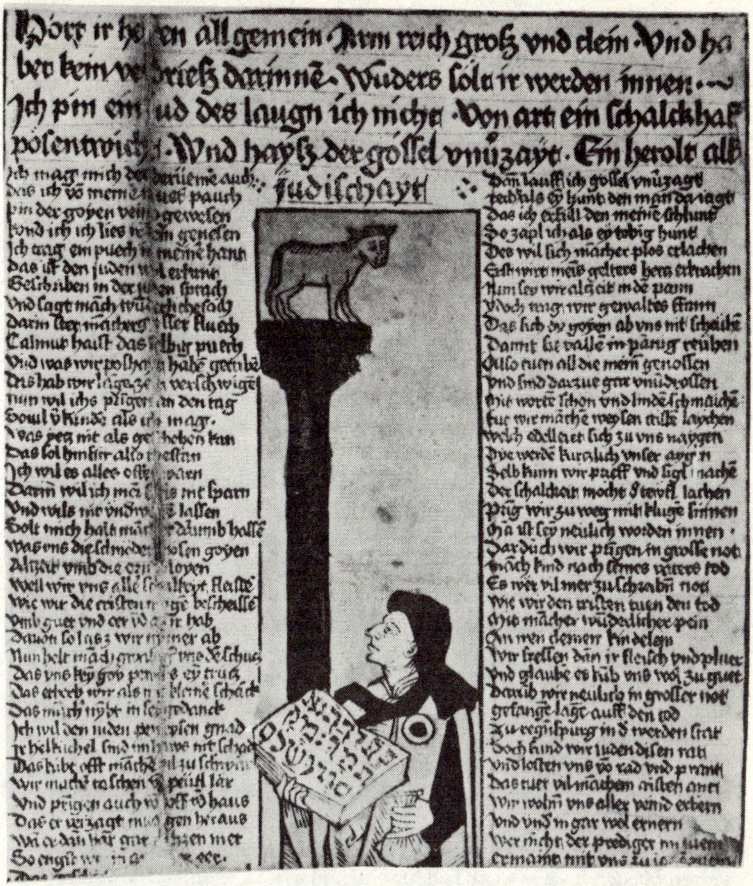

Abb. 29. Josel von Rosheim (1480-1554) war seit 1510 als „Vorsteher und Führer" der Juden bei Kaiser Maximilian tätig, erwirkte 1515 die Verhinderung einer Judenausweisung aus dem Elsaß und 1516 sogar einer für ganz Deutschland geplanten. Bei der Krönung Kaiser Karls V. in Aachen 1520 war Josel von Rosheim anwesend. Er erreichte 1530 die Bestätigung der „Rechte und Privilegien" der Juden des ganzen Reiches durch den Kaiser. In Straßburg setzte er ein Verbot der antijüdischen Schriften Luthers von 1543 durch und widerlegte in seiner Entgegnung „Der heilige Weg" die Vorwürfe Luthers. Die Karikatur auf einer zeitgenössischen antijüdischen Flugschrift zeigt ihn mit der vorgeschriebenen Kapuze, dem Judenfleck und einem Geldbeutel. Der Text der Überschrift besagt: „Hört, ihr Herren allgemein, arm, reich, groß und klein und habet keinen Verdruß darinnen, wunders sollt ihr werden innen. Ich bin ein Jud, das leugn' ich nicht, von Art ein schalkhaft Bösewicht, und heiß' der Josel unverzayt (unverzagt), ein Herold alle Jüdischheit." Vor ihm die Säule mit dem „goldenen Kalb" (Ex 32,1-24).

Text 73), erteilte diese jetzt schriftlich mit ausführlicher Begründung.

Dem fürsichtigen Josel, Juden zu Rosheim, meinem guten Freunde. Mein lieber Josel! Ich wollte wohl gerne bei meinem gnädigsten Herrn für Euch handeln, beides mit Worten und Schriften, wie denn auch meine Schrift der ganzen Judenheit gar viel gedient hat. Aber dieweil die Euren solches meines Dienstes so schändlich mißbrauchen und solche Dinge vornehmen, die von uns Christen von ihnen nicht zu dulden sind, haben sie selbst mir damit alle Forderungen genommen, die ich sonst bei Fürsten und Herrn hätte tun können.

Denn mein Herz ist es ja gewesen, und (ist es) noch, daß man die Juden sollte freundlich halten, der Meinung, ob Gott sie dermaleinst gnädig ansehen und zu ihrem Messias bringen wollte, und nicht der Meinung, daß sie sollten durch meine Gunst und Forderung in ihrem Irrtum bestärkt und ärger werden.

Davon ich, so mir Gott Raum und Zeit gibt, will ein Büchlein schreiben, ob ich etliche könnte aus Euren väterlichen Stämmen der heiligen Patriarchen und Propheten gewinnen und zu Euerem verheißenen Messias bringen. Wie wohl es ganz fremde (befremdlich) ist, daß wir Euch zu Eurem natürlichen Herrn und Könige reizen und locken sollen, wie denn zuvor Euere Vorfahren, als Jerusalem noch stand, die Heiden gereizt und gelockt haben zu dem rechten Gott.

Sollt Ihr nicht billig denken, daß wir Heiden(-Christen) wohl so hoffärtig und ekel wären, weil ohnedem Heiden und Juden allzeit tödlich feind gegeneinander gewesen sind, daß wir freilich auch Euern besten König nicht anbeten würden, geschweige denn einen solchen verdammten gekreuzigten Juden, wo nicht hierin wäre die Gewalt und Macht des rechten Gottes, der solches in uns hoffärtigen Heiden, Euern Feinden, gar mächtiglich ins Herz brächte? Denn ihr Juden würdet ja nimmermehr einen gehenkten oder geräderten Heiden nach seinem Tod für einen Herrn anbeten, das wißt Ihr. (Vgl. die Texte 38, 55, 57, 61, 62, 63, 64, 68, 69, 75, 76, 79, 88, 93, 95, 96, 108, 109, 110, 115).

Darum wollet ja uns Christen nicht für Narren und Gänse halten und Euch doch einmal besinnen, daß Euch Gott dermaleinst aus dem Elend, nun über fünfzehnhundert Jahre lang gewährt, helfen wollte, welches nicht geschehen wird, Ihr nehmet denn Euern Vetter und Herrn (d. i. den als Juden geborenen), den lieben gekreuzigten Jesum, mit uns Heiden an.

Denn ich habe Eure Rabbinen auch gelesen, und wäre es darinnen (scil. das Bekenntnis zu Jesus), so wäre ich so hörnern und steinern nicht, es hätte mich auch bewogen. Aber sie können nichts mehr denn schreien, es sei ein gekreuzigter, verdammter Jude, so doch alle Euere Vorfahren keinen Heiligen noch Propheten unverdammt, ungesteinigt und ungemartert gelassen haben, welche allzumal auch verdammt sein müßten, wenn Eure Meinung darüber recht sein sollte, daß Jesus von Narzareth von Euch Juden gekreuzigt und verdammt sei; denn Ihr's zuvor mehr getan und allewege getan.

Leset, wie Ihr mit Euerm König David umgegangen seid und mit allen frommen Königen, ja mit allen heiligen Propheten und Leuten, und haltet uns Heiden nicht so gar für Hunde. Denn Ihr seht, wie Euer Gefängnis zu lang währen will, und findet doch uns Heiden, welche Ihr für Euere höchsten Feinde haltet, günstig und willig zu raten und helfen, abgesehen davon, daß wir's nicht dulden können, daß Ihr Euer Fleisch und Blut, der Euch kein Leid getan hat, Jesus von Nazareth, verflucht und lästert, und wenn ihr könntet, alle die Seinen um alles brächtet, was sie sind und was sie haben.

Ich will auch ein Prophet sein, wiewohl ein Heide, wie Bileam gewesen ist (Num 22-24; bes. 22,38; 23,8.12.19; 24,9): es soll nicht gehen, was ihr hofft. Denn die Zeit von Daniel (9,24-27), ist längst aus. Und wenn Ihr's gleich noch so wunderlich dreht und aus dem Text macht, was Ihr wollt, so ist das Werk (Gottes doch) vorhanden.

Solches wollt von mir freundlich annehmen, Euch zu Eurer Vermahnung. Denn um des gekreuzigten Juden willen, den mir niemand nehmen soll, möchte ich Euch Juden allen gerne das Beste tun, ausgenommen daß Ihr meine Gunst zu Eurer Verstockung gebrauchen sollt. Das wisset gar eben. Darum möget Ihr Euere Briefe an meinen gnädigen Herrn durch andere vorbringen. Hiermit Gott befohlen.

Datum aus Wittenberg, Montags nach Barnabae (11. Juni), im 1537. Jahr.
Mart. Luther.

Brief Luthers vom 11. Juni 1537 an Josel von Rosheim. WA BR 8.89,1-91,63.

Die von Daniel als Weissagung berichtete Zeit meint die Zeitspanne vom Wiederaufbau des Tempels unter Nehemia bis zur Zerstörung Jerusalems und damit bis zum zuvor erfolgenden Kommen des Messias. Vgl. die Texte 67 und 93e.

Folgerung

Das Schreiben an Josel von Rosheim ist das Dokument des inneren Umbruchs in Luthers Verhältnis zu den Juden. Gewiß nicht so, daß jetzt etwas völlig Neues aufkäme, aber doch derart, daß eine latent vorhandene Möglichkeit sich anschickt durchzubrechen. Noch hat Luther ein Herz für freundliches Verhalten gegenüber den Juden, die doch zur Erkenntnis der Messianität Jesu finden sollen. Dazu erinnert er auch an seine Schrift von 1523 „Daß Jesus Christus ein geborener Jude sei" (vgl. Texte 49-56). Er weiß davon, daß diese Schrift dazu beigetragen hat, staatliche Maßnahmen gegen die Juden und volkstümliche Diskriminierung zurückzudrängen. Auch jetzt noch, 1537, möchte er wenigstens etliche von ihnen für den Christenglauben gewinnen. Aber zwei Gründe verwehren ihm jetzt eine politische Fürsprache.

Einmal haben die Juden, so meint Luther, seinen guten Willen mißbraucht, womit Luther vielleicht den im Jahre 1536 von ihm kritisierten Wucher (vgl. Text 69) oder die ihm 1532 bekannt gewordenen Bekehrungen von Christen zum Judentum in Mähren meinte (vgl. Texte 69, 73 und 77). Immerhin bleibt zu beachten, daß Luther auch hier die Greuelmärchen von Ritualmord, Hostienschändung und Brunnenvergiftung keines Wortes für würdig hält.

Zum anderen aber ist Luther enttäuscht, ja sogar — wenn auch verhalten — erbost darüber, daß die Juden aufs Ganze gesehen den aus ihrem eigenen Volk stammenden Jesus nicht als Messias annehmen, ihn vielmehr als Gehenkten lästern. Das ist Luthers theologisches Motiv, daß er „um des gekreuzigten Juden" Jesus willen keine Fürsprache für die Verstockten einlegen will. Aber es kündigt sich auch mit der Abwehr von Übertritten zum Judentum ein kirchenpolitisches Motiv an. Sonst jedoch möchte Luther ihnen das Beste tun.

Man sieht diesem Schreiben an, wie Luther mit sich ringt. Er ist an einem Scheideweg, und er ist jetzt 54 Jahre alt. Was wird werden? Noch ist es Luther eine Herzenssache, daß „man die Juden sollte freundlich halten", aber der werdende Umbruch deutet sich an.

V. Kapitel: Luthers Weg zum Antijudaismus: Vom Reformator zum Dogmenwächter und Kirchenpolitiker 1538-1543

1. *Vom Wahrheitsanspruch zum Dogmatismus: Luther wird Wächter über die Dogmen*

Die in der bisherigen Literatur angeführten Begründungen für die antijüdischen Ausfälle Luthers mit dessen angeblichem „Altersstarrsinn“ und Enttäuschtsein reichen ganz offensichtlich nicht aus, um die Wandlung des zwar kritischen, aber judenfreundlichen Reformators zu einem judenfeindlichen Kirchenstreiter zu erklären. Von einem Altersstarrsinn läßt sich bei einem Manne von 54 Jahren, der auf der Höhe seiner Schaffenskraft und seiner Erfolge steht und der mit so enormer Vitalität am kirchlichen, theologischen und geistigen Geschehen teilnimmt, wie es Luthers Schriften, Gutachten, Briefe und Tischreden von 1538 bis 1543 ausweisen, wirklich nicht ernsthaft, sondern allenfalls in peinlicher Apologetik reden. Die Gründe liegen tiefer, waren sehr viel gewichtiger und sind in historischen Sachgegebenheiten freilegbar.

Das Werk der Reformation klang mit einer Kodifizierung im Augsburger Reichstag in eine — scheinbar — ruhige Entwicklung aus. Neue Kirchen, Landeskirchen, die sich oft nach Luther nannten, waren entstanden. Luther war fast unbemerkt und ungewollt in eine neue Position hineingewachsen, die seiner Eigenart nicht entsprach. Er galt den Lutheranern wie ein Kirchenvater und als einer, der über Glauben und Lehre der ihm anhängenden Christen zu wachen habe. Zwar meinte er, ein anderer Mann — nämlich Gott — führe das Rädlein der Geschichte, was wohl für den hinter der sichtbaren Geschichte stehenden Gott zutrifft; aber in der Meinung der damaligen Christenheit hatte Luther das Steuer in der Hand. Sein Wort galt. Er war die Autorität. Was als falsch, richtig oder noch akzeptabel in Sachen des Glaubens gelten sollte, das mußte mindestens seit dem Augsburger Reichstag von 1530 der Doktor Martinus entscheiden.

In diesem ihm zugewachsenen Amt wurde Luther zum Lehrwächter bzw. Dogmenbeschützer und infolgedessen auch zum Gegner der Juden, die trotz Luthers großer Geduld mit ihnen nicht zum Christenglauben fanden. Luthers Aufgabe war vermehrt und abgewandelt. Er war Wächter in Glaubens- und Kirchenfragen geworden, und diese Rolle drängte ihn je länger, je mehr, nicht nur zur jüdischen Religion, sondern auch zu den damals lebenden und Juden bleibenden Juden Stellung zu nehmen.

Jede Religion hat konstitutive Elemente, auf deren Gültigkeit sie Anspruch erheben muß, wenn sie ihre Identität und Existenzberechtigung nicht aufgeben will. Dies wird man den Christen, den Juden und auch Luther zuerkennen müssen. Die Frage ist nur, ob dieser berechtigte Wahrheitsanspruch zu einem dogmatischen und auch religionspolitischen Absolutheitsanspruch, ja Alleingültigkeitsanspruch führen darf oder ob er auch anderen Religionen den Anspruch auf eigene religiöse Wahrheiten zuerkennen muß. Im Mittelalter war der Wahrheitsanspruch der Kirche zu einem Alleinwahrheitsanspruch mit Absolutsetzung geworden. Eine Bestreitung kirchlicher Wahrheiten war sogar reichsrechtlich unter Strafe gestellt, wie es die Juden allzuoft erfahren mußten. Die Gültigkeit und Durchsetzbarkeit eines solchen Alleinwahrheitsanspruchs hatte ihre Kraft aus der Kirchengläubigkeit des mittelalterlichen Menschen. Wer die Wahrheit zentraler kirchlicher Lehren antastet, der galt als böswillig oder gar teuflisch, sei er Ketzer, Jude oder Türke, und mußte unschädlich gemacht werden (vgl. die Texte 8, 14, 21, 42, 47, 50, 51, 72 und die Erläuterungen zu den Texten 100 und 101).

Diese mittelalterliche Gläubigkeit an die „Kirche" als die absolute Alleinbesitzerin der Wahrheit war spätestens in Worms 1521 zerbrochen. Die „Kirche" hätte fortan nur recht, meinte Luther, wenn ihre Lehre wirklich die biblische Wahrheit wäre. Aber gerade das war sie für Luther und seit Luther in wachsendem Maße auch für weite Kreise der Bevölkerung nicht mehr. Eine „neue" Gläubigkeit hatte die alte abgelöst. Diese neue Gläubigkeit verstand nun aber das biblische Evangelium als die Wahrheit und nahm die dem gegenüber offenkundig irrenden „Wahrheiten" der „Kirche" nicht mehr an. Das war auch Luthers Position, jetzt die alleinige Wahrheit des Evangeliums ans Licht gebracht und seit Worms auch mehr und mehr im gemeindlichen Leben zur Geltung gebracht zu haben.

Luther hatte die Überzeugung, daß ein Bekanntwerden mit der Wahrheit des Evangeliums von der alleinseligmachenden Gnade Gottes auch zur freiwilligen Annahme dieser Wahrheit führen müsse, weil das Evangelium eine Sache des Glaubens (sola fide) und nicht Sache menschlicher Maßnahmen sei. Die „Kirche" ist daher nicht mehr im Alleinbesitz der Wahrheit, „das Evangelium ist in der Kirche weithin verkehrt" (WA 2. 461,15-18. — 1519). Damit hat Luther der damaligen Kirche den Alleinwahrheitsanspruch verweigert und an dessen Stelle die alleinige Wahrheit des Evangeliums bzw. der Bibel als des Wortes Gottes gesetzt. Nach Luthers Meinung dürfen selbst „unsere Fürsten nicht zum Glauben und zum Evangelium zwingen“ (1525. WA Br III. 616,28-33). Auch Juden — so hörten wir schon (Texte 14, 21, 34, 42, 47, 48, 50, 51, 56, 72 u. ö.) — dürfen nicht mit Gewalt zum Christentum gedrängt werden.

Wenn Luther zu einem Antijudaismus fand, können seine theologisch-reformatorischen Einsichten dies nicht bewirkt haben. Wenn überhaupt Gründe für Luthers Antijudaismus zu erkennen sind, dann steht unter diesen nachweislich Luthers lehramtliches Verantwortungsbewußtsein ganz vornan: Wer beharrlich der Wahrheit des Evangeliums — und dazu gehören nach damaliger Auffassung auch die altkirchlichen Dogmen — die Anerkennung verweigert, der muß dies wohl aus bösem oder gar teuflischem Willen tun.

Da Luther sich jetzt immer intensiver mit der jüdischen religiösen Literatur und Praxis befaßt (vgl. seine Schrift „Wider die Sabbather“ 1538 sowie die Texte 70, 71, 73, 74, 79, 80, 82, 86 u. v. a.), wird er sich der jüdischen Ablehnung der christlichen Grundlehren immer stärker bewußt. Es sind vor allem die großen Dogmen der Gottheit Christi, der vorweltlichen Existenz Christi, der Jungfrauengeburt und der Trinitätslehre, die von den Juden nicht nur bestritten, sondern auch mit bissiger Polemik bedacht werden.

Für diese Dogmen und daher gegen deren jüdische Ablehnungen nimmt Luther jetzt in wachsendem Maße Stellung, etwa in seiner Schrift „Die drei Symbola“ 1538, in den Tischreden und bei vielen weiteren Gelegenheiten. Der Ton wird immer schärfer, bis Luther 1542 der Ärger übermannt und er seine gehässige Schrift „Von den Juden und ihren Lügen“ erarbeitet. Da nicht mehr die Kirche als Alleinbesitzerin der Wahrheit gilt, muß jetzt die Heilige Schrift als die unbestreitbare Wahrheit entscheiden, was die wahre Glaubenslehre ist, und diese biblische Glaubenslehre haben dann alle — Christen wie Juden — anzunehmen.

Daher erklärt es sich, daß Luther jetzt etwa ab 1538 den Juden gegenüber die — christlichen — Wahrheitslehren auch aus dem Alten Testament „nachweist“, wobei ihm die obengenannten Dogmen konstitutive Elemente sind.

Nicht Luthers Theologie hat sich geändert, aber in einer neuen historischen Situation, eben den Landeskirchen, ist ihm eine neue Funktion zugewachsen.

Luther wird vom Kirchenerneuerer (Reformator) zum Dogmenwächter.

2. *Der Auftakt: Jüdische Kritik gefährdet die religiösen Grundlagen der Bevölkerung 1538*

(75) Bestreitung des Monotheismus der Christen ist wahrheitswidrige Verleumdung der Christen

Da steht unser christlicher Glaube und spricht: es sei nicht mehr denn ein einziger Gott, außer welchem kein anderer Gott ist, sondern alles andere sind Kreaturen und nicht Götter. Was ist's denn nun, daß beide, Juden und Türken, entweder aus großer Bosheit oder vor großer Unwissenheit uns Christen schelten, als die wir mehr denn einen Gott hätten? So sie doch billigerweise wissen sollten, daß sie darin offenkundig und schändlich lügen, damit uns bei ihren Zuhörern verräterisch und giftiglich verleumden, ihren Irrtum zu stärken und unsere Wahrheit zu verunglimpfen.
Die drei Symbola oder Bekenntnis des Glaubens Christi. 1538. WA 50.281,24-31

Einerseits bot die christliche Trinitätslehre schon Anlaß, nach der Echtheit des christlichen Monotheismus im Vergleich zum jüdischen zu fragen. Andererseits wird an Luthers aggressiver Defensivität deutlich, daß Luther um die religiöse Standhaftigkeit der lutherischen Bevölkerung Sorgen hat. 1523 hatte er noch umgekehrt gehofft (vgl. die Texte 41, 45, 51, 54, 56).

(76) Jüdischer Angriff auf die Gottheit Christi und die Trinitätslehre stellt die Christen als unvernünftig hin

Und zwar sind wir Christen gewiß nicht so gar sinnlos oder ohne alle Vernunft, wie uns die Juden achten, welche uns für eitel tolle Gänse und Enten halten, als die wir nicht fühlen noch merken könnten, wie närrisch Ding es sei, zu glauben, daß Gott Mensch sei und in der einigen Gottheit drei unterschiedliche Personen. Nein, gottlob, wir fühlens wohl, daß solche Lehre nicht will noch kann in die Vernunft gehen, bedürfen keiner hohen jüdischen Vernunft, die uns solches zeige. Wir glauben solches wissentlich und williglich, bekennen und erfahren auch, daß, wo nicht über die Vernunft der heilige Geist ins Herz leuchtet, ist's nicht möglich, solchen Artikel zu fassen oder zu glauben und dabei zu bleiben, sondern muß daselbst eine jüdische, hoffärtige, überwitzige Vernunft bleiben, die solchen Artikel verspotte und verlache und also sich selbst zum Richter und Meister über das göttliche Wesen setzt, das sie doch nie gesehen hat noch sehen kann, weiß auch nicht, was sie urteilt oder wovon sie dichtet und saget. Denn Gott wohnt in einem Licht, da niemand zukommen kann (1Tim 6,16), sondern er muß zu uns kommen, doch in der Laterne verborgen (1Kor 13,12). Und wie Joh 1 (18)

steht: ‚Niemand hat Gott jemals gesehen. Der Sohn in des Vaters Herz hat's uns offenbart.' Und zuvor Moses spricht: ‚Kein Mensch kann mich sehen und leben.' (Ex 33,20)
Die drei Symbola oder Bekenntnis des Glaubens Christi. 1538. WA 50.273,22-38.

Zur Trinitätslehre und zur Gottheit Christi vgl. auch die Texte 57,62, 63, 64, 68, 75, 88, 110 und im Nachwort, Punkt 5.

(77) Jüdische Bekehrungsversuche an Christen widersprechen der biblischen Christenlehre

Luther hatte schon 1532 durch den Grafen Wolf Schlick zu Falkenau (an der Eger, westlich von Karlsbad) gehört, daß die Juden in Mähren eine teilweise erfolgreiche Mission unter Christen betrieben (vgl. oben Texte 69, 73, 74). Nun liegt eine Missionstätigkeit gewiß nicht in der Absicht der jüdischen Religion, die ja grundsätzlich die Nachkommen Abrahams umfaßt und nur gelegentlich und unter erheblichen Auflagen Konvertiten aufnimmt. Dennoch mag es im Lande Mähren, wo es seit Huß beständig religiöse Unruhen gab, vorgekommen sein, daß mehrere Christen zum Judentum übertraten. Daraufhin schreibt Luther seine, dem genannten Grafen gewidmete Schrift „Wider die Sabbather" 1538.

Daß ihr mir nun angezeigt habt, wie in den Ländern hin und wieder die Juden mit ihrem Geschmeiß und ihrer Lehre einreißen, auch etliche Christen schon verführt haben, daß sie sich beschneiden lassen und glauben, der Messias oder Christus sei noch nicht gekommen und der Juden Gesetz müsse ewiglich bleiben, dazu von allen Heiden angenommen werden etc., begehrt darauf, wie man solches mit der heiligen Schrift widerlegen soll, will ich diesmal, bis ich mehr Zeit habe, durch diesen Brief meinen Rat und Meinung kurz angezeigt haben.
Ein Brief D. Mart. Luther. Wider die Sabbather an einen guten Freund. 1538. WA 50.312,8-14. Vgl. auch oben Text 73 und Abb. 30.

(78) Jüdische Forderung von Beschneidung und Feier des Sabbattages ist Einmischung

Jüdischer Anspruch auf Alleinwahrheit

So ihr schreibt, daß die Juden rühmen, ihr Gesetz solle ewig bleiben und wir Heiden(-Christen) müssen Juden werden... Darum sollt ihr zu ihnen sagen, daß sie zuvor selber anheben, Moses Gesetz zu halten und Juden werden

[denn sie sind nicht mehr Juden, weil sie ihre Gesetze nicht halten]. Wenn sie das getan haben, so wollen wir flugs hinachfolgen und auch Juden werden... Denn wer Moses Gesetz halten will, der muß es ganz halten... So ist die Beschneidung auch nicht des Moses Gesetz, sondern lange zuvor dem Abraham gegeben (Gen 17,9-14)... Und ist die Beschneidung nicht weiter als für Abraham und seinen Samen gestiftet... Wie sollten wir Heiden(-Christen) denn nun schuldig sein, ihre Beschneidung und Gesetz zu halten, das nun verfallen ist und sie selbst nicht halten konnten.
Ein Brief D. Mart. Luthers. Wider die Sabbather an einen guten Freund. 1538. WA 50.323,9-10+26-29; 326,22-23; 327,16-17+21-22; 329,8-10.

Dasselbe gilt für die jüdische Forderung nach Festlegung des Sabbattages auf den siebenten Wochentag (WA 50.332,21-333,16). Vgl. Text 71.

(79) Jüdische Schmähungen Jesu und der Maria
Noch 1540 sehen die Juden in Luther ihren Fürsprecher

Die Juden nennen Christus ‚Thola', den Gehenkten, und Maria ‚Haria', latrinam. Zu Luther kamen drei Rabbiner, um mit ihm zu sprechen: Samarja, Schlom und Leo. Was ist es mit Maria?, sagte der Doktor. Führwahr, der Prophet (Jes 7,14) nennt sie Almah. Da sagte der (eine) Jude: Nicht immer bedeutet dies Jungfrau, worüber euch unsere Rabbinen belehren. Aber der Doktor (sagte): Wer disputieren will, wird in Worten steckenbleiben, nicht in den Sprachen der Menschen. So erwies der Doktor die Göttlichkeit Christi aus einer Stelle des Jeremia. Er nennt ihn nämlich: ‚Der Herr ist unsere Gerechtigkeit.' (Jer 23,6). Aber die Juden führten wieder ihre Rabbinen an. Schließlich (sagte) Samarja: Wir freuen uns, daß ihr Christen unsere Sprache lernt und unsere Bücher lest, wie die Genesis und andere. Es besteht Hoffnung, daß ihr alle Juden werdet. — Nichts ist (sagte Luther)! Wir hoffen, daß ihr Christen werdet. Und zu uns gewandt (sagte Luther): Ich glaube, daß weiterhin noch mehr Juden bekehrt werden. Christus vermag viel (vgl. Abb. 31). Als sie weggingen, gab Luther ihnen (Geleits-)Briefe, damit sie ohne Weggebühren reisen könnten. Als er aber eingefügt hatte ‚um des Namens Jesu Christi willen', sagten sie zu Aurogallus (Hebraist und Mitarbeiter Luthers): ‚Die Briefe sind gut, aber dieser Name beleidigt uns.' Daher wollten sie lieber Weggebühren zahlen, als die Briefe vorzeigen.
Im Anfang hatten die Regensburger Juden den deutschen Psalm ‚Aus tiefer Not' an Luther geschickt, geschrieben mit hebräischen Buchstaben. So sehr gefiel ihnen Luther.
Tischreden vom Mai/Juni 1540. Nr. 5026. WA TR 4.619,20-620,15.

Ein weiterer Teil dieses Tischgesprächs ist in Text 69 enthalten. — Luther erzählt diese Begegnung auch in seiner Schrift „Von den Ju-

Abb. 30. Titelblatt zu Luthers erster antijüdischer Schrift. Die Holzschnittbordüre von Lukas Cranach d. Ä. zeigt die Erzählung von der Hinrichtung Johannes des Täufers nach Mt 14,3-11 bzw. Mk 6,27-28. Oben König Herodes Antipas von Galiläa und Peräa, der Landesherr Jesu, mit seiner Schwägerin und Nichte Herodias, die ihren ersten Mann verlassen hatte, um Herodes Antipas zu heiraten. Beide sitzen beim Festmahl, zu dem Hofleute kommen und ein Diener die Speisen aufträgt. Unten Musikanten und Tanzpaare. An der rechten Seite die Enthauptung Johannes des Täufers. An der linken Seite Salome (Tochter der Herodias aus erster Ehe), die das Haupt des hingerichteten Johannes auf Wunsch der Herodias und auf Befehl des Herodes Antipas in den Festsaal bringt.

den und ihren Lügen" 1543 (WA 53. 461,28-462,5). Luthers vermeintlicher Beweis der Gottheit Christi aus Jer 23,6 darf als heute unhaltbar ausgeschieden werden. Vgl. die Texte 6, 7, 38, 55, 62, 64, 75, 76, 85, 88, 93, 95, 110 u.ö.

Zur polemischen Bezeichnung Jesu als Thola, d.i. ein rechtskräftig verurteilter Gehenkter, vgl. oben die Texte 63 und 69. Daß Jesus gehenkt worden sei, ist eine alte Polemik aus dem Talmud (Sanhedrin 43[a] Bar. — Vgl. Strack-Billerbeck I 1023). Anlaß zu dieser Polemik bot wahrscheinlich der Evangelienbericht, daß Jesus zwischen zwei Verbrechern gekreuzigt wurde (Mk 15,27-28 parr.). Das hebräische Wort Thola ist: תּוֹלָעָה. Die Bezeichnung selbst scheint erst in der hoch- und spätmittelalterlichen Polemik aufzutauchen (vgl. Eckert in Monumenta S. 170).

Die Bezeichnung der Maria als ‚Haria' ist wohl aufgrund des ähnlichen Wortklanges entstanden. Die Verbindung mit Jes 36,12 ist unsicher, aber die lateinische Übersetzung latrina weist wohl in die gemeinte Richtung. Luther erwähnt diese Beschimpfung öfter, vgl. die jüdische Kritik an der Jungfrauengeburt, etwa in den Texten 41, 53, 83, 97, 98, 109.

Zur antik-jüdischen Polemik gegen Jesus und Maria vgl. Strack-Billerbeck I 36-43; 236; 542; 678; 1017; 1023; 1038; 1040; II 262; 542. Hierzu ist aber zu bemerken, daß der jüdischen Polemik gegen das Christentum in der Antike eine christliche Polemik gegen das Judentum korrespondierte. Vor allem hat Johann Maier nachgewiesen, daß die von Strack-Billerbeck zitierten Texte im wesentlichen nachtannaitisch sind und oft aus dem Zusammenhang gerissen. Sie gehören in die Zeit der byzantinischen Unterdrückung der Juden und sind daher als Reaktionen zu verstehen. Wie immer aber auch der historische Werdegang dieser Polemik gewesen sein mag, sie war in Luthers Zeit vorhanden und wurde ihm zu einer Hauptursache einer grimmigen Abwehr von schmähenden Angriffen auf Christus und Maria.

3. Luthers Schwanken zwischen Sympathie und Feindschaft 1539-1542

Aus der Fülle von mehreren Hunderten von Erwähnungen der Juden in Luthers Tischreden und in seiner Genesisvorlesung seien nur die folgenden, besonders markanten herausgegriffen. Die meisten anderen Stellen bringen gegenüber den bisher angeführten und unten folgenden keine neuen Gesichtspunkte oder Argumente, allenfalls Varianten.

(80) *Die herrlichen Juden als Verfasser der Heiligen Schrift beider Testamente sind den Christen weit überlegen*

Die Liebe Luthers zu dem Gott Abrahams, Isaaks und Jakobs bedeutete naturgemäß auch eine Liebe zu und eine Hochachtung vor den großen Glaubens-Persönlichkeiten des Alten Bundes, aber auch vor dem Volk Israel, soweit es in diesem Bund mit Gott blieb. Nur wenn Juden diesen Bund brachen, stellte Luther sich mit den Propheten gegen diese. Luther wagte auch, es ohne Umschweife zu bekennen, daß die Verfasser der neutestamentlichen Schriften Juden gewesen sind. Christen sind allenfalls Nachfolger.

Daß die Juden bessere Lehrer und Scribenten über die heilige Schrift haben denn wir Heiden(-Christen). Als Doktor Martinus Luther auf eine Zeit im Psalter las, verwunderte er sich sehr, daß David einen solchen Geist gehabt hat, und sprach: ‚Lieber Gott, welch hohe Leute sind das gewesen! Dieser David war ein Ehemann, König, Kriegsmann und Prediger. Er ging mit weltlichen Sachen um, mit deren Händeln er zu tun hatte, und hat gleichwohl ein solch trefflich schönes Buch geschrieben. So ist das Neue Testament von Männern geschrieben, die Juden gewesen; denn die Apostel waren Juden. Also hat Gott wollen anzeigen, daß wir sollen Gottes Wort anbeten, teuer und hehr, lieb und wert halten. Wir Heiden(-Christen) haben kein Buch, das in der Kirche regierte und herrschte, denn daß S. Augustin in der Heidenkirche allein vor den andern ein Doktor und Lehrer ist. Darum sind wir Heiden(-Christen) den Juden gar nicht gleich. Derhalben auch Sankt Paulus einen gar feinen Unterschied zwischen der Sara und der Hagar und den zwei Söhnen Isaak und Ismael macht (Gal 4,22-31). Hagar war auch eine Frau, aber der Sara noch lange nicht gleich.
Tischrede vom 20. März 1539. Nr. 4425. WA TR 4.307, 6-18.

(81) *Immer noch: Mitempfinden für und Hochachtung vor den Juden, die Staat, Land und Tempel verloren haben — als Strafe Gottes.*

Die Zerstörung Jerusalems ist gar grausam, jämmerlich und schrecklich gewesen, also daß aller anderen Monarchien und Kaiserreiche Fälle und Plagen, der Sintflut, Sodoms, des Pharao usw. nichts gegen diese Verwüstung sind. Denn diese Stadt ist Gottes Stadt, Wohnung, Hort und Bett gewesen, wie der Psalm (132,14) sagt: ‚Hier will ich wohnen, denn ich habe sie erwählt usw.‘ Da war das Gesetz, das Priestertum, der Tempel, da ist David, Salomon, Jesaja usw., da sind unzählig viele Propheten begraben, so daß die Juden auf solche Vorzüge wohl haben trotzen können.

Was sind wir armen, elenden Heiden(-Christen) und Rom gegen Jerusalem? Unser Herr Gott ist nicht unser Gefangener. Er hat noch nicht viel Wittenbergisch und Torgauisch Bier getrunken. Wenn er das schöne Jerusa-

lem, das er also mit seinem Wort, Gesetz, Blutsfreunden usw. geziert hatte, dahingegeben hat, das wird uns wahrlich auch gelten. Er wird's uns wahrlich auch nicht schenken, darnach mögen wir uns richten. Summa: diese Zerstörung Jerusalems ist greulicher und schrecklicher denn alle Plagen auf Erden jemals gewesen sind und sein werden. Es war auch zu viel, daß sein eigen Volk seinen eigenen Sohn vor die Stadt hinausführen und kreuzigen sollte.
Tischrede vom 3. April 1539. Nr. 4466. WA TR. 4.327, 1-16. Vgl. oben Text 59.

(82) Jüdische Andachtsbücher lehren Heiligkeit der Juden aus deren Abstammung statt Glaubensgerechtigkeit

Am 12. April las Doktor Martinus Luther in einem hebräischen Buch, in welchem geschrieben waren der Juden Gebete und Feste, die sie jetzt halten, und verwunderte sich über die große Vermessenheit und Hoffart. Da war keine Erkenntnis der Schrift, sondern eitel Ruhm in toten Privilegien, die nun ganz ab und erloschen sind. Sie verstehen nichts von Gottes Gnade, noch von der Gerechtigkeit des Glaubens, wie Gott barmherzig sei, aus lauter Gnade um Christi willen, und daß der Glaube an Christus gerecht, fromm und selig mache. Davon wissen sie weniger denn nichts; sondern wollen heilig sein von Natur und aus dem Geblüt, gleichwie die Heiden aus dem Willen des Fleisches.
Tischrede vom 12. April 1539. Nr. 4493. WA TR 4.343, 23-31.

(83) Luthers erstmalige Erwägung einer Ausweisung der die Maria lästernden Juden

Ich will wider die Juden noch einmal schreiben, denn ich höre, es nehmen sich ein Teil unserer Herren um sie an. Ich will ihnen den Rat geben, daß sie sie sollten verjagen und zum Land austreiben. Was haben sie für eine Ursache, daß sie die liebe Jungfrau Maria so lästern und schänden? Nennen sie Haria, ein Scheißhaus (latrina), Narda, Monstrum! Wenn ich Herr wäre, ich wollte sie beim Hals nehmen oder sie müßten mir die Ursache sagen. Es sind arme Leute. Ich weiß kein größer Argument gegen sie, denn daß man sie frage, warum sie so lange im Elend sind.
Tischrede vom Sommer/Herbst 1542. Nr. 5462. WA TR 5.166, 27-34.

Dies sagte Luther, während er seine Schrift „Von den Juden und ihren Lügen" ausarbeitete. Vgl. unten Einleitung zu den Abschnitten 4 und 5 und Text 90. Zur Bezeichnung Haria für Maria vgl. Text 79. Ob das Wort Narda mit hebräisch נַעֲרָה = junges Mädchen, Dirne, hier im Sinne von Hure wie etwa Amos 2,7 zusammenhängt oder mit נֵאַרְתָּה = entweihen (Pi.pf.), bleibe offen.

Zur Bezeichnung der Maria als Hure vgl. Strack-Billerbeck I 36-43. Dazu auch die Texte 41, 53, 79, 97, 98, 109.

Abb. 31. Lutherstube in der Lutherhalle zu Wittenberg. Eingerichtet 1535-1538. Holzwände, Fensterbank, Tisch und Kachelofen noch aus Luthers Zeit. Um diesen Tisch versammelten sich Luthers Mitarbeiter bei der Übersetzung des Alten Testaments. Hier wurden auch die im Text oft erwähnten Tischreden geführt.

(84) Verbreitete volkstümliche Judenfeindschaft

Um zu verstehen, in welche Welt hinein Luther sprach — auch mit den maßlosen Äußerungen der Texte des folgenden Abschnitts (Kap. V, 4-5) —, muß man die Stimmung im Volke kennen. Hier war es einmal eine leicht erklärbare Xenophobie, die in allem Fremdartigen und Undurchschaubaren etwas Gefährliches, ja Böses befürchtete. Die Fremdartigkeit, wie sie schon in der Kleidung sich zeigte, aber auch in Sprache, Berufen und vor allem in Religion und auch in der Rechtslage, löste Angst als bösen Ratgeber und Aufnahmebereitschaft für allerlei Greuellegenden aus. Hinzu kam neben der Armut vieler Juden auch der wirtschaftliche Erfolg mancher Juden, vor allem im Handel, und erweckte einen Neid, der die eigenen Mißerfolge den Juden in die Schuhe schob. So kam es zu mancherlei, auch öffentlicher Verspottung der Juden. Ein solcher Vierzeiler kam auch Luther zu Ohren.

D. Mart. Luther hat einmal diese Reime bei Tisch erzählt:

Glaub keinem Wolf auf wilder Heid,
Auch keinem Juden auf seinen Eid.
Glaub keinem Papst auf sein Gewissen,
Du wirst von allen dreien beschissen.

Tischreden aus verschiedenen Zeiten, Nr. 6172 (Wahrscheinlich 1542/43). WA TR 5.522, 33-36 und 523, 3-6.

Wenn Luther diesen Spottvers nicht in seinen Schriften, vielmehr nur bei Tisch erzählte, zeigt dies noch einige Zurückhaltung, aber doch auch seine wachsende Bereitschaft, der Volksmeinung nachzugeben. Daß Luther diesen Spottvers als umlaufende Sentenz zitierte, zeigt auch der Zusammenhang, in dem der Berichterstatter Lauterbach diese Zeilen bringt, nämlich bei „Erzählungen, Sprichwörtern und Sentenzen" (Dicta, proverbia et sententiae. WA TR 5.522, 16ff), in deren große Zahl hier obiger Vers eingereiht ist. Der ursprüngliche Wortlaut des Spottverses war in einem Flugblatt des 16. Jahrhunderts verbreitet worden und lautete:

„Wer einem Wolf traut auf der Heid,
Einem Juden bei seinem Eid,
Einem Krämer bei seim Gewissen,
Der wird von allen dreien gebissen."

(Flugblatt im Kupferstichkabinett München). Text gedruckt bei Liebe S. 56.

Unter dem Einfluß der Reformation ist in der dritten Zeile des oberen Spottverses der Krämer durch den Papst ersetzt worden.

(85) Grundsätzliche Liebe zu den Juden als Abrahamskindern — aber wachsendes Mißtrauen

Von einem jüdischen Taufbewerber und einem anderen, der ein Betrüger war. Als der Jude Michael hierher kam, um getauft zu werden und dies dem Doktor mitgeteilt wurde, sagte er: Laßt ihn zu mir kommen, ich fürchte ihn keineswegs, ich liebe die Juden, wenn sie zu Vernunft kommen, um Abrahams willen usw., den ich heute glühender liebe als alle Juden. Als der Jude eingetreten war und mit zu Tisch saß, sagte der Doktor: Willst du getauft werden? Der Jude antwortete: Ich will. Der Doktor sagte: Siehe darauf, daß es dir Herzenssache ist, denn ich weiß, daß ihr uns hinters Licht zu führen pflegt. Nicht leicht könnt ihr es ertragen, daß der Jude Christus als Gott verehrt werde... Auch wir sind nicht so töricht und unklug, einen Juden anbeten zu wollen, da wir eine solche Ehre selbst Abraham oder einem Engel nicht erweisen wollen, wenn wir nicht durch ein Zeugnis der Schrift überwunden werden. Da antwortete der Jude: Ich bekenne, daß Christus der

Fürst des jüdischen Volkes ist, daß er gekommen ist und daß er Gottes Sohn ist. Denn die Zeit ist erfüllt. Da (sagte) der Doktor: Dasselbe sagte ein Jude in Pommern, der um 1515 gestorben ist und dessen letzte Worte an seine Söhne waren: ,Wenn der Messias 1522 noch nicht gekommen ist, so wisset, daß wir betrogen sind.' Das sagten seine Söhne dem Pomeranus (Bugenhagen).

Dann fügte der Doktor noch dies über einen Kölner Propst hinzu, der auf seinen Grabstein eine Katze und eine Maus einmeißeln ließ und in seinem Testament geschrieben hat: Wenn Katze und Maus sich vertragen, dann wahrhaft wird ein Jude zum Christen.

Tischrede vom Sommer 1540. Nr. 5354 WA TR 5.83, 1-18. Vgl. auch Text 55. Über den Kölner Propst vgl. Text 48.

Es ist bei Luther nicht mehr die wohlwollende Vorsicht wie 1530 (Text 66), sondern aus Enttäuschung gewachsene Skepsis.

(86) Wenn ich so beten könnte — wie die Juden. Aber warum schweigt Gott zu ihrem Elend?

Es gibt keinen größeren Zorn Gottes, als wenn er stillschweigt, wie es den Juden jetzt geht, daß unser Herr Gott also hart mit ihnen zürnt und nun in 1500 Jahren sich nicht mit einem Wörtlein vernehmen ließ, kein Zeichen. Sie selbst klagen heftig und beten inständigst, wie es ihre Bücher zeigen, in denen ihre Gebete enthalten sind. Wenn ich so beten könnte, wie sie beten, ich wollte für 200 Gulden Becher darum geben! Warum Gott sie nicht erhört, verwundert mich. Es ist Zorn, ein großer unaussprechlicher Zorn.

Tischreden vom Winter 1542/43. Nr. 5554a. WA TR 5.235, 15-22.

(87) Dennoch: Jesus Christus der Messias — zuerst für die Juden, dann für die anderen Völker. Deshalb kein Anspruch der Juden auf Alleinwahrheit

Christus war nicht zu den Heiden gesandt. Aber wenn die Heiden zu ihm kamen, so schlug er sie nicht aus (Mt 15,21-28). Er war persönlich nur zu den Juden gesandt. Darum hat er auch im jüdischen Land gepredigt. Aber durch die Apostel ging seine Lehre in die ganze Welt. Also nennt S. Paulus den Herrn Christus einen ,Diener der Juden um der Verheißung willen, die Gott den Vätern gegeben' (Röm 15,8), da Gott seine Zusage wahrhaftig gehalten hat. Und können sich die Juden rühmen vor Gottes Wahrheit. Aber ,die Heiden sollen sich rühmen der Barmherzigkeit Gottes' (Röm 15,9), und ist unser, der Heiden, auch nicht vergessen. Gott hat nicht mit uns geredet, so haben wir keinen König noch Propheten gehabt, mit dem Gott geredet hätte, sondern S. Paulus sagt sonst an einem Ort: ,Euch allein ist's gepredigt, aber da ihr nicht wolltet, siehe, so kehren wir uns zu den Heiden.' (Apg 13,46).

Dies ärgert noch heutigen Tages die Juden, daß sie meinen, der Messias sei allein ihr, und ist traun ein schöner herrlicher Name, daß Moses sagt: ‚Du bist ein heiliges Volk' (Dtn 7,6). Aber David verheißt danach in seinen Psalmen Christus auch den Heiden: ‚Lobet den Herrn, alle Heiden' (Ps 117,1), nicht allein den Juden. Da ist's aufgelöst.
Tischreden 1543. Nr. 5522. WA TR 5.234, 9-22.

(88) Trinitätslehre schon im ersten Buch Mose

In seiner Genesisvorlesung vom 3. Juni 1535 bis 17. November 1545 wendet Luther sein exegetisches Prinzip durchgehend an, daß nämlich „die ganze Schrift Christum" treibt. Daher sucht er bei allen Texten des ersten Buches der Bibel ihre Beziehung zu Christus bzw. ihre christologischen Aussagen herauszuarbeiten oder hineinzuinterpretieren. Bei Auslegung von Gen 1,2 („Und der Geist Gottes schwebte über dem Wasser") führt Luther im Einvernehmen mit vielen mittelalterlichen Kommentaren aus:

Mir liegt es vor allem daran, den heiligen Geist zu verstehen. Der Wind nämlich ist (nur) eine Kreatur, die damals noch nicht existierte, als bis dahin die Erden- und Himmelskörper noch durcheinander lagen. Es besteht eine große Übereinstimmung in der Kirche über das hier offenbarte Geheimnis der Trinität. Der Vater erschafft durch den Sohn, den Moses das Wort nennt („und Gott sprach", Gen 1,3.6.9 u. ö.), aus nichts den Himmel und die Erde. Beiden ist der heilige Geist eingelagert. Wie nämlich das Huhn auf den Eiern sitzt, um durch Erwärmung der Eier die Küken auszubrüten und durch Wärme gleichsam zu beleben, so, sagt die Schrift, schwebt der heilige Geist über den Wassern, um die Körper, die belebt und ausgestattet werden sollen, mit Leben zu versehen. Des heiligen Geistes Aufgabe ist es nämlich, lebendig zu machen (vgl. Gen 1,2)...

Beachtenswert ist es, daß Moses nicht sagt ‚Im Anfang schuf der Herr Himmel und Erde', sich vielmehr eines Wortes der Mehrzahl bedient: Elohim (Einzahl: El, neben Jachweh eine Bezeichnung für Gott)... Die Juden deuten den Moses vielfach um. Aber es ist uns klar, daß er die Trinität oder die Mehrzahl der Personen in der einen göttlichen Natur verdeckt anzeigen wollte... Daher ist die frostige Deutelei der Juden zu verwerfen, daß (nur) um der Ehrerbietung willen die Mehrzahl gebraucht sei... Diese Zeugnisse müssen uns lieb und wertvoll sein. Auch dann, wenn bald die Juden, bald die Türken uns verlachen, weil wir glauben, daß es einen Gott und drei Personen gibt. Wenn sie die Autorität der Schrift nicht schamlos verleugnen wollten, müßten sie bei diesem Text und bei den schon vorher erwähnten unserer Meinung folgen.
Genesisvorlesung 1535-1545. Zu Gen 1,2 und 1,1. WA 42. 8, 21-29 und 10, 11-12; 17-18; 23-24; 44, 13-16.

Daß die Juden diesen Argumentationsgang nicht nachvollziehen konnten, ist uns heute selbstverständlich, zumal auch die christlich-theologische Exegese dies nicht mehr kann. Mag Luthers Exegese zeitbedingt sein, so mangelt ihr doch wenigstens im Blick auf die jüdische Auslegung der Versuch, das Alte Testament unter Absehen von Jesus Christus allein aus sich heraus zu verstehen und sich in die jüdische Denkweise hineinzuversetzen. Daraus konnte rasch eine Unterstellung von Böswilligkeit werden.

(89) Es ist ein hartes Volk, aber keine Gewaltanwendung
Luthers öffentliche Zurückhaltung

Seit seiner Schrift „Wider die Sabbather" (1538) hat Luther sich in seinen Veröffentlichungen noch Zurückhaltung mit antijüdischen Äußerungen auferlegt. Dennoch spürt man seinen Privatäußerungen in Briefen und Tischgesprächen einen gebändigten Groll an. Noch geht er nicht so weit wie manche seiner Zeitgenossen, die zur Gewaltanwendung riefen.

Zur selben Zeit sagte jemand, daß viele (Juden bei Pogromen bzw. Volksaufruhr) getötet und verwundet seien. Der Doktor sagte: Man sollte es aber nicht tun, vor allem weil sie Geleit (Kaiserliche Geleitsbriefe) haben. Es ist ein hartes Volk um die Juden, und das wußte der Prophet Jesaja wohl: ‚Du hast eiserne Adern, eine eiserne Stirn' (Jes 48,4). Weiter bestehen sie einfach auf dem Argument, von dem man sie nicht losreißen kann: Abraham, Isaak, Jakob, das Geblüt, der Adel. Aber was fragt Gott nach dem Adel oder Geblüt auf Erden?... Und ist kein Wunder, daß sie so halsstarrig sind, denn sie erziehen ihre Kinder von Jugend auf dazu. Denn sobald ein Kind sprechen lernt, stehen sie da und sagen: Sohn, Sohn! Das (die Christen) ist ein vermaledeites Volk! Was man dann den Kindern in der Jugend einbleut, das vergessen sie so leicht nicht.
Tischreden vom Frühjahr 1543. WA TR 5.247, 12-23.

Wahrscheinlich haben damals christliche Eltern und Lehrer ihren Kindern ähnliches über die Juden beigebracht. Die Ablehnung von Gewalt gegen die Person von Juden hat Luther zeitlebens beibehalten, die Verbrennung von Menschen etwa — wie sie damals noch vielfach vorkam — stets verabscheut (vgl. die Texte 15, 47, 48, 99, 101 u. ö.).

Wie sehr Luther noch an sich hielt, zeigt seine Schrift „An die Pfarrherrn wider den Wucher zu predigen" vom Jahre 1540. Nur an drei Stellen dieser Schrift kommt das Wort Juden überhaupt vor, und immer in relativ gemäßigter Stellungnahme (vgl. etwa WA

51.363-366 sowie 332, 14ff und 377, 6ff). Gerade hier wäre dem Zeitgeist entsprechend eine harte Kritik an den Juden zu erwarten gewesen, aber sie blieb aus.

4. *„Von den Juden und ihren Lügen" 1543 Höhepunkt der Polemik (vgl. Abb. 32)*

Historische Einführung

Bisher hielt sich die oft gehässige Polemik herüber und hinüber noch im Rahmen eines Religionsstreites. Als aber im Frühjahr 1542 eine jüdische Schrift gegen Luthers Schrift „Wider die Sabbather" (von 1538) erschien und zum Übertritt der Christen zur jüdischen Religion aufforderte, da sah Luther sein Lebenswerk gefährdet und das aus der Reformation hervorgegangene Kirchenwesen angegriffen.

Das wurde für Luther zum Signal, jetzt aus den Privatgesprächen über die Juden und mit Juden an die Öffentlichkeit herauszutreten, um den für die lutherischen Christen befürchteten Schaden zu verhindern. Dies gibt er auch selbst im Vorwort der jetzt im Herbst 1542 verfaßten Schrift „Von den Juden und ihren Lügen" als sein Motiv an. Es geht um die allgemeingültige Wahrheit des christlichen, jetzt des evangelischen Glaubens, und der kirchlichen Lehren. Es ist erstaunlich, daß dies — wenn man so will — Lehrwächter-Motiv Luthers in der Literatur bisher nicht gewürdigt wurde, man vielmehr einen Altersstarrsinn des 59jährigen Luther als psychologische Ursache dieser Schrift und ihres Inhalts ansah. Wäre dies zutreffend, so müßte dieser Altersstarrsinn Luthers sich auch in seinen anderen ab 1542 verfaßten Schriften, Briefen und Reden finden. Das ist aber nicht der Fall. Seine sonstige Verhaltensweise und seine Theologie unterscheiden sich nicht von denen der vorangehenden Jahrzehnte. Es muß schon ein historischer Grund für seine Hinwendung zum Antijudaismus aufgetaucht sein. Was Luther aufschreckte und zu einer ungebührlich aggressiven Kirchenpolitik veranlaßte, war die erwähnte Schrift eines Rabbiners, der auf Luthers Schrift „Wider die Sabbather" antwortete. Diese uns leider nicht erhaltene Schrift wurde Luther von dem Grafen Wolf Schlick zu Falkenau übersandt und traf am 18. Mai 1542 in Wittenberg ein. Luther machte sich alsbald an die Ausarbeitung seiner im Herbst fertiggestellten und im Januar 1543 veröffentlichten Schrift „Von den Juden und ihren Lügen" (vgl. Text 83). Diese Schrift ist nicht nur die umfangreichste (145 Folio-

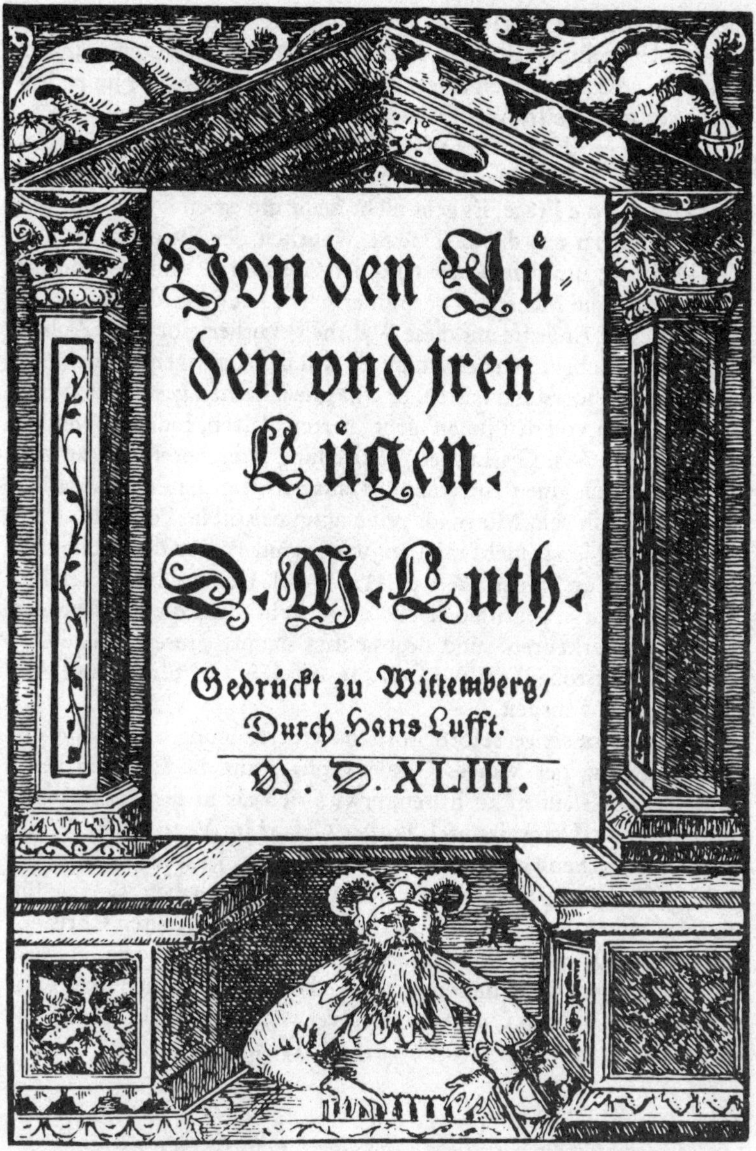
Von den Jüden vnd jren Lügen.

D. M. Luth.

Gedrückt zu Wittemberg/
Durch Hans Lufft.

M. D. XLIII.

Abb. 32. Titelblatt zum Erstdruck von Luthers Schrift „Von den Jüden und ihren Lügen". Wittenberg 1543. Dies ist die heftigste der antijüdischen Schriften Luthers.

Seiten in der WA 53.417ff), sondern vom Inhalt her auch die gehässigste aller Stellungnahmen Luthers zum Problem Christen — Juden. Selbst seine danach noch folgenden Äußerungen über die Juden lenken eher in seine frühere Denkweise ein.

Wie kam es, daß Luther sich von Haß zu einer aggressiven Polemik treiben ließ? Luther selbst gab im Vorwort seiner Schrift die Antwort auf die Frage. Es geht nicht mehr um einen Dialog mit den Juden, sondern um die allgemeine Wahrheit des Evangeliums und der Dogmen, um den Widerstand der Christen — und das sind für Luther jetzt die Menschen der lutherischen Landeskirchen — gegen die jüdischen Angriffe auf diese Wahrheit. Luther gibt diese Zielsetzung seiner Schrift ganz exakt an. Er will dem „giftigen Vornehmen der Juden" Widerstand leisten, er will „die Christen gewarnt haben", damit sie sich von den Juden nicht „narren" lassen, Juden zu werden (WA 53.417, 7-9). Ob Luthers Beurteilung jüdischer Kritik an den christlichen Dogmen zutreffend ist, mag strittig sein, unbestreitbar ist diese Kritik sein Motiv für seine antijudaistische Polemik.

Luther will jetzt „nicht mit den Juden, sondern von den Juden und von ihrem Tun" reden (WA 53.419, 19-20). Der Rabbiner, der Luthers Position angegriffen hatte, „untersteht sich, die Sprüche der Schrift zu verkehren" und beabsichtigt damit, „unseres Glaubens Grund umzustoßen" (WA 53.417, 16-19). Das war für Luther: Angriff auf die Wahrheit.

Luthers großartige reformatorische Überzeugung, daß allein die Verkündigung des Wortes Gottes genüge, um die Christen beim christlichen Glauben zu halten, erwies sich als in der Praxis nicht durchhaltbar. Damit ist nach Luther Gefahr im Verzuge. Er als für das neue Kirchenwesen Verantwortlicher muß jetzt handeln.

Mag Luther die Gefahr auch weit überschätzt haben, sie war für ihn das Motiv. Sein Lebenswerk und die ihm anvertrauten Christenmenschen gilt es zu schützen und zu warnen. Hören wir ihn selbst mit seinem Vorwort, dessen ersten Teil die Abb. 33 nach dem Erstdruck zeigt. Bei den Quellenbelegen verwenden wir statt der zu Luthers Zeit üblichen Wortform „Jüden" die heutige „Juden".

(90) Gefahr für die christliche Lehre durch jüdische Polemik treibt Luther zu aggressiven Vorwürfen (vgl. Abb. 33)

Ich hatte mir wohl vorgenommen, nichts mehr, weder von den Juden noch gegen die Juden zu schreiben. Aber weil ich erfahren, daß die elenden, heillosen Leute nicht aufhören, auch uns, das ist die Christen, an sich zu

Mart. Luth. D.

ICh hatte mir wol fürgenommen / nichts mehr / weder von den Jüden noch wider die Jüden zu schreiben / Aber weil ich erfaren / das die Elenden heillosen leute / nicht aufhören / auch uns / das ist / die Christen an sich zu locken / Hab ich dis Büchlin lassen ausgehen / Damit ich unter denen erfunden werde / die solchem gifftigem furnehmen der Jüden widerstand gethan / und die Christen gewarnet haben / sich fur den Jüden zu hüten. Ich hette nicht gemeint / das ein Christen solt von den Jüden sich lassen nerren / in ir Elend und jamer zu tretten. Aber der Teuffel ist der Welt Gott / Und wo Gottes wort nicht ist / hat er gut machen / nicht allein bey den schwachen / Sondern auch bey den starcken. Gott helffe uns / Amen.

Abb. 33. Luthers Vorwort zu seiner Schrift „Von den Jüden und ihren Lügen".1543. Hier nach dem Erstdruck. Jetzt WA 53. 417ff.

locken, habe ich dies Büchlein ausgehen lassen, damit ich unter denen erfunden werde, die solchem giftigen Vornehmen der Juden Widerstand getan und die Christen gewarnt haben, sich vor den Juden zu hüten. Ich hätte nicht gemeint, daß ein Christ sich sollte von den Juden narren lassen, in ihr Elend und Jammer zu treten…

Es ist mein Vorhaben nicht, daß ich wolle mit den Juden zanken oder von ihnen lernen, wie sie die Schrift deuten oder verstehen. Ich weiß das alles im vorhinein wohl. Viel weniger gehe ich damit um, daß ich die Juden bekehren wolle; denn das ist unmöglich.
Von den Juden und ihren Lügen. 1543. WA 53.417, 1-10 und 20-24. Vgl. oben die Texte 73 und 77 sowie unten Text 103.

Die Situation ist anders geworden — nicht Luthers Theologie oder Glauben. Aus dem Reformator als mutigem Einzelgänger ist der verantwortliche Kirchenmann geworden, weil aus der Reformation das Landeskirchentum geworden war.

(91) Die Quellen für Luthers judenfeindliche Verteidigung der Dogmen

Luther entwickelte in vier Fünfteln seiner Schrift eine Apologie der christlichen Lehre gegen jüdische Bestreitungen. Er tat dies fast wie ein mittelalterlich-vorreformatorischer Scholastiker, der die Richtigkeit der christlichen Dogmen in Gegenüberstellung zu ihren Bestreitern zu erweisen sucht.

Es ist nicht so, wie es sich viele Darsteller (vor allem die sich auf Luther berufenden Nationalsozialisten) dachten, daß Luthers judenfeindliche Äußerungen dem Genie Martin Luthers entsprungen seien. Durchweg hat er sie einfach von seinen zeitgenössischen oder früheren Gewährsmännern übernommen. Das gilt für fast alle in den folgenden Texten angeführten „Vorwürfe" Luthers gegen die Juden. Einziger originärer Vorwurf Luthers ist der einer Werkgerechtigkeit der Juden. Alles andere ist — manchmal wörtlich, manchmal im Gedankengang — den von Luther benutzten Quellen entnommen und betrifft daher die Verteidigung der altchristlichen Dogmen gegen jüdische Einsprüche, wobei letztere oft bequemerweise einfach als „Lügen" tituliert werden.

Zwei der vier wichtigsten von Luther herangezogenen Autoren hatte er schon als junger Theologieprofessor als Autoritäten anerkannt. Jetzt vermerkte er im Eingang seines Buches „Von den Juden und ihren Lügen":

a) Die zwei trefflichen Männer, Lyra und Burgensis, haben uns vor hundert und vor zweihundert Jahren neben anderen mehr der Juden unflätiges Deuten treulich beschrieben und fürwahr stattlich widerlegt.
Von den Juden und ihren Lügen. 1543. 417, 24-26. Ähnlich auch 482, 6-23.

Hinzu kamen zwei Autoren, deren Werke erst seit 10 bzw. 20 Jahren zugänglich waren, d.h. für damalige Verhältnisse zu den neuesten Arbeiten gehörten: Salvagus Porchetus und Antonius Margaritha. Deren Werke hält Luther den Juden entgegen:

b) Viel weniger werden sie uns hören, wie sie bisher getan und immerfort tun, so sie doch durch viel feiner, gelehrter Leute, auch aus ihrem Geschlecht, so kräftig überwunden sind, daß auch Stein und Holz, wo sie halbe Vernunft hätten, solches anerkennen müßten.
Von den Juden und ihren Lügen. 1543. WA 53.449, 12-15.

a 1) Nikolaus von Lyra (ca. 1270 bis ca. 1349) aus der Normandie war Luther mit zwei Werken zugänglich: Postillae perpetuae in vetus et novum testamentum, gedruckt in Rom 1471/72. Contra perfidiam Iudaeorum, gedruckt in Nürnberg 1497. Der Titel „Gegen die Treulosigkeit der Juden“ zeigt schon die Tendenz des Autors an.

a 2) Paulus von Burgos (ca. 1351 bis 1435, ursprünglich Salomon ben Levi) war 1390 zum Christentum übergetreten, hatte als schon rabbinisch Vorgebildeter dann Theologie studiert, war 1405 Bischof von Cartagena und 1415 Erzbischof von Burgos geworden. Auch er schrieb ein Werk gegen die Juden: Dialogus qui vocatur Scrutinium scripturarum libris duobus contra perfidiam Iudaeorum, 1434 (gedruckt 1475 in Mantua). Außerdem: Additiones zu den Postillae des Nikolaus von Lyra, 1429-31.

b 1) Salvagus Porchetus aus Genua hatte um 1300 ein Werk verfaßt: Victoria adversus impios Hebraeos, in qua tum ex sacris literis, tum ex dictis Talmud ac Caballistarum et aliorum omnium authorum, quos Hebraei recipiunt, monstratur veritas catholicae fidei. Dieser „Sieg über die ungläubigen Hebräer“ wurde 1520 in Paris gedruckt. Luther folgt diesem Porchetus durchgehend in seiner Schrift „Von den Juden und ihren Lügen“ 1543 (vgl. WA 53.451ff u.v.a.), dann aber auch in seiner im gleichen Jahr herausgebrachten Schrift „Vom Schem Hamphoras“ (s. unten Kap. VI. Abschn. 1).

b 2) Antonius Margaritha war ein Zeitgenosse Luthers, er war ursprünglich Jude, dann noch vor 1520 zum Christentum übergetreten und lehrte als Professor des Hebräischen in Wien. Sein Hauptwerk „Der ganze jüdische Glaube etc.“, dessen Titelblatt auf Abb. 34 wiedergegeben ist, erschien 1530 in Augsburg. Diese Schrift benutzte Luther jetzt mit Vorliebe, es ist fast auf jeder dritten oder vierten Seite seiner Schrift „Von den Juden und ihren Lügen“ (meist ohne Hinweis) zitiert, sinngemäß wiedergegeben oder darauf angespielt (vgl. WA 53.420ff u.v.a.).

Zu den jüdischen Autoren, die Luther benutzte, gehörte Salomon Raschi (Rabbi Salomo ben Isaak aus Worms, geb. 1040, später in seiner Geburtsstadt Troyes wirkend) mit seinem Kommentar zum ganzen Alten Testament. Der Erstdruck des Pentateuch-Kommentars erfolgte 1475 in Reggio. Raschis Talmud-Kommentar wurde später allen Talmudausgaben als Anhang beigefügt.

Außerdem kannte Luther mindestens eines der damals bei den Juden gebräuchlichen Andachtsbücher (vgl. Text 82). Auch darauf bezieht er sich oft. Vor allem die vier erstgenannten Autoren lieferten Luther fast alle von ihm jetzt gegen die Juden vorgebrachten Argumente.

Luthers Genie erfährt gewiß keinen Abbruch, wenn man an seinen judenfeindlichen Äußerungen nachweisen kann, daß diese durchweg nicht auf dem Boden seiner eigenen Theologie gewachsen sind, vielmehr vorreformatorischer Judenfeindlichkeit entstammen. Wenn Luther sie jetzt kompakt übernimmt, so ist dies kein nur theologischer, vielmehr ein dogmatisch-politischer Akt. So wie das Mittelalter weithin meinte, die Christenheit als corpus Christianum durch scharfe Maßnahmen gegen die Juden schützen zu müssen, so meint der Kirchenmann Luther jetzt, im Landeskirchentum eine dogmatisch-einheitliche, unantastbare Religion sichern zu müssen.

(92) Der Juden Alleinanspruch auf Volk-Gottes-Sein

Luthers Schrift „Von den Juden und ihren Lügen“ gliedert sich nach der Einleitung in drei Hauptteile und ein Schlußkapitel. Der erste Teil (WA 53.419-448) behandelt das Problem des Volk-Gottes-Seins; der zweite Teil (449-511) die Messianität Jesu; der dritte Teil (511-522) jüdische Herabsetzungen der Person Jesu; und der Schlußteil (522-552) Luthers Ratschläge für die Obrigkeit. In den ersten drei Teilen geht es noch um dogmatische Religionspolemik — wenn auch oft in gehässigem Grobianismus. Erst im Schlußteil verläßt Luther dann die Religionsstreitigkeiten und verfällt in politische Judenfeindschaft.

Abb. 34. Titelblatt zu des Antonius Margaritha Buch: „Der gantz Jüdisch glaub etc.“ (Der ganze jüdische Glaube, mitsamt einer gründlichen und wahrhaftigen Anzeigung aller Satzungen, Ceremonien, Gebete, heimlichen und öffentlichen Gebräuche, deren sich die Juden halten durch das ganze Jahr. Mit schönen und begründeten Argumenten wider ihren Glauben. Durch Antonium Margaritham, hebräischen Leser der löblichen Stadt Augsburg, beschrieben und an Tag gegeben.)
Erstausgabe 1530. Der Holzschnitt zeigt miteinander disputierende jüdische Gelehrte. Der kreisförmige Tuchflecken ist an den Gewändern der vorderen Männer zu erkennen.

Der gantz Jüdisch glaub

mit sampt ainer gründtlichen vnd war-
hafften anzaygunge/ Aller Satzungen/ Ceremonien/
Gebetten/ Haymliche vnd offentliche Gebreüch/ deren sich dye
Juden halten/ durch das gantz Jar/ Mit schönen vnd ge-
gründten Argumenten wyder jren Glauben. Durch
Anthonium Margaritham Hebrayschen Leser
der Löblichen Statt Augspurg/ beschri-
ben vnd an tag gegeben.

M. D. XXX.

Wenn auch in der Literatur fast ausschließlich der Schlußteil berücksichtigt wird, so ist dessen isolierte Betrachtung eine Verzerrung. Man muß schon Luthers Folgerungen in ihren Begründungen mit berücksichtigen, wenn man Luther fair würdigen will. Was Luther an Vorwürfen gegen die Juden etwa wegen ihrer falschen Schriftauslegung in bezug auf das Volk-Gottes-Sein der Juden vorbringt, ist mit wenigen Ausnahmen den vier ersten im vorigen Text genannten Autoren entnommen, aber doch von Luther in neue Fassung und Formulierung gebracht. Luther prüft kritisch die vier Argumentationskomplexe, mit denen jüdische Theologie das Gottes-Volk-Sein der Juden begründet: Abrahamskindschaft, Beschneidung, Besitz des Gesetzes (Tora) und Besitz von Jerusalem mit dem Tempel:

So wollen wir nun, um unseren Glauben zu stärken, einige grobe Torheiten der Juden in ihrem Glauben und (ihrer) Schriftauslegung behandeln... Sie haben einen Grund, darauf sie aus der Maßen hoch pochen und trotzen, das ist: sie sind von den höchsten Leuten auf Erden geboren, von Abraham, Sara, Isaak, Rebekka, Jakob und von den zwölf Patriarchen und so fortan von dem heiligen Volk Israel... Wir [Goijm] Heiden sind gegen sie in ihren Augen nicht Menschen, sondern kaum wert, daß wir von ihnen (als) arme Würmer eingeschätzt werden...

Und was wollen wir viel sagen? Ich will [was die Geburt vor Gott gilt] eben so edel sein wie ein Jude... Und ist hier kein Unterschied der Geburt oder des Fleisches und Blutes halben, wie das alle Vernunft sagen muß... So müssen sie zuerst solche lästerlichen Gebete und Gesänge von ihrem Ruhm und Hoffart ihres Geblüts aus ihren Schulen und aus ihrem Herzen und Munde tun... Was lügen denn die Juden in ihrem Gebet und predigen vor Gott so schändlich, als wäre die Beschneidung allein ihr (Vorrecht), wodurch sie von allen andern Völkern gesondert und eitel heilig Volk Gottes sein müssen? ... Weil nun die Beschneidung so vielen Völkern von Abraham her gemeinsam ist, ... was machen dann die Juden, wenn sie in ihrem Gebet Gott loben und danken, daß er sie durch die Beschneidung von allen Völkern gesondert, geheiligt und zum eigenen Volk gemacht habe?...

Eben solcher Ruhm ist's auch, wenn die Juden sich in ihren Schulen rühmen, loben und Gott danken, daß er sie durch sein Gesetz geheiligt und zum besonderen Volk gemacht hat, so sie wohl wissen, daß sie deren keines halten...

Zum vierten haben sie den großen Ruhm und die Hoffart, daß sie das Land Kanaan, die Stadt Jerusalem und den Tempel von Gott gehabt haben, wiewohl nun Gott solchen Ruhm und Hochmut vielmehr danieder gestürzt hat...

Sie wollen Gottes Volk sein mit ihrem Tun, Werken und äußerlichem Wesen, und nicht aus lauter Gnade und Barmherzigkeit, wie doch alle Propheten und die rechten Kinder Israels haben tun müssen.

Von den Juden und ihren Lügen. 1543. WA 53.419,16-17; 22-25; 29-30; 425,20-21; 426,21-22; 427,14-16; 429,1-3 + 15-20; 443,14-16; 446,20-23; 448,4-7.

Nur der letzte Satz ist originäre Theologie Luthers, alle andere Argumentation vorlutherisch. Dazu verweist Luther selbst immer wieder auf Burgensis und Lyra, zum Problem des Gottes-Volk-Seins zusammenfassend WA 53.491,13-22. Zur Werkgerechtigkeit vgl. die Texte 2, 9, 10, 43, 82 u.ö.

Es kann nicht darum gehen, Luther in allen Punkten recht zu geben, vor allem, da er an dieser Stelle Röm 9-11 außer Betracht läßt. Aber es geht um die Erkenntnis der ihn bewegenden Gründe für seine judenfeindlichen Folgerungen.

Der Alleinanspruch der Juden auf das Volk-Gottes-Sein konnte schon die Christen verunsichern. Gerade das wollte Luther verhindern und „unsern Glauben stärken".

(93) Widerlegung der jüdischen Bestreitung der Messianität Jesu

Da die Juden ein Messiassein Jesu stets bestritten haben und für sie das Neue Testament nicht Gottes Offenbarung ist, kam es Luther darauf an, den Juden aus dem Alten Testament als der für die Juden verbindlichen hebräischen Bibel die Messianität Jesu zu erweisen. Er zog dafür als Hauptbelege fünf Stellen heran: Gen 49,10; 2Sam 23,1-7 (mit 2Sam 7,12-16); Jer 33,17-26; Hag 2,6-9 und Dan 9,24. Auch in diesem zweiten Hauptteil der Schrift (WA 53.449-511) ist von Luther fortlaufend auf Paulus von Burgos, Nikolaus von Lyra, Salvagus Porchetus und Antonius Margaritha Bezug genommen.

Von Luthers Behandlungen der fünf Bibelstellen mögen die erste und die letzte als besonders typisch in Auszügen angeführt, die weiteren drei nur angedeutet werden:

a) Nun wollen wir von dem Hauptstück reden, wo sie Gott um den Messias bitten... Hier wollen sie ... sichere Propheten dafür sein, daß der Messias nicht gekommen sei, sondern noch kommen solle... So wollen wir doch ... beweisen, daß wir recht glauben und sie ganz irregehen in diesem Artikel vom Messias...

Erstlich nehmen wir uns den Spruch Gen 49,10 vor: ‚Es wird das Szepter von Juda nicht weggenommen, bis daß der Silo (Held) komme, und dem werden die Völker anhangen.'... Denn es ist unleugbar, daß das Szepter und Regiment bei dem Stamme Juda geblieben ist bis auf Herodes... Aber unter Herodes und nach Herodes ist es doch zugrunde und völlig aus geworden und vollkommen weggetan, also daß auch Jerusalem, wo der Thron des Stammes Juda war, und auch das Land Kanaan nicht mehr geblieben sind.

Also ist der Spruch erfüllt, daß der Sultan (d. i. das Szepter) weggekommen und der Messias gekommen ist, ... daß der Messias um die Zeit des Herodes gekommen sein muß. Oder wir müssen sagen, daß Gott seine Verheißung nicht gehalten und also gelogen hätte...

Diese (die Juden) winden sich so heraus: Gottes Verheißung ist wohl gewiß. Aber unsere Sünden verhindern, daß es geschehen könnte, was verheißen ist. Darum harren wir noch auf seine Verheißung, bis wir gebüßt haben. Ist diese Ausflucht nicht faul, ja dazu lästerlich genug? Gerade als stünde Gottes Verheißung auf unserer Gerechtigkeit und würde hinfällig durch unsere Sünde, d.h. Gott müsse ein Lügner werden um unserer Sünde willen.
Von den Juden und ihren Lügen. 1543. WA 53, 449-462; hier 449, 3-6; 449,36-450,4; 450,19-21; 455,23-30 und 34-36; 456,23-29.

b) Die „letzten Worte Davids" nach 2Sam 23,1-7 in Verbindung mit 2Sam 7,12-16 deutet Luther als in Jesus erfüllt, der aus Davids Geschlecht stammt:

Dem will ich sein Reich bestätigen, der soll meinem Namen ein Haus bauen, und ich will den Stuhl seines Königreiches bestätigen ewiglich. Ich will sein Vater sein, und er soll mein Sohn sein.
Von den Juden und ihren Lügen. 1543. WA 53.462-469, hier 466, 18-21.

c) Ähnlich ist Luthers Argumentation für die Messianität Jesu aus Jer 33,17-26:

Davids Haus soll ewig sein, spricht Jeremia... Nun kann es nicht ewig sein, es sei denn der Sohn Davids, der Messias, gekommen, als das Szepter Judas zur Zeit des Herodes fiel, und habe sich auf den Stuhl Davids gesetzt.
Von den Juden und ihren Lügen. 1543. WA 53,469-476; hier 472,11-15.

d) Die Prophezeiung Gottes nach Hag 2,6-9 („Es ist noch eine kleine Zeit, daß ich ... alle Heiden bewegen will. Dann soll kommen der Heiden Trost, Hemdath.") deutet Luther auf Jesus, in dem das Sehnen der Völker erfüllt wurde:

Und soll kommen Hemdath (= Tröster) aller Heiden, das ist der Messias, aller Heiden Sehnsucht, welches wir ‚Trost' verdeutscht haben.
Von den Juden und ihren Lügen. 1543. WA 53, 476-492; hier 480,13-14.

e) Zuletzt müssen wir hören den großen Propheten Daniel. Mit dem redet ein besonders genannter Engel, Gabriel... Derselbe spricht zu Daniel also:
‚Siebzig Wochen sind über deinem Volk und über deine heilige Stadt bestimmt, daß dem Übertreten gewehrt, die Sünde versiegelt, die Missetat versöhnt, eine ewige Gerechtigkeit gebracht und die Geschichte und Weissagungen versiegelt und der Allerheiligste gesalbt werden.' (Dan 9,24)... Dieser Spruch bestimmt nicht allein die Zeit Christi, sondern weissagt auch, was er tun soll, nämlich Sünde wegnehmen, Gerechtigkeit bringen, und dasselbe durch seinen Tod, und macht den Christum zum Priester, der aller Welt Sünde trägt... Diese siebenzig Wochen sind nicht Tageswochen, sondern

Jahreswochen, so daß eine Woche sieben Jahre bedeutet und ergibt in Summa 490 Jahre. Das ist das Eine. Zum anderen ist man auch eins, daß diese siebenzig Wochen vollendet gewesen sind, als Jerusalem von den Römern zerstört worden ist... (Luther läßt die 490 Jahre mit der Fertigstellung des Nehemianischen Tempels beginnen). Dann muß der Messias gekommen sein um die Zeit vor der Zerstörung Jerusalems, da noch etwas (übrig) ist von den siebenzig Wochen... Denn es ist unmöglich, einen Messias aufzuweisen zur Zeit der 70 Wochen (490 Jahre), wie doch Gabriels Offenbarung zwingt, wo es nicht unser Herr Jesus Christus sein sollte...

(Aber die Juden haben) mit Lügen und Gotteslästerungen angefangen und immerfort betrieben und treiben (dies) noch ohne Aufhören... (Sie sagen:) Die Juden werden nach den 70 Wochen büßen und fromm werden, auf daß der Messias durch ihr Verdienst komme...

Es ist wohl verdrießlich, solch verwirrte Lügen und Narrenwerk zu behandeln... Das bedeutet ein Erzbubenstück ... weil nun hiermit ihre Lügen und falscher Mutwille öffentlich nachgewiesen ist, ... (müssen) sie für ihre mutwilligen, offenbarlichen Lügen ewige Schande zu Lohn haben.

Von den Juden und ihren Lügen. 1543. WA 53,492-511. Hier: 492,7-19; 492,23-27; 493,2-4; 510,20-22; 501,34-36; 500, 5-7; 503,1; 505,12+29+34-35. Vgl. auch oben Text 67 und 74.

Diese Auslegungen von fünf alttestamentlichen Stellen machen insgesamt einen Versuch zum historischen Nachweis der Messianität Jesu aus. Luther bemüht sich, die Zerstörung Jerusalems als den terminus ante quem für das Kommen des Messias zu erweisen. Aber selbst wenn seine Errechnung mit dem Datum der Zerstörung Jerusalems stimmt, ist damit nicht bewiesen, daß Jesus von Nazareth der Messias war bzw. ist. Eine Messianität Jesu läßt sich nicht historisch-chronologisch berechnen, sondern einzig aus den Schriften des Neuen Testaments als Glaubensüberzeugung darlegen.

Luthers zeitgeschichtlich-bedingte und im wesentlichen von seinen Gewährsmännern übernommene Argumentation könnte immerhin noch als im Religionsstreit übliche antijüdische Schriftauslegung eingeordnet werden. Schlimm aber ist es, daß Luther die jüdische Schriftauslegung — wie immer man sie heute bewerten mag — durchgehend als lügnerisch bezeichnet und die Juden durchweg als Lügner, wie es schon der Titel dieser Schrift aussagt.

(94) Juden beschimpfen in ihren Synagogen die Christen (vgl. Abb. 35)

Im dritten Teil seiner Schrift „Von den Juden und ihren Lügen" 1543 (WA 53. 511-522) bringt Luther mehrere Vorwürfe gegen die Juden vor, deren Verhalten für Christen unerträglich sei.

Burgensis, der ein sehr gelehrter Rabbi unter ihnen gewesen ist, durch Gottes Gnade ein Christ geworden ist [was selten ist], den bewegt diese Sache sehr stark, daß sie in ihren Schulen uns Christen so greulich fluchen [wie Lyra auch schreibt] und schließt daraus, daß sie nicht Gottes Volk sein müssen. Denn wenn sie Gottes Volk wären, so würden sie tun, wie die gefangenen Juden zu Babylon taten, denen Jeremias (29,7) also schrieb: ‚Betet für den König und für die Stadt, darin ihr gefangen seid. Denn in ihrem Frieden habt auch ihr Frieden.' Aber unsere Bastarde und falschen Juden meinen, sie müssen uns fluchen, hassen und allen Schaden tun, wo sie können, so sie doch keine Ursache haben. Darum sind sie gewißlich nicht mehr Gottes Volk.
Von den Juden und ihren Lügen. 1543. WA 53, 491,13-22.

Über Paulus von Burgos und Nikolaus von Lyra vgl. oben bei Text 91.

(95) Jesus als Zauberer diffamiert

Erstlich schelten sie unsern Herrn Jesus einen Zauberer und Teufelszeug, weil sie seine Wunderwerke nicht leugnen können, gleich wie ihre Väter auch taten und sprachen: ‚Er trieb die Teufel aus durch Beelzebub, den Fürsten aller Teufel.' (Mt 12,24). Und hier haben sie viel zu lügen von dem Namen Gottes, Tetragrammaton, daß unser Herr Jesus diesen Namen habe auslegen können (welches sie Schemhamphoras nennen), und wer dasselbige könne, der vermöge allerlei Wunder zu tun.
Von den Juden und ihren Lügen. WA 53. 513,1-7.

Zum Tetragrammaton vgl. oben Kap. II Abschn. 1. Text 20. Zum Schemhamphoras vgl. unten Kap. VI. Abschn. 1 und Text 105 und 106. Der Vorwurf der Zauberei gegen Jesus findet sich schon bei Juden des zweiten nachchristlichen Jahrhunderts (s. Strack-Billerbeck I 631-635 und 1023f). Vgl. oben die Texte 63, 69, 79 und 83.

(96) Verunglimpfung des Jesusnamens

Das im Hebräischen mit den Buchstaben יֵשׁוּעַ geschriebene Wort Jeschua = Jesus kann auch die Zahl 316 bedeuten. Diese Zahl steckt aber auch in dem hebräischen Wort (Vo)rik = eitel. Durch Weglassen des ע am Ende des Namens Jesu entsteht dabei ein anderer Sinn.

Danach nehmen sie ihm seinen Namen. Denn Jesus heißt im Hebräischen Heiland oder Helfer... Zum Verdruß aber tun die Juden also und heißen ihn Jesu, das ist im Hebräischen kein Name noch Wort, sondern sind drei Buchstaben wie Ziffern... Also nennen sie Jesu, das ist dreihundert und sechs-

Abb. 35. Inneres einer Synagoge. Holzschnitt aus der Schrift des von der jüdischen Religion zum katholischen Glauben übergetretenen Juden Antonius Margaritha (vgl. Abb. 34). Augsburg 1530. Dargestellt sind gottesdienstliche Szenen aus der Synagoge.

zehn. Solche Zahl soll danach ein anderes Wort ergeben, darin Hebel Vorik (הֶבֶל וְרִיק = Torheit und Leersein) steht. Davon magst du weiter lesen (bei) Antonius Margaritha (Abb. 34), was für ein Teufelswerk sie mit solcher Zahl und Wort treiben. Wenn nun ein Christ hört, daß sie Jesu sprechen, ... so meint ein Christ, sie nennten den Namen Jesus. Sie aber meinen die Zahlbuchstaben: Jesu, das ist die Zahl dreihundertsechzehn in dem Lästerwort Vorik (Leersein).

Und wenn sie also Jesu gesagt haben in ihrem Gebet, speien sie dreimal auf die Erde zu Ehren unseres Herrn und allen Christen aus großer Liebe und

Andacht. Reden sie aber selbst untereinander, so fügen sie hinzu: Deleatur nomen eius, auf gut Deutsch: ‚Daß ihn Gott vertilge'.
Von den Juden und ihren Lügen. 1543. WA 53. 513,20-514,8.

Die wirkliche etymologische Bedeutung des Namens Jesus (hebr. Josua bzw. Jesua = יֵשׁוּעַ) ist „Der Herr ist Rettung".

(97) Jesus als Hurenkind bezeichnet

Danach heißen sie ihn ein Hurenkind und Maria eine Hure, den sie mit einem Schmied im Ehebruch gehabt. Ich muß so grob, wiewohl ungern, reden, dem leidigen Teufel zuwider. Nun wissen sie sehr wohl, daß sie solches aus lauter Haß und Mutwillen lügen, nur um ihre arme Jugend und einfältige Juden ja bitter genug zu vergiften gegen die Person unseres Herrn, damit sie seiner Lehre, die sie nicht verneinen können, nicht zufallen. Dennoch wollen sie das heilige Volk sein, dem Gott um ihrer Gerechtigkeit willen den Messias geben soll.
Von den Juden und ihren Lügen. 1543. WA 53. 514,18-25.

Die Bezeichnung der Maria als Hure begegnet schon im jüdischen Schrifttum der ersten nachchristlichen Jahrhunderte, vgl. Strack-Billerbeck I 36-43. 236. 678. Vgl. den folgenden Text und die Texte 79, 83, 109.

(98) Verunglimpfung der Maria

Nun, was hat ihnen die arme Magd Maria getan? Womit wollen sie beweisen, daß sie eine Hure sei? Sie hat nichts getan, denn einen Sohn getragen, der Jesus heißt. Ist's denn also ein böses Ding, daß ein junges Eheweib ein Kind gebiert?... Es zeigt auch Sebastian Münster in seiner Bibel an, daß ein giftiger Rabbi sein soll, der die liebe Mutter Christi nicht Maria, sondern Haria, sterquilinium, einen Dreckhaufen, nennt. Und wer weiß, was sie mehr unter sich haben, davon wir nichts wissen?
Von den Juden und ihren Lügen. 1543. WA 53. 515, 9-12 und 517, 31-34.

Solche jüdische, vor allem nach 400 n. Chr. (in der byzantinischen Unterdrückungszeit) und während bzw. nach der Kreuzfahrerzeit entstandene Polemik könnte vermehrt angeführt werden. Johann Maier weist darauf hin, daß „die apokalyptische Fratze des 4. Danielschen Weltreichs" (Dan 7,7 ff) dem Christentum übergestülpt wurde (S. 273). Aber damit wären die folgenden Reaktionen Luthers nicht zu rechtfertigen.

Sebastian Münster (1489-1552) hatte in Basel 1535 den vollständigen Text des hebräischen Alten Testaments mit lateinischer Übersetzung herausgegeben. Zur Benennung der Maria als Haria vgl. oben Texte 79, 83, zur sonstigen jüdischen Kritik an der Jungfrauengeburt auch die Texte 41, 53, 79, 83, 97, 109 und im Nachwort, Punkt 6.

5. Schutz der Religionseinheit durch die Landeskirchen bis zur Vertreibung der Juden

Historische Einführung: Luther als Kirchenpolitiker

Auch Luthers scharfe Argumente, wie wir sie in den Texten 75-98 und auch schon vorher kennengelernt haben, bewirkten keine nennenswerte Hinwendung von Juden zum Christenglauben, waren im Gegenteil geeignet, die Juden vom Christentum abzuhalten. Luther stand in großer Verlegenheit. Es war offenbar nur noch ein Notweg offen.

Luthers Beschimpfung der jüdischen Bestreitungen christlicher Lehren (Dogmen) waren in ihrer Form hart und unfair. Aber ihrem Inhalt nach waren sie durchweg „zeitgemäß". Nicht nur die oben in Text 91 genannten Theologen waren ähnliche Verfechter der kirchlichen Dogmen und Bekämpfer jüdischer Einwände. Es mag erstaunlich klingen, ist aber eine unbestreitbare Tatsache, daß der als Hebraist sich gegen die Verbrennung jüdischer Schriften so tapfer einsetzende Humanist Johannes Reuchlin die in dieser Schrift Luthers „Von den Juden und ihren Lügen" 1543 vorgebrachten jüdischen „Lästerungen" des trinitarischen Gottes, des Gottessohnes Jesus Christus und der Gottesmutter Maria schon 1505 aufs heftigste bekämpft hatte und die Vertreibung der Juden aus ihrer Heimat als Strafe Gottes für die Kreuzigung Christi gedeutet hatte (Reuchlin, Tütsch missive). Im Kampf gegen jüdische Bestreitungen christlicher Lehren waren die meisten damaligen Humanisten sich mit den Theologen durchaus einig, selbst in der oft gehässigen und ironischen Behandlung jüdischer Argumente. Auch Erasmus dachte ähnlich (vgl. Eckert in Monumenta, Handbuch S. 179). Nur, diese Humanisten und auch die theologischen Hochschullehrer hatten durchweg keine Verantwortung für das, was in der Praxis geschah. Das war Sache der Bischöfe, Erzbischöfe oder der Kurie.

Luther aber stand als Kirchenmann eines so jungen, seinen Namen tragenden Kirchenwesens wie der Landeskirchen jetzt da als Herausgeforderter, als der zum Schutz dieser Kirchen Verpflichtete. Was konnte er noch mehr tun, als heftige Schriften veröffentlichen, die aber auf die Juden wirkungslos blieben? Dies war ein Dilemma, in das der Theologe Luther nun als Kirchenpolitiker geraten war.

Man mag die Folgerungen, die Luther daraus zog, als kirchenpolitisch für ihre Zeit verständlich finden, bedauerlich und vor allem unchristlich bleiben sie allemal.

Jetzt waren Landeskirchen entstanden oder im Entstehen. Dadurch daß die Obrigkeiten jetzt in den „lutherischen" Kirchen die Zügel in die Hand genommen hatten, war aus der Reformation ein neues Kirchenwesen geworden. Dabei übernahmen die Landeskirchen mutatis mutandis ein verhängnisvolles mittelalterliches Erbe: den Staatsschutz für den kirchlichen Alleinwahrheitsanspruch bzw. Absolutheitsanspruch. Konsequent weitergedacht mußte dies zu neuer Unduldsamkeit und Feindschaft führen. Was wir heute als Intoleranz dieser Zeit mit Trauer und Kritik beobachten, hat seinen wahren historischen Grund in der Überzeugung, eine Institution (etwa eine Amtskirche bzw. Landeskirche) könne im Alleinbesitz der Wahrheit sein oder diese mit politischen Mitteln garantieren.

Alleinanspruch auf die Wahrheit bei einer menschlichen Institution führt zur Intoleranz gegen andere. Das war nicht nur am Verhalten der Christen ablesbar. Das hatte schon die Urchristenheit zu erdulden ebenso wie die Kirche in ihrer antiken Verfolgungszeit; das geschah bei den Christianisierungen des frühen Mittelalters ebenso wie in den Religionskriegen der frühen Neuzeit und in den Christenverfolgungen und Ideologieverfolgungen unseres Jahrhunderts, auch in „Auschwitz" oder „Gulag" oder wo auch immer.

Von solchen historischen Vorstellungen vom Alleinbesitz der Wahrheit in einer Institution her sind auch die Ratschläge Luthers zur Judenfrage ab 1543 neu zu sehen. Sie können nicht als Ausbrüche individueller Emotionen oder als Symptome von Altersstarrsinn gedeutet werden. Sie sind in ihren geschichtlichen Zusammenhang zu integrieren, aus dem sie erwuchsen.

Die jetzt entstandenen Landeskirchen hatten sich zwar nicht nach Luthers Vorstellungen von Kirche konstituiert, aber sie waren jetzt doch die einzigen Institutionen, die Staats- und Kirchenrecht in sich vereinigen konnten. In vielen Territorien des deutschen Reiches hatte sich die Reformation zum Landeskirchentum entwickelt und in den Wirren der Zeit als „lutherische" Religion etabliert. Noch lebten Obrigkeiten und Untertanen in der Vorstellung eines corpus Christianum, einer civitas Christiana, d.h. eines christlichen Imperiums, in dem die Staatsbürgerschaft automatisch die Zugehörigkeit zur Staatsreligion mitenthielt. Das galt mit einigen Abwandlungen auch für die lutherisch gewordene Bevölkerung, die jetzt in der allein wahren evangelischen Religion lebte. Die Idee des corpus Christianum bildete sich so allmählich um zu der wenig später formulierten Vorstellung des cuius regio eius religio (Wer die Herrschaft hat, bestimmt die Religion).

Dann hatten insbesondere die Obrigkeiten, d.h. die Fürsten, Grafen und Magistrate dafür zu sorgen, daß die Bevölkerung auch ungestört der allein wahren Religion zugetan blieb. Da die katholische Religion in den lutherischen Territorien keine Rolle mehr spielte, blieben allenfalls noch die Juden als Nonkonformisten übrig. Jetzt haben Landeskirchen, und das hieß praktisch die Obrigkeiten, die kirchenpolitische Funktion übernommen, die allein wahre Religion zu garantieren, auch sie gegen Vorwürfe oder Lästerungen in Schutz zu nehmen.

Dies war allerdings noch nicht oder nicht mehr reformatorisch, es war auch nicht Luthers Absicht gewesen. Aber die Entwicklung zur Staatsreligion war ein historisches Faktum. Luther hatte sich als Reformator energisch dagegen gewehrt, daß der Staat die Religion bestimme oder in sie hineinregiere. Dafür stehen symbolisch sein Auftreten in Worms und seine Schrift „Von weltlicher Obrigkeit, wie weit man ihr Gehorsam schuldig sei" 1523. Er wollte eine staatsunabhängige Gemeindekirche (vgl. Bienert, Ev. Kirchengestaltung, S. 14-49). Aber nach dem Scheitern dieses Versuches in den Unruhen der Wiedertäufer, der Bilderstürmer und der Bauernkriege hatte Luther die Obrigkeiten gebeten, ihre Bevölkerung nicht hilflos sich selbst zu überlassen, vielmehr aus „christlicher Liebe" die religiöse Versorgung und das Kirchenwesen in ihren Ländern zu ordnen, vor allem durch die seit 1529 erfolgenden Visitationen und Kirchenordnungen (vgl. oben III. Kap. Historische Einführung, dazu III. Kap. 2. Abschn. Vorbemerkung und III. Kap. Abschn. 3, Vorbemerkung und Text 47).

So war ein neues Kirchenwesen mit staatlicher Hilfe entstanden und hatte sich zur Staatskirche entwickelt. Zwar war es nach Luthers Urteil nur eine Notlösung mit Notbischöfen, Konsistorien, Verfassungen usf. Aber es wurde von Luther als rebus sic stantibus unentbehrlich akzeptiert.

Die Landeskirche als Staatskirche hat offenbar in sich selbst die Tendenz des Ausschlusses aller nichtlandeskirchlichen Religion. Nicht Luthers Theologie, sondern der ererbte und auf die Landeskirchen übergegangene Staatsschutz für die allein wahre Religion war der Nährboden für die Intoleranz gegenüber den Juden.

Dieser historische Vorgang ist die Situationsbasis dafür, daß Luther jetzt begann, sich in Sachen der Judenfrage ab 1543 auch an den

Staat zu wenden. Hatte er zuvor auf die freie Entwicklung der Gemeinden und auf die Hinwendung der Juden zur evangelischen Wahrheit gesetzt, so verstand er sich jetzt als verantwortlichen Kirchenmann, der das aus seiner Reformation gewordene Kirchenwesen nicht im Stich lassen und alle Dinge einfach laufen lassen durfte. Das Verharren der Juden bei ihrer Religion und die jüdische Bestreitung der altkirchlichen Dogmen erschienen Luther als Gefährdung der religiösen Existenzberechtigung der lutherischen Religion.

Eine andere als die Staatsreligion mußte damals als Fremdkörper empfunden werden. Wohl mit Recht sprach Rudolf Pfisterer von einem im Erwählungsbewußtsein der Juden begründeten „Nonkonformismus", der so oft eine Judenfeindschaft als Reaktion hervorrief (vgl. Goldschmidt/Kraus, Der ungekündigte Bund, S. 115f). Aber dieser Nonkonformismus ist wohl auch die einzige Möglichkeit der jüdischen Religion zu ihrer Selbsterhaltung und zu ihrer Identität. Gerade diese Selbsterhaltung, das bloße Dasein der jüdischen Religion, war für eine Staatsreligion schon Stein des Anstoßes. Luther sieht 1543 hier jetzt Gegensätze, die durch Diskussion nicht mehr zu beheben sind, vielmehr nur noch durch staatliches Eingreifen, das die gegenteilige Lehre einfach verbietet oder unmöglich macht.

(99) Jüdische Gotteslästerung darf von Christen nicht geduldet werden

Den Schlußteil der Schrift „Von den Juden und ihren Lügen" 1543 bilden Folgerungen für das praktische Verhalten (WA 53. 522-552):

> Was sollen wir Christen nun tun mit diesem verworfenen, verdammten Volk der Juden? Zu leiden ist's uns nicht, nachdem sie bei uns sind und wir solche Lügen, Lästern und Fluchen von ihnen wissen, damit wir uns nicht teilhaftig machen aller ihrer Lügen, Flüche und Lästerung. So können wir das unlöschliche Feuer göttlichen Zorns, [wie die Propheten sagen] (Jer 4,4), nicht löschen, noch die Juden bekehren. Wir müssen mit Gebet und Gottesfurcht eine scharfe Barmherzigkeit üben, ob wir doch etliche aus der Flamme und Glut erretten könnten. Rächen dürfen wir uns nicht. Sie haben die Rache am Halse, tausendmal ärger als wir ihnen wünschen möchten. Ich will meinen treuen Rat geben.
> Von den Juden und ihren Lügen. 1543. WA 53. 522, 29-38.

Zum Abraten von Gewalt gegen Leib und Leben der Juden vgl. die Texte 14, 47, 48, 89, 101.

(100) Sieben Ratschläge an die politischen Machthaber: vom Anzünden der Synagogen bis zum Arbeitszwang für jugendliche Juden Oder: Staatliche Gewaltmaßnahmen — zum Schutz der Staatsreligion

Jetzt bricht Luther aus seiner bisherigen — wenn auch bereits gehässigen — theoretischen Argumentation, ja aus seiner eigenen Theologie und Glaubenslehre aus und stürzt sich in das Gebiet der Politik mit deren damaligen Methoden hinein. Aus kirchenpolitischen Gründen wendet er sich an den Staat und wird so vom kirchlichen Amtsträger zum Politiker — ein warnender und abschreckender Vorgang.

Fast unerträglich ist es für heutige Leser nach der „Kristallnacht" (1938), den folgenden Text auch nur als einmal von Luther gedacht zur Kenntnis zu nehmen. Aber um der Wahrheit willen ist es unerläßlich.

Bisher wurde fast immer nur dieser folgende Text isoliert als des „alten" Luther Stellungnahme zu den Juden angeführt. Der Leser der bisherigen Texte vermag jedoch das Folgende in den Zusammenhang von Luthers Erwägungen zu stellen, vor allem in den Gesamtzusammenhang mit der zeitgeschichtlichen Situation, in die hinein Luther sprach und die an noch Schlimmeres gewöhnt war (vgl. unten Text 101).

Was Luthers Rat zum Anzünden der Synagogen angeht, sei vorausgeschickt, daß damals die meisten Synagogen in der Zeit nach 1349 schon verbrannt worden waren. So 1349 die Würzburger Synagoge mit den darum stehenden Wohnhäusern der Juden; sie wurde durch die Marienkapelle am Markt ersetzt. Oder 1350 die Rothenburger Synagoge, an deren Stelle ebenfalls eine Marienkapelle am Kapellenplatz, nahe beim Markt, errichtet wurde. Es folgten viele weitere Synagogen 1349 zu Mainz und Köln, 1418 zu Trier, 1438 die wiedererrichtete zu Mainz usf. Mindestens 300 Synagogen waren so vernichtet. Kaiser Maximilian ließ zu Luthers Zeiten die Nürnberger Synagoge 1509 verbrennen. Noch 1615 wurde die Synagoge zu Worms in Schutt und Asche gelegt.

Und nun folgt Luthers Appell an die Landesherren:

Erstlich, daß man ihre Synagoge oder Schule mit Feuer anstecke und, was nicht verbrennen will, mit Erde überhäufe und beschütte, daß kein Mensch einen Stein oder Schlacke davon sehe ewiglich. Und solches soll man tun unserem Herrn und der Christenheit zu Ehren, damit Gott sehe, daß wir Christen sind und solches öffentliches Lügen, Fluchen und Lästern seines Sohnes und seiner Christen wissentlich nicht geduldet noch gewilligt haben. Denn was wir bisher aus Unwissenheit geduldet [Ich hab's selbst nicht gewußt], wird uns Gott verzeihen. Nun wir's aber wissen und darüber frei vor unserer Nase den Juden ein solches Haus schützen und schirmen, darin sie Christum und uns belügen, lästern, fluchen, anspeien und schänden [wie droben gehört] das wäre ebensoviel, als täten wir's selbst, und viel ärger, wie man wohl weiß... (vgl. Abb. 35).

Zum andern, daß man auch ihre Häuser desgleichen zerbreche und zerstöre. Denn sie treiben eben dasselbige drinnen, das sie in ihren Schulen treiben. Dafür mag man sie etwa unter ein Dach oder Stall tun wie die Zigeuner, auf daß sie wissen, sie seien nicht Herren in unserem Lande, wie sie rühmen, sondern im Elend (= Ausland) und gefangen, wie sie ohne Unterlaß vor Gott über uns Zeter schreien und klagen.

Zum dritten, daß man ihnen nehme alle ihre Betbüchlein und Talmudisten, darin solche Abgötterei, Lügen, Fluch und Lästerung gelehrt wird.

Zum vierten, daß man ihren Rabbinern bei Leib und Leben verbiete, hinfort zu lehren. Denn solch Amt haben sie mit allem Recht verloren, weil sie die armen Juden mit dem Spruch Dtn 17 (10ff) gefangenhalten, da er gebietet, sie sollen ihren Lehrern gehorchen bei Verlust (des) Leibes und (der) Seelen, so doch Moses daselbst klar hinzufügt: ‚Was sie dich lehren nach dem Gesetz des Herrn'. Solches übergehen die Bösewichter und gebrauchen des armen Volkes Gehorsam zu ihrem Mutwillen wider das Gesetz des Herrn, gießen ihnen solch Gift, Fluch und Lästerung ein...

Zum fünften, daß man den Juden das Geleit und Straße ganz und gar aufhebe, denn sie haben nichts auf dem Lande zu schaffen, weil sie nicht Herren, noch Amtleute, noch Händler oder desgleichen sind. Sie sollen daheim bleiben. Ich lasse mir sagen, es soll ein reicher Jude jetzt aufs Land reiten mit zwölf Pferden [der will ein Kochab werden] und wuchert Fürsten, Herren, Land und Leute aus...

Zum sechsten, daß man ihnen den Wucher verbiete und nehme ihnen alle Barschaft und Kleinod und lege es zur Verwahrung beiseite. Und dies ist die Ursache: Alles, was sie haben [wie droben gesagt], haben sie uns gestohlen und geraubt durch ihren Wucher, weil sie sonst keine andere Nahrung haben. Solches Geld soll man dazu brauchen [und nicht anders], wo ein Jude sich ernstlich bekehrt, daß man ihm davon auf die Hand gebe hundert, zwei, drei Gulden nach Gelegenheit der Person, damit er eine Nahrung (Beruf) für sein arm Weib und Kindlein anfangen möge, und die Alten und Gebrechlichen damit unterhalte, denn solch böse gewonnenes Gut ist verflucht, wo man es nicht mit Gottes Segen in guten nötigen Gebrauch wendet...

Zum siebenten, daß man den jungen starken Juden und Jüdinnen in die Hand gebe Flegel, Axt, Karst, Spaten, Rocken, Spindel und lasse sie ihr Brot verdienen im Schweiß der Nasen, wie Adams Kindern Gen 3 (19) auferlegt ist. Denn es taugt nicht, daß sie uns verfluchte Gojim wollten im Schweiße unseres Angesichts arbeiten lassen und sie, die heiligen Leute, wollten es hinter dem Ofen mit faulen Tagen, Festen und Pomp verzehren.

Von den Juden und ihren Lügen. 1543. WA 53. 523, 1-12; 523, 24-524, 2; 524, 6-11; 524, 18-27; 525, 31-526, 4.

Dieselben Empfehlungen, nur in abgewandelter Formulierung, erteilt Luther in derselben Schrift, WA 53. 536, 19-537, 17.

Kochab bzw. Kochba hieß der jüdische Freiheitskämpfer gegen die Römer. Vgl. unten Text 102 und 105.

Es wird wohl keinen Christen mehr geben, der diese wutgeborenen Ratschläge Luthers gegen die Juden für berechtigt halten, gutheißen oder auch nur widerspruchslos dulden würde.

Mag man den Rat zur Zerstörung der Synagogen und Wohnhäuser der Juden als vermeintlicher Stätten der Gotteslästerung herabzumildern versuchen, mit christlicher Ethik ist er nicht zu begründen, selbst wenn man Luthers Rat des Verzichtes auf Rache und auf Gewalt gegen Personen in Rechnung stellt (vgl. Text 89 und 99).

Wenn schon der erste Ratschlag Luthers, die Verbrennung der Synagogen, damals nichts Außergewöhnliches war, der Volksstimmung entgegenkam und von vielen Kirchenmännern vorher und gleichzeitig erteilt worden war, so gilt dies noch mehr für den Ratschlag zur Verbrennung jüdischer Schriften. Vorangegangen war hier die berühmteste Universität des Abendlandes in Paris mit Verbrennung des Talmud u.a. jüdischer Bücher im Jahre 1244. Noch im Reuchlinschen Streit empfahl die Universität Paris 1513 auf Antrag des Kölner Inquisitors Jakob von Hochstraten, den Talmud zu verbrennen, während sich Luther damals noch dagegen aussprach (vgl. Text 8). Auch die Universitäten von Mainz, Köln und Erfurt stimmten 1510 für ein Verbot aller jüdischen Schriften. Sogar Reuchlin selbst, der als Humanist so mutig gegen ein generelles Verbrennen jüdischer Schriften kämpfte, empfahl doch, zwei jüdische Schriften zu verbrennen, nämlich den „Sefer Ha-Nizzachon" (von dem Rabbiner Jom Tob Lipmann 1401ff verfaßt) und die „Toldot Jeschu" (wegen deren gehässiger Äußerungen über Jesus, also aus ähnlichen Motiven wie Luther). Auch der sonst als tolerant vielgepriesene Anhänger Luthers Martin Bucer riet dem Landgrafen Philipp von Hessen schon 1538 — als Luther sich noch zurückhielt — zu einem Verbot des Talmud und zu einem Verbot aller Werbung für die jüdische Religion.

Luther befand sich daher in Übereinstimmung mit vielen bedeutenden Männern seiner Zeit. Das macht seinen Ratschlag nicht besser oder gar christlicher, was er in keinem Falle war, aber für seine Zeit verständlicher.

Noch im gleichen Jahr 1543 hat Luther diesen Rat zur Behandlung der Juden fallen gelassen und in seiner Schrift „Vom Schem Hamphoras" schamhaft verschwiegen (vgl. unten Kap. VI Abschn. 1).

(101) Nicht töten bzw. verbrennen, sondern ausweisen

Luther wies nicht den Weg nach „Auschwitz". Nie — auch nicht in seinen wütendsten Angriffen auf die Juden bzw. deren Religion — hat er ein Töten von Juden angeregt oder auch nur gutgeheißen.

Während sonst in vielen Ländern Europas von der Nordsee bis Sizilien viele Juden von aufgehetzter Bevölkerung oder von staatlichen Instanzen ohne oder nach Gerichtsverfahren getötet und oft gruppenweise verbrannt wurden (vgl. Abb. 36), hat Luther davon abgeraten (vgl. Texte 14, 47, 48, 89, 99 und 101). In Luthers Umwelt war Verbrennung von Gotteslästerern bzw. Ketzern ein häufiges Ereignis. Nicht nur lange Zeit zuvor erlebte Johannes Huß 1415 dies Schicksal, in Luthers Jugend wurde Savonarola 1498 in Florenz verbrannt, dann wurden die Lutheranhänger Hendrik Voes und Johann van Esch 1523 in Brüssel, wurde der Lutheraner Heinrich von Zutphen 1524 in Heide (Holstein) und der Lutheraner Leonhard Kaiser 1527 in Schärding (Bayern) verbrannt usf. Auf die letzteren vier weist Luther selbst i. J. 1542 hin (WA TR 5. 523, 24-32). Auch im reformierten Genf wurde noch sieben Jahre nach Luthers Tod der Arzt Michael Servet mit Zustimmung Calvins wegen Ablehnung der Trinitätslehre 1553 verbrannt.

In Südfrankreich und in der Schweiz, in Zürich, Konstanz und Schaffhausen wurden im 14. Jahrhundert Juden verbrannt, in Straßburg einmal um diese Zeit 2000 Juden auf einem Holzgerüst auf dem Judenfriedhof. Ähnliches gilt für Colmar, Mühlhausen, Speyer und Worms (hier allein 400 Juden). Köln, Mainz u.v.a. Städte wären zu nennen (vgl. Ernst Roth in: Monumenta Judaica S. 71ff). In Brandenburg waren 41 Juden im Jahre 1410 wegen Hostienschändung und Ritualmord verbrannt worden (vgl. Abb. 26, 27 und 36).

Die meisten Begründungen für Tötung von Ketzern oder Juden lauteten auf Gotteslästerung. Und Gotteslästerung war einer religiösen Minderheit leicht anzuhängen, wie Luther eine solche ja in den jüdischen Lästerungen Jesu Christi sah. Wenn Luther trotzdem einen solchen Weg zur Tötung Andersgläubiger vermied, ja davor warnte, so zeigt dies, daß er keineswegs die Brutalität vieler seiner Zeitgenossen erreichte.

Auch jetzt wieder rät Luther von der Anwendung körperlicher Strafen oder gar Tötung dringend ab:

a) Summa, liebe Fürsten und Herren, so Juden unter sich haben, ist euch solcher mein Rat nicht genehm, so trefft einen besseren...

Und euch, meine lieben Herren und Freunde, so Pfarrer und Prediger sind, will ich ganz treulich hiermit eures Amts erinnert haben, daß auch ihr eure

Gemeindeglieder warnt,... sich vor den Juden zu hüten und sie meiden, wo sie können, (doch) nicht daß sie ihnen viel fluchen oder persönlich Leid antun sollten.
Von den Juden und ihren Lügen. 1543. WA 53. 527, 15-16 und 32-36.

Zum Vermeiden von körperlicher Gewalt vgl. die Texte 14, 47, 48, 89, 99.

Abb. 36. Judenverbrennung. Holzschnitt von Michael Wolgemut in Hartmann Schedels Weltchronik, Nürnberg 1493.
Einige der zur Verbrennung eingepferchten Juden tragen den vorgeschriebenen Knopfhut, andere die vorgeschriebene Kapuze. Vgl. Abb. 18 und 27.

Wenn schon die Fakten hin und her in Europa viel schlimmer waren, als es Luthers Anregungen wollten, wenn Luther nicht ein Töten oder Foltern der Juden guthieß, sich vielmehr für die Vertreibung — immerhin aber auch eine inhumane und unchristliche Maßnahme — aussprach, so darf man ihn nicht — wie es die Nationalsozialisten taten — als geistigen Initiator des Holocaust diffamieren.

Statt dessen gibt Luther einen Rat, der damals ohnehin landauf, landab üblich war: die Ausweisung der Juden. Im Anschluß an die im vorigen Text (100) erwähnten Maßnahmen führt Luther aus:

b) Unseren Oberherrn, die Juden unter sich haben, wünsche ich und bitte, daß sie eine scharfe Barmherzigkeit gegen diese elenden Leute üben wollten, wie droben gesagt... Will das nicht helfen, müssen wir sie wie die tollen Hunde ausjagen, damit wir nicht ihrer greulichen Lästerung und aller Laster teilhaftig mit ihnen Gottes Zorn verdienen und verdammt werden... Meines Gutdünkens will's doch da hinaus: sollen wir (von) der Juden Lästerung rein bleiben und nicht teilhaftig werden, so müssen wir geschieden sein und sie aus unserem Lande vertrieben werden. Sie mögen daran denken, in ihr Vaterland (zu kommen). Dann dürfen sie nicht mehr vor Gott über uns schreien und lügen, daß wir sie gefangenhalten; wir auch nicht klagen, daß sie uns mit ihrem Lästern und Wuchern beschweren. Dies ist der nächstliegende und beste Rat, der beide Partner in solchem Fall sichert... Wenn ich Macht hätte über die Juden, wie unsere Fürsten und Städte haben, wollte ich diesen Ernst mit ihrem Lügenmaul spielen.
Von den Juden und ihren Lügen. 1543. WA 53. 541, 25-27; 541, 36-542, 2; 538, 7-13; 539, 9-10.

Es ist bedauerlich und weder mit humaner noch mit christlicher Ethik vereinbar, daß Luther keine andere Lösung für einen Staat mit Bürgern mehrerer Religionen wußte als die Vertreibung aller nicht der Staatsreligion angehörenden Einwohner, und das im Wissen darum, daß vertriebene Juden im damaligen Europa wohl kaum irgendwo willkommen waren.

Was Luther hier forderte, war von seiner Theologie her nicht erforderlich, auch nicht aus dieser ableitbar, ja es stand im eklatanten Widerspruch zu seiner Theologie. Die These von Wilhelm Maurer, Luthers konstant gebliebene Theologie hätte ihn auch zu seiner Judenfeindschaft geführt (in Rengstorf/Kortzfleisch S. 375ff), ist schlechterdings nicht haltbar. Gerade weil Luthers Theologie konstant blieb, ist sie nicht der Ursprungsort seiner Judenfeindschaft. Schon der Luther von Worms und auf der Wartburg hatte seine reformatorische Theologie, ebenso der judenfreundliche Luther mit seiner Schrift über Jesus als geborenen Juden von 1523. Wenn Luthers Theologie damals keine Judenfeindschaft hervorbrachte, aber 1542 noch dieselbe war, konnte sie auch 1542 keine Judenfeindschaft hervorbringen. Luther selbst sieht es auch ganz anders. Was Luther jetzt zu den Anregungen zur Verbrennung der Synagogen und zur Verjagung der Juden trieb, war nicht seine Theologie vom gnädigen Gott, von der Freiheit eines Christenmenschen, von der Gottes- und Nächstenliebe, sondern die veränderte kirchenpolitische Lage, die Befürchtung des Bedrohtseins des von ihm initiierten Kirchentums.

Man mag den „Geist der Zeit" für mitverantwortlich erklären, entscheidend war der geschichtliche Wandel der Reformation zum Landeskirchentum. Dieses — und nicht seine Theologie — drängte Luther zu dem gewagten Schritt in ein fremdes Territorium, einem Schritt aus der Glaubenslehre heraus in die Politik. Dieser Schritt machte den Reformator zum Politiker, unter Beibehaltung seiner Theologie, aber durch Wirken in fremdem Bereich. Nicht um Luthers Ratschlag zur Vertreibung der Juden auch aus den Ländern lutherischer Religion zu entschuldigen oder abzumildern, aber doch um ihn im geschichtlichen Zusammenhang zu verstehen, muß man beachten, daß die meisten westeuropäischen Staaten diese Maßnahme längst getroffen hatten.

Vorangegangen war England i. J. 1290 mit der Ausweisung der Juden, so daß die Reformation in England dies Problem nicht kannte. Frankreich hatte seine Juden erstmals 1306 und endgültig 1394 vertrieben, weshalb so viele Juden aus Frankreich in das Deutsche Reich geflüchtet waren, vor allem ins Elsaß und nach Baden. Während Luthers Kindheit wurden unter Ferdinand II. dem Katholischen und Isabella von Kastilien die Juden Spaniens i. J. 1492 grausam aus dem Lande gejagt. Ähnlich erging es i. J. 1496 den aus Portugal vertriebenen Juden.

Es war für das „christliche" Abendland nichts Neues, wenn aus den Ländern mit Staatsreligion die Juden vertrieben wurden.

In Deutschland war die Situation infolge der Vielzahl der Territorien uneinheitlich. Der Kaiser bewährte sich durchweg als Beschützer der Juden (als kaiserlicher „Kammerknechte"), aber die immer selbständiger werdenden Länder unterdrückten häufig die Juden oder vertrieben sie. So wurden mehr als 350 jüdische Gemeinden im Deutschen Reich vernichtet (vgl. Ehrlich in: Judenfeindschaft, hrg. v. K. Thieme, S. 212).

Vertrieben wurden die Juden: 1386 aus Straßburg, 1390 aus der Pfalz, 1401 aus Freiburg, 1405 aus Speyer, 1424 zum zweiten Mal aus Freiburg, 1435 zum zweiten Mal aus Speyer, 1418 aus Trier, 1420 aus Mainz, 1427 aus Bern, 1436 aus Zürich, 1490 aus Genf, 1450 aus Bayern, 1492 aus Mecklenburg, 1493 aus Magdeburg, 1495 aus Reutlingen, 1496 aus der Steiermark, Kärnten und Krain, 1499 aus Nürnberg und Ulm, 1506 aus Colmar und Nördlingen, 1519 aus Regensburg, 1520 aus Rothenburg und Weißenburg, 1524 aus Hessen (auf Anraten von Martin Bucer), 1536 aus Kursachsen (1538 wieder zugelassen) usf.

In diesem historischen Kontext erscheint Luthers Rat an den Staat völlig anders, als wenn man nur auf den isoliert charakterisierten „alten" Luther mit dem Finger zeigt. Luther war auch hierin ein Kind seiner Zeit und im politischen Bereich weitgehend vom Zeitgeist irregeführt.

Wenn sich trotz der häufigen Vertreibungsaktionen immer wieder Judengemeinden in den Ländern des Deutschen Reiches bilden konnten, so lag dies hauptsächlich daran, daß die Fürsten und Städte den Juden gegen besondere neue und höhere Besteuerung ein (oft befristetes) Niederlassungsrecht gewährten. Manchmal, wenn die Frist von 6 oder 8 Jahren abgelaufen war, wurden die Juden wieder vertrieben, um sie bald danach unter nochmals erhöhter Besteuerung wieder zuzulassen (vgl. Ehrlich in: Judenfeindschaft, hrg. v. K. Thieme, S. 212 und Maurer in: Kirche und Synagoge, hrg. v. Rendtorff und Kortzfleisch, S. 367). Kurbrandenburg bildete eine rühmliche Ausnahme. Hier hatte der Hofjude Michael von Derenburg mit Zustimmung der Lutherschüler Johann Agricola (Generalsuperintendent) und Jakob Schenk (Hofprediger) eine Vertrauensstellung erworben (vgl. Luthers Brief vom 8. Februar 1544 an Anton Lauterbach. WA Br. 10. 526, 7-12. Nr. 3967. Vgl. Text 69).

Wenn Luther meint, man solle die Juden „wie die tollen Hunde ausjagen", so hat er selbst mit dieser Formulierung einen Vorgänger in Johannes Pfefferkorn, der geraten hatte, man solle sie „an einem einsamen Flecken aussetzen, wie die schäbigen Hunde" (vgl. Eckert in: Monumenta Judaica, S. 184f).

Es ist verständlich, daß bei den Juden schon damals der Gedanke an die Rückkehr in das Land ihrer Väter aufkam, wie ihn David Rëubeni 1532 dem Kaiser Karl V. unterbreitet hatte, und daß eine Hoffnung auf baldiges, für 1547 erwartetes Kommen des Messias genährt wurde.

(102) Juden erwarten nur ein irdisches Messiasreich

Ich will bis zum letzten für mich das sagen: Wenn mir Gott keinen andern Messias geben wollte, denn wie die Juden begehren und hoffen, so wollt ich viel, viel lieber eine Sau denn ein Mensch sein. Des will ich dir gute Ursache sagen. Die Juden begehren nicht mehr von ihrem Messias, denn daß er wolle ein Kochab (Kochba, Name eines jüdischen Freiheitskämpfers) und weltlicher König sein, der uns Christen totschlage, die Welt unter die Juden austeile und sie zu Herren mache und zuletzt auch sterbe wie andere Könige.
Von den Juden und ihren Lügen. 1543. WA 53. 542, 5-11. Vgl. oben Text 31.

Hier hat Luther die jüdische Messiashoffnung ganz offensichtlich mißverstanden oder sogar mißdeutet. Vgl. Jes 9, 5-6; 11, 1-9; 2Sam 7,13; Dan 7,14 u.v.a. Vor allem ist hier die nachexilische Hoffnung auf eine neue Welt nicht berücksichtigt.

Bar Kochba (eigentlich Simon ben Kosiba, vgl. Text 105) war der messianische Anführer beim jüdischen Aufstand gegen die Römerherrschaft 132-135 n. Chr. Die nachbabylonische Messiaserwartung der Juden handelte nicht nur von einem irdischen Messiasreich, geschweige denn die spätmittelalterliche von einem Christentöter Messias.

(103) Luther hat ungern so hart gegen die Juden geschrieben. Seine Fürbitte für die Juden um Abwendung des göttlichen Zorns

Es ist der Zorn Gottes über sie gekommen, woran ich nicht gern denke, und mir dies Büchlein zu schreiben nicht fröhlich gewesen ist... Ach Gott, himmlicher Vater, wende dich und lasse deines Zorns über sie genug gewesen und ein Ende sein, um deines lieben Sohnes willen...

So hat auch hierin (in diesem Buch), hoffe ich, ein Christ, der sonst nicht Lust hat, ein Jude zu werden, so viel, daß er sich der blinden, giftigen Juden nicht allein wohl erwehren kann, sondern auch der Juden Bosheit, Lügen, Fluchen muß feind werden und begreifen, daß ihr Glaube nicht allein falsch, sondern sie gewißlich mit allen Teufeln besessen sind. Christus unser lieber Herr, bekehre sie barmherziglich und erhalte uns in seiner Erkenntnis, welche das ewige Leben ist, fest und unbeweglich. Amen.

Von den Juden und ihren Lügen. 1543. WA 53. 541, 11-24 und 552, 32-38.

So also doch noch zum Schluß dieser antijüdischen Schrift ein Wort der Versöhnungsbereitschaft und eine Fürbitte für die Juden um Gottes Barmherzigkeit.

Exkurs: Antijüdische kirchliche Stimmen und Volksstimmung

Indem Luther aus vermeintlicher kirchenpolitischer Notwendigkeit bei der Konsolidierung der Landeskirchen seine evangelisch-reformatorische projüdische Haltung aufgab, erweckte er ungewollt den Anschein eines Rückfalls in spätmittelalterliche Judenfeindschaft. Analogien sind offenkundig, ebenso Abhängigkeiten. Dennoch war Luthers Judenfeindschaft etwas anders motiviert als die spätmittelalterliche, sie war gewissermaßen auf eine andere Ebene gehoben. Luther ging es um die Reinerhaltung der damals allgemeinchristlichen Dogmen und der evangelischen Lehre von der Glaubensgerechtigkeit und folglich um die religiös begründete Abwehr der jüdischen Religion mit ihrer Werkgerechtigkeit, und das heißt auch um die ungefährdete und unbestrittene Existenz des aus der Reformation erwachsenen Kirchentums. Dazu gehörte naturgemäß die Abwehr von Angriffen auf Jesus und dessen Messianität. Alles andere war ihm zweitrangig.

Im spätmittelalterlichen Christentum schon hatte die Judenfeindschaft ähnliche Motive und ein ähnliches Gesicht. Einmal war es die als Staat im Staate eines corpus Christianum empfundene fremde Religion, womit auch ein Mißtrauen und ein Haß auf alles Fremdartige und Undurchschaubare verbunden war. Erst der Humanismus mit seiner Kenntnis der hebräischen Sprache und des jüdischen Schrifttums zeigte Ansätze einer positiven Neuorientierung (Reuchlin u.a.). Die mittelalterliche Kirche hingegen verstand seit den Kreuzzügen die Juden nicht nur als religiöse Nonkonformisten, sondern mehr noch als politische und wirtschaftliche Feinde.

Dies wurde an den Universitäten vielfach gelehrt und wurde so auch Luther zugänglich, etwa durch die von ihm häufig herangezogenen Theologen Nikolaus von Lyra, Paulus von Burgos, Salvagus Porchetus und Antonius Margaritha. Deren Antijudaismus wurde von ihren Schülern im Kirchen- und Schulwesen bei der Bevölkerung weit verbreitet. Noch stärker war aber der antijüdische Einfluß führender Kirchenmänner, Bischöfe und Kardinäle sowie die Meinungsbildung durch deutschsprachige Schriften und volkstümliche demagogische Prediger. Papst Benedikt (XIII.) hatte in seiner Judenbulle von 1415 erklärt, der Talmud sei „von Söhnen des Teufels in der Zeit nach Christi Geburt vollendet“, und verfügte die Auslieferung des Talmud (vgl. Eckert, Hoch- und Spätmittelalter, in: Rengstorf/Kortzfleisch, S. 245).

Schon Thomas von Aquin hatte 1270ff in seiner Summa Theologiae die Lehre verbreitet, Fürsten und Kirche dürften über das Eigentum der Juden wie über das Gut von Sklaven verfügen. Damit war über die Kleidervorschriften des IV. Laterankonzils von 1215 hinaus ein ökonomisches Moment offenkundig geworden. Ebenso wie Rupert von Deutz († 1129) und Bernhard von Clairvaux († 1153) hatte auch Thomas die Juden als den Christen zu ewiger Knechtschaft übergeben bezeichnet. Ein so gelehrter Mann wie der berühmte Kardinal Nikolaus von Cues ließ 1451 auf einer Bamberger Synode beschließen, die Juden hätten auf ihrem Mantel einen gelben Tuchflecken zu tragen. Ähnliches war 1404 für Köln angeordnet worden. Auf dem Reichstag von Augsburg unter Kaiser Karl V. wurde die Kennzeichnung der Juden an ihrer Kleidung erneut eingeschärft (Maurer in: Rengstorf/Kortzfleisch, S. 365f). Der ehemalige Rabbiner Viktor von Carben, 1472 in Köln zum Christentum übergetreten, gab 1510 sein Opus aureum ac novum heraus, eine judenfeindliche Schrift „Das goldene und neue Werk“, das in deutscher Sprache weite Verbreitung fand. Seine vier Hauptvorwürfe waren allgemeine Volksmeinung geworden: Die Juden werben Christen zum Übertritt ab, der Talmud ist eine christenfeindliche Schrift, die Juden fluchen in ihren Gottesdiensten auf die Christen, und sie lästern Jesus und Maria, alles Vorwürfe, die sich bei Luther wiederfinden. Die gehässigste antijüdische Schrift war das Fortalitium fidei des spanischen Konvertiten Alfonso de Spina, das als „Kampf für den Glauben“ 1471 in Straßburg gedruckt wurde.

Zwei Mönche haben auf ihren Predigtreisen den Judenhaß besonders geschürt: der Dominikaner Petrus Negri (Nigri, Peter Schwarz), Verfasser eines Tractatus contra perfidos Iudaeos 1475 (= Traktat gegen die treulosen Juden), der die Juden in Regensburg, Bamberg, Frankfurt und Worms zum Anhören seiner Predigten zwingen ließ. Dies tat auch der noch erfolgreichere Franziskaner Johannes von Capistrano, seit 1471 Inquisitor. Er suchte — lange vor Luther — zu erweisen, daß die messianischen Weissagungen des Alten Testaments in Jesus erfüllt seien und die jüdische Religion damit keine Existenzberechtigung mehr habe. Der Luthergegner Johannes Dietenberger sprach in der ersten katholischen deutschen Bibelübersetzung 1534 von dem „verfluchten Buch, das sie Talmud nennen“. Der Mainzer Weihbischof Sifrid Piscator (Fischer, gest. 1473) richtete seine Angriffe betont auf den Wucher der Juden.

Diese Liste könnte noch um ein Vielfaches verlängert werden. Sie soll hier nur darauf hinweisen, in welche geistige, kirchliche und stimmungsgefüllte Welt hinein Luther sprach. Die Bevölkerung wurde aufgehetzt, aber auch oft von dem Reichtum der Juden zu Neid verführt und zu Aggressionen wie zur Bereicherung angestachelt. Somit erklären sich die Volkstumulte gegen die Juden, die Verbrennung von Juden, das Niederbrennen vieler Synagogen und jüdischer Wohnviertel sowie die Vertreibung von Juden aus solchem volkstümlichem Judenhaß. In einer Chronik lesen wir: „Willst du wissen, was den Juden das Verderbnis brachte? Es ist die Habgier der Christen.“ (Dubnow Bd. V, S. 304). Mag zu Anfang, d.h. in der Kreuzfahrerzeit, noch das religiöse Motiv gegen die Juden als „Gottesmörder“ auslösend für viele Pogrome gewesen sein, in Luthers Zeit waren Haß auf die Fremden, Fanatismus und Habgier die wichtigsten Beweggründe.

Luther befand sich nicht in „guter“ Gesellschaft, er befand sich mit seiner Judenfeindschaft in Gesellschaft mit dem Geist der Zeit. Er hatte jedoch ein religiös-kirchliches, wenn auch fehlgeleitetes Motiv.

Abb. 37. Luther in seinem Todesjahr 1546. Holzschnitt von Lukas Cranach d. Ä., wenige Wochen vor Luthers Tod geschnitten

VI. Kapitel: Der Ausklang bis zu Luthers Tod: 1543-1546

Historische Einführung

Erst im Jahr 1543, als Luther 60 Jahre wurde, läßt sich von seiner Altersphase sprechen. Aber auch sie blieb noch geprägt von erstaunlicher Leistungskraft — trotz mancherlei körperlicher Beschwerden — und einer enormen geistigen Beweglichkeit. Auch in den letzten drei Jahren seines Lebens übte Luther mit großer Gewissenhaftigkeit sein Predigtamt aus, wie es von Lukas Cranach d.Ä. noch im Jahre 1546/47 festgehalten wurde (vgl. Abb. 21 und 37). Seine Vorlesungen setzte er unermüdlich fort. Wo er um Rat angesprochen wurde, erstattete er Gutachten und Denkschriften. Er arbeitete mit an der ersten Gesamtausgabe seiner (lateinischen) Schriften ab 1545 mit seinem berühmten Selbstzeugnis (WA 54.179-187). Er hält noch Promotionsdisputationen ab (WA 39, II. 204-401). Wo er gerufen wird, um Schwierigkeiten zu beheben, macht er sich noch auf Reisen, so etwa nach Torgau, wo er 1544 die erste von den Evangelischen erbaute Kirche einweihte. Im gleichen Jahre 1544 erreichte der Protestantismus auf dem Reichstag zu Speyer den Höhepunkt seines Wachstums, wovon auch Luthers Briefe an Fürsten, Bürgermeister, Räte, Pfarrer und Gelehrte Zeugnis ablegen (WA BR 10, passim). An die Obrigkeiten wendet er sich immer wieder wegen Abschaffung von Ehebruch, Wucher, Diebstahl, Frauenhäusern usf. Im politischen Bereich vertrat er die These, der Kaiser habe bei seiner Krönung beeidet, keinen Untertan ohne Gehör und Urteil mit der Acht zu belegen, deshalb seien die Landesfürsten und der Adel zum bewaffneten Widerstand gegen den Kaiser berechtigt, so er diesen Eid nicht halte. Das Widerstandsrecht ist daher nicht erst von den Hugenotten, sondern schon von Luther postuliert worden. Dann aber kam die politische Wende. Kaiser Karl V. zwang nach seinem Sieg 1543 den Herzog von Kleve zur Rekatholisierung seines Landes; nach dem Sieg über Franz I. von Frankreich 1544 hatte der Kaiser auch außenpolitisch die Hände frei; der Papst bewilligte 1545 dem Kaiser Geld und Truppen zum Kampf gegen die Protestanten. Der Kaiser rüstete zum Krieg.

Da starb Luther am 18. Februar 1546, kurz vor Ausbruch des Schmalkaldischen Krieges (19. Juni 1546), in Eisleben und wurde am 22. Februar 1546 in der Schloßkirche zu Wittenberg beigesetzt (vgl.

Abb. 40). Der Kaiser konnte nach der siegreichen Schlacht gegen die Lutheraner bei Mühlberg (24. April 1547) an das Grab seines großen Gegners treten.

1. *„Vom Schem Hamphoras und vom Geschlecht Christi" 1543*

Unter diesem Titel brachte Luther schon zwei Monate nach seiner ersten antijüdischen Schrift im März 1543 eine zweite heraus. In dieser fehlen auffallenderweise Luthers Ratschläge zur Behandlung der Juden wie Synagogenzerstörung, Bücherverbrennung etc. Vielleicht waren ihm selbst Bedenken gegen so gewaltsame Maßregeln, wie er sie (im Text 100) vorgeschlagen hatte, gekommen. Nicht einmal in Anspielungen nimmt er darauf Bezug. Gewiß bleiben seine Einwände gegen jüdische Angriffe auf Jesus bestehen. Aber in der Sache geht es Luther jetzt um zwei Themen: die Widerlegung der Kabbala und den Nachweis der Abstammung Jesu von David. Mit beidem will Luther jüdische Bekehrungsversuche abwehren. Luther bekämpft hier eine bestimmte Richtung der jüdischen Theologie.

(104) Warnung vor jüdischen Bekehrungsversuchen

Das will ich hiermit also getan haben, unseren Glauben zu ehren und den Teufelslügen der Juden zuwider, damit auch die, so Juden werden wollen, sehen mögen, was für schöne Artikel sie bei den verdammten Juden glauben und halten müssen... Damit wir Deutschen auch geschichtskundig wissen möchten, was ein Jude sei, (um) unsere Christen vor ihnen als vor dem Teufel selbst zu warnen, unseren Glauben zu stärken und zu ehren, nicht die Juden zu bekehren.
Vom Schem Hamphoras und vom Geschlecht Christi. 1543. WA 53.579, 5-9 und 12-16.

(105) Was bedeutet die Kabbalistik mit Schem Hamphoras?

Die beiden hebräischen Wörter Schem hammephorasch bedeuten „der unverstellte Name" und wurden meist in der auch von Luther und seinem Gewährsmann Porchetus (vgl. oben Text 91) benutzten Form „Schem Hamphoras" gebraucht. Im spätantiken Judentum, und hier vor allem in der Mischna (nach der Zerstörung Jerusalems, von Rabbi Akiba, Rabbi Mëir und Jehuda dem Patriarchen ab, etwa seit 120 n. Chr. fixiert), wurde der Schem Hamphoras vor allem bei besonders wichtigen rituellen Handlungen gesprochen.

Der „unverstellte Name“ Gottes hat angeblich 216 Buchstaben, an deren Stelle auch die Wortkürzung Jachweh (hebräisch mit vier Buchstaben geschrieben: יהוה, daher Tetragramm genannt) stehen kann (vgl. oben die Texte 20 und 95).

Die mystische Frömmigkeit der Juden, d.i. die Kabbala, hat aus dem Schem Hamphoras eine Geheimlehre entwickelt. Der „unverstellte Name“ aus den 216 Buchstaben bildet den hebräischen Text von Ex 14, 19-21. Was es mit der Kenntnis dieser 216 Buchstaben auf sich hat, erklärt Luther aus des Salvagus Porchetus Victoria adversus impios Iudaeos (Druck in Paris 1520), aus welchem Buch er das elfte Kapitel des ersten Teils in eigener Übersetzung abdruckt. Der Inhalt ist kurz folgender:

Die Juden haben eine gehässige Polemik gegen Jesus entfaltet durch eine Legende, derzufolge er, der Jesus ha Nozri (Entstellung für Jesus der Nazarener), zur Zeit der Kaiserin Helena nach Jerusalem kam und dort im Tempel den steinernen Deckel der Bundeslade mit der Inschrift Schem Hamphoras sah. Die Kenntnis dieser Buchstaben verlieh ihm Wunderkraft. Durch Heilung eines Lahmen, Auferweckung eines Toten, durch einen Himmelsflug und andere Wunder, die er dank der Kenntnis des Schem Hamphoras vollbrachte, überzeugte er viele, der Messias zu sein. Aber die Israeliten erwirkten von der Kaiserin Helena die Erlaubnis, ihn an einem Kohlstrunk zu erhängen (WA 53.580-586).

Diese Legende kann Luther leicht als unglaubwürdig erweisen, indem er vermerkt, daß die Kaiserin Helena erst Jahrhunderte nach Jesus lebte u.a. Dann zieht Luther die Schrift des Antonius Margaritha „Der gantz Jüdische glaub“ (Augsburg 1530, Titelblatt s. Abb. 34) heran, um das Geheimnis der 216 Buchstaben des hebräischen Textes von Ex 14, 19-21 aufzuhellen.

Es sind die Verse, die das Wunder berichten, durch das den Israeliten der Durchzug durchs Rote Meer ermöglicht wurde. Verteilt man diese 216 Buchstaben auf 3 Zeilen, so ergeben sich für jede Zeile 72 Buchstaben. Nimmt man dann den ersten Buchstaben der ersten Zeile und setzt dazu den letzten Buchstaben der zweiten Zeile sowie den ersten Buchstaben der dritten Zeile, so erhält man ein Wort von drei Buchstaben. Verfährt man entsprechend mit den weiteren Buchstaben, so erhält man insgesamt 72 Wörter von je drei Buchstaben. Für die Buchstaben wird aber jetzt deren Zahlwert angesetzt, (da man im Hebräischen alle Zahlen durch Buchstaben ausdrückte). Dann erhält man 72 dreizahlige Gruppen, deren jede einen der 72 Engel bezeichnet, die daher mit Zahlengruppen und nicht mit Buchstaben bezeichnet werden. Setzt man für jede Zahlengruppe der Engelnamen andere, die gleiche Summe angebende Zahlen, so können diese jetzt als Buchstaben gelesen eine Eigenschaft oder Tätigkeit Gottes bezeichnen. Dann wird zur Vervollständigung noch jedem der 72 Engelnamen ein Psalmvers hinzugestellt. Auf diese Weise ist in jedem der 72 Wörter der Kurzname Gottes, das Tetragramm, enthalten. Nur darf man es nicht aussprechen (Jachweh), muß vielmehr dafür stets Adonai (mein Herr) sagen (WA 53.594,24-599,4).

Dazu Luther:

Das heißt Schem Hamphoras, der ausgebreitete Name. Solche Alfanzerei (Buchstabenspielerei) tut sich fein im Hebräischen... Nun hast du den Schem Hamphoras ganz und vollkommen. Nun bist du nicht nur ein beschnittener rechter Jude, (sondern) kannst nun tun allerlei Wunderzeichen, wie der Verführer Jesus Nozri dadurch getan hat... Wie geht's aber zu, daß sie nun 1500 Jahre im Elend solche Kunst und Gewalt des Schem Hamphoras nicht gebraucht haben, sonderlich, da sie von den Römern durch Vespasian zerstört (wurden) [denn da war es Zeit, Wunder zu tun], und hernach, da sie mit ihrem Messias Kochba unter Hadrian erschlagen und zerstreut wurden? Ist der Rabbinen Antwort: daß sie jetzt nicht fromm genug, dazu im Elend (fremder Länder) und Ungnade Gottes sind, auch in so langer Zeit vergessen sei, was der 72 Engel Kraft sei.
Vom Schem Hamphoras und vom Geschlecht Christi. 1543. WA 53.598,16-17 und 599,5-20. Vgl. oben Text 20.

Zu Bar Kochba vgl. oben die Texte 100 und 102.

(106) Buchstaben-Verehrung im kabbalistischen Schem Hamphoras-Gebrauch

Aber die rasenden Juden geben dem Schem Hamphoras die göttliche Kraft, als den bloßen, ledigen Buchstaben, ohne alle Verheißung oder Gebot Gottes. Denn sie sprechen hier, daß auch die Gottlosen und Verführer durch diese Buchstaben viel Wunder und göttliche Werke tun können. Wo sind sie nun, die beschnittenen Heiligen, die sich gegen uns Christen rühmen, daß sie allein die sind, die den einigen rechten Gott ehren, da die verfluchten Ha-Nozrijm (d.i. die Anhänger des Jesus von Nazareth) drei Götter anbeten? Hier geben sie die göttliche Macht und Ehre den bloßen, ledigen toten Buchstaben im Schem Hamphoras so völlig, daß auch die Gottlosen und Verführer wider Gottes Willen und Verbot [in den Zehn-Geboten] göttlicher Majestät eigene Werke tun können. Oh, das sind heilige Gotteskinder, die über den einigen Gott so viel Götter machen, als in dem Schem Hamphoras Buchstaben sind, derer sollen 216 sein.
Vom Schem Hamphoras und vom Geschlecht Christi. 1543. WA 53.592,5-16.

Mit dieser und der im vorigen Text (sowie in Text 20) gegebenen Charakteristik ist jedoch nicht das ganze Wesen der Kabbala erfaßt, der eine tiefinnerliche Religiosität zugrunde lag und die gerade im Reformationsjahrhundert in Safed (Galiläa) blühte, wohin sie von den aus Europa vertriebenen Juden gebracht worden war. (Führende Männer dort waren der deutschstämmige Luria Ari Aschkenasi †1572 und der aus Spanien stammende Joseph ben Ephraim Karo

†1575 mit seinem Schulchan Arukh = gedeckter Tisch, einem Kompendium moralischer und ritueller Sitten.)

(107) Die Schem Hamphoras-Kabbalistik hat ihre Weisheit von der Judensau, d.i. vom Talmud

Das kabbalistische Buchstaben-Geheimnis mußte naturgemäß Skepsis auslösen. Woher stammt dieses Geheimwissen?

Hier wirst du vielleicht fragen: Woher haben die Juden diese hohe Weisheit, daß man Moses' Text, die heiligen unschuldigen Buchstaben, so soll teilen in drei Verse und arithmetische oder Zahl-Buchstaben draus machen, auch 72 Engel nennen und Summa, das ganze Schem Hamphoras dergestalt zusammenstellen? Damit laß mich zufrieden, frage die Rabbiner darum, die werden's dir wohl sagen... Wohlan, ich weiß im einzelnen nicht, woher sie es haben. Aber so ungefähr will ich wohl raten.

Es ist hier zu Wittenberg an unserer Pfarrkirche eine Sau in Stein gehauen (Abb. 38). Da liegen junge Ferkel und Juden drunter, die saugen. Hinter der Sau steht ein Rabbiner, der hebt der Sau das rechte Bein empor und mit seiner linken Hand zieht er den Bürzel (d. i. Schwanz) über sich, bückt (sich) und guckt mit großem Fleiß der Sau unter den Bürzel in den Talmud hinein, als wollte er etwas Scharfes und Sonderliches lesen und ersehen. Daselbst haben sie gewißlich ihr Schem Hamphoras. Denn es sind vorzeiten sehr viele Juden in diesen Ländern gewesen. Das beweisen die Namen der Flecken, Dörfer, auch Bürger und Bauern, die hebräisch sind noch heutigen Tages. Daß etwa ein gelehrter und ehrlicher Mann solch Bild hat angeben und abzeichnen lassen, der den unflätigen Lügen der Juden feind gewesen ist. Denn also redet man bei den Deutschen von einem, der große Klugheit ohne Grund vorgibt: Wo hat er's gelesen? Der Sau im [grob heraus] Hintern. Man könnte leicht das Wort Schem Hamphoras dahin deuten und kehren, nämlich: ‚Peres schama'; oder, wie sie tun, kühn meistern und zu ‚Schamha Peres' machen, so lautet es ganz ähnlich... ‚Scham Haperes', das heißt ‚Hier Dreck'; nicht (solcher), der auf den Gassen liegt, sondern der aus dem Bauch kommt. Vom Schem Hamphoras und vom Geschlecht Christi. 1543. WA 53.600, 7-601,13.

Ob Luther mit dieser Deutung dem Sachverhalt nahekommt, bleibt sehr fraglich. Die schon um 200 n. Chr. in der Mischna (als der ältesten Sammlung des Talmud) bekannte Bezeichnung Schem Hamphoras für „der unverstellte Name“ (Gottes) gehört gewiß zu der jüdischen Mystik, in der auch Jochanan ben Zakkai, Akiba, Ismael ben Elischa und Simon ben Jochai (alle im 2. nachchristlichen Jahrhundert) versiert waren (vgl. hierzu oben die Einführung zu Text 105).

Die gehässige Verbindung solcher Mystik und ihrer Geheimlehre mit einem Schwein ist aus christlicher Judenfeindschaft des Mittelalters entstanden; offenbar auch, um die Juden damit zu ärgern bzw. zu beleidigen, daß man sie mit dem Schwein als ihnen unkoscherem Tier in Verbindung brachte (vgl. Lev 11,7; Jes 65,4; 66,17). Über die Judensau in der mittelalterlichen Kunst liegt mit dem Buch von Shachar eine ausgezeichnete Untersuchung vor. Was Luther mit dem Hinweis auf die Judensau sagen will, ist: die Juden haben ihre christenfeindlichen Argumente nicht aus der Bibel, sondern aus dem Talmud. Die Judensau ist ein gemeines Bild für Talmud!

Die Verbreitung dieses Motivs läßt sich an den vielen Skulpturen bzw. Reliefs der Judensau in und an Kirchen erkennen, etwa: Dom zu Bamberg um 1230; ein Torbogen in Remagen, 2. Hälfte des 12. Jahrhunderts; an einem Kapitell der Kirche St. Severin in Köln, Mitte des 12. Jahrhunderts; an der Ritterstiftskirche St. Peter in Wimpfen, letztes Viertel des 13. Jahrhunderts; am Magdeburger Dom, letztes Viertel des 13. Jahrhunderts; an der Marienkirche in Lemgo, letztes Viertel des 13. Jahrhunderts; am Chorgestühl des Kölner Doms, erstes Viertel des 14. Jahrhunderts; an der Kathedrale zu Metz, erstes Drittel des 14. Jahrhunderts; an der Kathedrale zu Regensburg, Mitte des 14. Jahrhunderts; am St. Martins-Münster in Colmar, Mitte des 14. Jahrhunderts; in Uppsala Mitte des 14. Jahrhunderts; an der Kathedrale in Gnesen, Mitte des 14. Jahrhunderts; am Erfurter Dom, Anfang des 15. Jahrhunderts; an Notre Dame in Aerschot, 15. Jahrhundert; am Baseler Münster, 1432; an der Zerbster Nikolaikirche, 15. Jahrhundert; an der Klosterkirche in Heilsbronn, 15. Jahrhundert; in Cadolzburg bei Fürth, 15. Jahrhundert; in Wiener Neustadt, 15. Jahrhundert u. ö. auch in der graphischen Kunst bzw. als Buchillustration.

Das in Abb. 38 wiedergegebene Sandsteinrelief an der Stadtkirche zu Wittenberg wurde im ersten Viertel des 14. Jahrhunderts angebracht. Ob es im Zusammenhang mit der Vertreibung der Juden aus Wittenberg i. J. 1304 steht, bleibt offen. Jedenfalls durften die Juden bald wieder zurückkehren. Die Inschrift (Rabini und Schem HaMphoras) ist erst etwa 200 Jahre nach Luther eingemeißelt worden, vielleicht unter dem Eindruck der Schrift Luthers „Vom Schem Hamphoras“.

So widerwärtig das Ganze auch sein mag, Luther will mit seinem Hinweis auf dieses Relief keine moralische Beschuldigung gegen die Juden unterstreichen, sondern meint die Herkunft der spätmittelalterlichen Kabbalistik, insonderheit auch der Polemiken gegen Jesus aus dem Talmud. Ob dies auch der Sinngehalt solcher Skulpturen bei deren Auftraggebern oder Steinmetzen war, ist fraglich.

Abb. 38. Die Judensau. Sandsteinrelief an der Stadtkirche zu Wittenberg aus der Zeit um 1304. Die Inschriften „Rabini“ und „Schem HaMphoras“ sind erst etwa zweihundert Jahre nach Luthers Tod eingemeißelt worden.

(108) Luther hält seine Grobheit für berechtigt

Wohlan, es möchte vielleicht einer der barmherzigen Heiligen unter uns Christen denken, ich machte es ja zu grob und unfein gegen die armen elenden Juden, daß ich so spöttisch und höhnisch mit ihnen handele. Ach, Herr Gott, ich bin viel zu gering (untüchtig) dazu, solcher Teufel zu spotten. Ich wollt's wohl gern tun, aber sie sind mir zu weit überlegen mit Spotten...

Erstlich spottet er (der jüdische Hochmut) Gott, den Schöpfer Himmels und der Erden, mit seinem Sohn Jesus Christus, wie du selbst siehst, so du glaubst als ein Christ, daß Christus Gottes Sohn ist. Zum andern spottet er unser, der ganzen Christenheit, daß wir an solchen Sohn Gottes glauben. Zum dritten spottet er auch seiner eigenen Juden, gibt ihnen solche schändliche, närrische, tölpische Dinge (vom Schem Hamphoras) ein.
Vom Schem Hamphoras und vom Geschlecht Christi. 1543. WA 53.590, 23-27 und 590,33-591,1.

Der vielgeschmähte Grobianismus Luthers war gewiß eine Zeiterscheinung, von der auch Erasmus, Eck u.v.a. nicht freizusprechen sind. Aber er war auch eine ungelenke Ausdrucksform in einer für wissenschaftliche Begriffsschärfe und Argumentation noch nicht gereiften Sprache. Wer zum „Volk" sprechen wollte, der mußte dem einfachen Manne „aufs Maul schauen".

(109) Streit um Jesu Abstammung von David und einer Jungfrau

Der zweite Teil dieser Schrift „Vom Schem Hamphoras und vom Geschlecht Christi" hat es nur noch mit einem einzigen Streitpunkt zwischen Luther und den Juden zu tun, nämlich der Frage, ob denn Maria aus dem Geschlecht Davids stamme. Wenn nicht, könne sie gemäß der messianischen Weissagung, daß der Messias aus dem Geschlecht Davids kommen werde, nicht Mutter des Messias sein, d. h. dann wäre Jesus nicht der Messias. Da Jesus nach christlicher Tradition von der Jungfrau geboren sei, könne die Herkunft Josephs von Davids Geschlecht dabei nichts ausmachen.

So Sankt Matthäus und Lukas... alle beide einträchtig die Linie und Reihe der Personen im Geschlecht führen und enden auf Joseph und nicht auf Maria und Christus, wollten die Klugen gern daraus schließen, es sei damit nicht bewiesen, daß Christus vom Stamm David sei, weil er nicht von Joseph komme... Dann aber muß die Mutter gewißlich auch Davids Tochter sein... Ja, hier stößt sich's mit den Juden. Sie wollen den Jesus nicht zum Messias haben. Darum stackern sie uns also mit ihren giftigen, lästerhaften Stachelworten von Joseph und Maria... Erstlich fängt S. Matthäus sein Buch an: ‚Dies ist das Buch von der Geburt Jesu Christi, des Sohnes Davids, des Sohnes Abra-

hams.' (Mt 1,1). Hier hörst du, daß Jesus Christus oder Messias sei Davids Sohn und Abrahams Sohn. So muß im voraus seine Mutter Davids und Abrahams Tochter sein, weil sie eine Jungfrau, die ohne Mann geboren hat... Hier (Mt 1,15; Lk 3,23f) haben wir nun die Mutter des Messias, die ist mit Joseph Geschwisterkind und sie beide Enkel des einen Großvaters Mattan. Also meine ich, sei stark genug bewiesen, daß Maria und Joseph eines Stamms und Geblütes sind.
Vom Schem Hamphoras und vom Geschlecht Christi. 1543. WA 53.610,1-9; 611,32-34; 612,1-3; 622,32-36; 625,21-23 (vgl. auch Text 41).

Diese gekünstelte Argumentation wird heute wohl kein Wissenschaftler mehr akzeptieren. Auch Luthers hier wiederkehrende Deutung der Almah aus Jes 7,14 als Jungfrau und damit auf die Jungfrauengeburt Jesu (WA 53.634-638) ist nicht überzeugend.

Mag für antikes Denken des Alten wie des Neuen Bundes eine Abstammung aus dem Königshause Davids und eine Wundergeburt von einer Jungfrau wichtig gewesen sein, so ist dies doch für die Heilsbotschaft nicht von Bedeutung.

Im übrigen wiederholte Luther mehrfach seine gehässigen Schmähreden gegen die Juden, wie er sie schon in seiner vorigen Schrift vorgetragen hatte, aber damit brachte er nichts Neues. Daher hatte seine Schrift selbst im Lager seiner Anhänger kein gutes Echo. Melanchthon verhielt sich reserviert schweigend. Bullinger nannte diese Schrift schmutzig. Die Züricher Kirche charakterisierte sie als schweinisch und kotig. Selbst Luthers Freund Andreas Osiander in Nürnberg übte eine so heftige Kritik, daß Melanchthon Osianders Brief Luther nicht zur Kenntnis gab, sondern verbrannte. Ein jüdischer Gelehrter namens Dulcius (Süß) aus Leipheim wollte eine Entgegnung schreiben, starb aber darüber.

Zum Glück haben die meisten protestantischen Obrigkeiten Luthers antijüdische Empfehlungen (vgl. die Texte 100,101) nicht aufgegriffen. Es kam vielmehr durch Gewährung unbegrenzten Niederlassungsrechts für Juden zu ersten Ansätzen von Toleranz, etwa in Kurbrandenburg, Kursachsen, Braunschweig, Mansfeld, Anhalt, Frankfurt, Hessen, den Niederlanden, Berg, Kurpfalz, Württemberg u.a.

2. *„Von den letzten Worten Davids" 1543*

Immer wieder schon hatte Luther sich mit der Abschiedsrede Davids beschäftigt, wie sie in 2Sam 23 verzeichnet ist. König David lag Luther besonders am Herzen. Er galt für Luther als einer der ganz Großen in Gottes Heilsgeschichte (vgl. die Texte 80 und 109), wie

Luther es auch in seinen Vorlesungen über die Psalmen immer wieder betonte.

Bei dieser Thematik ließ es sich überhaupt nicht vermeiden, das Problem Juden — Christen anzusprechen, zumal der ursprünglich geplante Titel der Schrift das Thema noch präziser ansprach: „Über die Gottheit Christi aufgrund der letzten Worte Davids".

Die Gottheit Christi zu beweisen, mußte natürlich die gegenteiligen jüdischen Argumente zu widerlegen suchen, zumal wenn die Gottheit Christi aus einer Rede Davids erwiesen werden sollte. Aber Luther schrieb diese Schrift jetzt für Christus und für die christlichen Dogmen. Darum vermeidet er die heftigen und häßlichen Aggressionen seiner beiden vorangehenden Schriften. Nur gelegentlich bricht noch etwas von dem tiefen Groll und Zorn durch.

(110) Trinitätslehre schon bei David

Eine wichtige Beweisstelle für die Gottheit Christi und für die Trinitätslehre findet Luther in Davids Worten nach 2Sam 23,2-3: „Der Geist des Herrn hat durch mich geredet... Es hat der Gott Israels zu mir gesprochen, der Hort Israels hat geredet, der gerechte Herrscher unter den Menschen." Dazu Luther:

> Er fängt hier an, von der hohen heiligen Dreifaltigkeit göttlichen Wesens zu reden. Erstlich nennt er den heiligen Geist...
>
> Nun haben wir drei Redner. Droben sagt David, der Geist des Herrn habe durch seine Zunge geredet. Damit ist die Person des heiligen Geistes uns Christen klar angezeigt. Was Türken, Juden und andere Gottlose glauben, achten wir nichts... Darum sind diese Worte Davids auch (Worte) des heiligen Geistes, mit denen er durch seine Zunge von zwei anderen Rednern spricht. Was redet er denn von denselben? Er redet erstlich von dem Gotte Israels, der zu David gesprochen, das ist ihm verheißen habe. Wer nun Gott dieser Sprecher sei, wissen wir Christen aus dem Johannes-Evangelium, nämlich der Vater ist's, der im Anfang sprach, Gen 1 (3): ‚Es werde Licht'. Und sein Wort ist die Person des Sohnes, durch dessen Wort alles gemacht ist, Joh 1 (3). Denselben Sohn nennt der Geist durch David hier Zur (צור), den Hort Israels...
>
> Also reden alle drei Personen und ist doch ein Redner, ein Verheißer, eine Verheißung, wie es ein einiger Gott ist.
>
> Von den letzten Worten Davids. 1543. WA 54.34,33-34 und 35,31-36,9.

Wenn auch Luther nicht mehr so wie zuvor mit auffälligen Beschimpfungen sondern mit Entfaltung einer christlichen Gegenposition die jüdische Religion als nicht schriftgemäß darzustellen sucht, so muß diese Art der Auslegung des Alten Testaments schon wegen ihrer Abhängigkeit von mittelalterlich-dogmatischer Exegese als heute unhaltbar angesehen werden. Das gilt insbesondere für die Lehre von der Präexistenz (d. i. der vorweltlichen Existenz) Christi und seiner Mitwirkung bei der Schöpfung. Vgl. Nachwort, Punkt 4.

(111) Die Juden sind aus dem Segen der Abrahamskindschaft ausgeschieden

An einer Stelle aber, die eine Apologie gegen jüdische Alleinansprüche sein will, bricht Luthers Zorn noch einmal durch:

Hierher gehört auch der Spruch Gen 22 (18), da Gott Abraham mit einem Eide verheißt und spricht: ‚In deinem Samen sollen alle Gojim Heiden (eigentl. Völker) auf Erden gesegnet werden.' Hier steht das Wort ‚Gojim', womit uns die jetzigen Juden [sind sie anders Juden] schmähen und fluchen eben darum, daß wir uns dieses Segens rühmen. Denn Gott verheißt dem Abraham und spricht: alle Gojim sollen gesegnet werden in deinem Samen. Sie aber, die beschnittenen Heiligen, wollen, daß wir Heiden (-Völker) sollen verflucht und alleine sie der Same Abrahams sein. Aber weil sie den Heiden (-Völkern) fluchen und ein solcher Same sind, durch welchen alle Heiden (-Völker) verflucht werden, ist's offenbar, daß sie nicht Abrahams Samen, sondern des Teufels Samen sind. Denn Gott ist's, dessen Urteil recht und gewiß ist. Der spricht, daß Abrahams Same solle den Heiden (-Völkern) nicht fluchen, wie sie tun, sondern alle Heiden (-Völker) sollen in ihm gesegnet werden. Wie denn bisher nun bei 1543 Jahren geschehen und noch bis in Ewigkeit geschehen wird.
Von den letzten Worten Davids. 1543. WA 54.75,12-24.

3. Letzte Mahnungen des todkranken Luther 1543-1546

Gewiß wurde der böse Zorn des alten und oft unter Krankheit leidenden Luther nicht einfach ausgelöscht. Es gab immer wieder gehässige Äußerungen, wenn auch eher im privaten Gespräch als in der veröffentlichten Meinung. Daneben aber gab es auch friedlichere Stellungnahmen, vor allem in einigen Predigten. Auch der zornige alte Luther war gewissen Stimmungsschwankungen unterworfen, wobei sein Nachgeben gegenüber Stimmungen ihn am ehesten noch zu gehässigen Ausfällen trieb.

(112) Böse Äußerungen über schimpfende Judenjungen, jüdische Ärzte und jüdische Wucherer

Einer (der Tischgenossen) erzählte, auch die jüngeren Herren von Mansfeld würden noch nach dem Erscheinen der beiden antijüdischen Bücher des

Doktors die Juden begünstigen; außerdem hätten die Söhne eines Eislebener Juden den Eislebener Prediger Magister Simon (Wolfram), der an ihrem Hause vorüberging, einen Gojim gerufen. Da sagte der Doktor: Wenn ich an der Stelle des (Mansfelder Predigers) Coelius und des Magister Simon gewesen wäre, ich wäre sofort weggezogen und nicht in den Diensten eines solchen Herrn verblieben.

Da wandte ein anderer ein: Herr Doktor, die Juden können sich vorzüglich bei unseren Adeligen und Mächtigen einschmeicheln dank ihrer Arztkunst, und sie sind im ärztlichen Praktizieren glücklicher als die unsrigen. Da antwortete er: Der Teufel kann viel tun.

Ein anderer erzählte viel von den Gotteslästerungen der Juden und fragte, ob es einem Privatmann erlaubt sei, einem gotteslästernden Juden einen Faustschlag zu versetzen. Er antwortete: Ganz gewiß! Ich wollte einem solchen eine Maulschelle geben. Wenn ich könnte, würde ich ihn zu Boden werfen und in meinem Zorn mit dem Schwert durchbohren. Da es nämlich nach menschlichem und göttlichem Recht erlaubt sei, einen Straßenräuber zu töten, viel mehr einen Gotteslästerer.

Wieder ein anderer sagte: Herr Doktor, das erregt bei vielen Menschen Anstoß und die Juden selbst pochen darauf noch mächtig stolz, daß Christen noch größere Wucherer sind als selbst Juden. Er sagte: Das ist wahr. Denn Leipzig hat größere Wucherer, als die Juden sind. Nur, daß sie (die Juden) sagen, sie tun recht daran, indem sie die ihren das Wuchern sogar lehren. Das tun wir nicht; ja, wir predigen dawider und sind dem Wucher feind von Herzen.

Tischrede vom Frühjahr 1543. Nr. 5576. WA TR 5.257,11-31.

Zur Frage des Wucherns durch Christen wie Juden vgl. die Einleitung zu Kap. III. Abschn. 3 und die Texte 29, 30, 33, 60 und 69.

Zu Luthers Beurteilung jüdischer Ärzte vgl. auch seine Tischrede Nr. 4485 vom April 1539 (WA TR 5.338,22-33) und seine letzte Kanzelabkündigung unten Text 115). Andererseits gesteht Luther hier ein, daß es unter Christen noch größere Wucherer als unter den Juden gibt.

(113) Vom Nebeneinander verschiedener Religionen bis zum Ende der Welt

Diesem gehässigen Ausbruch von Luthers Zorn steht ein anderer gleichzeitiger gegenüber, der fast von Toleranz und einem friedlichen Nebeneinander verschiedener Religionen spricht.

Daß aber der Herr von anderen Schafen spricht, die er auch führen soll, auf daß ein Hirt und eine Herde werde, solches hat sich alsbald nach Pfingsten angefangen, da das Evangelium in aller Welt durch die Apostel gepredigt worden ist, und geht noch bis zum Ende der Welt. Nicht dermaßen, als soll-

ten alle Menschen sich bekehren und das Evangelium annehmen. Denn daraus wird nichts, der Teufel läßt's dazu nicht kommen. So ist die Welt ohnehin dem Wort feind und will ungestraft (vom Evangelium nicht kritisiert) sein. Derhalben werden für und für mancherlei Glauben und Religion in der Welt bleiben. Das aber heißt ein Hirte und ein Schafstall, daß Gott alle, so das Evangelium annehmen, um Christi willen zu Kindern aufnehmen will, es seien gleich Juden oder Heiden. Denn das ist die rechte, einige Religion, diesem Hirten und seiner Stimme folgen. Das verleihe uns der treue Hirte unserer Seelen durch den heiligen Geist. Amen.
Hauspostille 1544. Am zweiten Sonntag nach Ostern über Joh 10,12-16. WA 52.282,24-35.

(114) Der Alleinwahrheitsanspruch der lutherischen Religion ruft zur Vertreibung der (halsstarrigen) Juden

Die körperlichen Beschwerden Luthers waren immer heftiger geworden. Mitten unter diesen Qualen hat Luther sich dennoch mit großer Energie immer wieder an die Erledigung ihm dringlich erscheinender Aufgaben gemacht.

Er war von den Mansfelder Grafen, die untereinander heftigen Streit hatten, als Schlichter eingeladen worden und reiste so als kranker Mann am 25. Januar 1546 nach Eisleben. Damit wollte er — wie er schon 1542 gesagt hatte — „als ein Landkind meinem Vaterlande und natürlichen Landesherren mit allen Treuen" dienen (Brief Nr. 3760. — WA Br. 10.82,8-9). Über Halle erreichte er am 28. Januar seine Geburtsstadt Eisleben. Von hier schrieb er etwas humorvoll an seine Frau:

Liebe Käthe, ich bin ja schwach gewesen auf dem Weg hart vor Eisleben. Das war meine Schuld. Aber wenn du dagewesen wärest, so hättest du gesagt, es wäre der Juden oder ihres Gottes Schuld gewesen. Denn wir mußten durch ein Dorf hart vor Eisleben (gemeint ist Rißdorf, heute Unterrißdorf), darinnen viel Juden wohnen. Vielleicht haben sie mich so hart angeblasen. So sind hier in der Stadt Eisleben jetzt diese Stund über fünfzig Juden wohnhaft. Und wahr ist's, da ich bei dem Dorf fuhr, ging mir ein solcher kalter Wind hinten zum Wagen hinein auf meinen Kopf durchs Barett, als wollte mir's das Hirn zu Eis machen. Solches mag mir zum Schwindelgefühl etwas geholfen haben. Aber jetzt bin ich, gottlob, wohlgeschickt, ausgenommen daß die schönen Frauen mich so hart anfechten, daß ich weder Sorge noch Furcht habe vor aller Unkeuschheit.

Wenn die Hauptsachen geschlichtet wären, so muß ich mich daran legen, die Juden zu vertreiben. Graf Albrecht ist ihnen feind und hat sie schon preisgegeben (= zur Vertreibung freigestellt). Aber niemand tut ihnen noch

etwas. Will's Gott, ich will auf der Kanzel Graf Albrecht helfen und sie auch preisgeben.
Brief Luthers an seine Frau vom 1. Februar 1546. Nr. 4195. WA Br. 11.275, 4-276,19.

Zur Sache vgl. auch Luthers Brief vom 7. Februar 1546 an seine Frau. WA Br. 11.286,15-287,24. Einer Bemerkung Luthers in diesem Brief vom 7. Februar zufolge kann Luthers „Vermahnung wider die Juden“ (Text 115) auch schon am 7. Februar 1546 erfolgt sein, doch bleibt dies eine Vermutung.

Die so beibehaltene Idee von der Vertreibung der Juden ist nicht nur eine momentane Aufwallung von Zorn, sondern in der Sorge um Luthers Lebenswerk, wie es sich zu den lutherischen Landeskirchen entwickelt hatte, begründet.

(115) Luthers letzte Einladung an die Juden und Androhung der Vertreibung durch die Landesherren

— Letzte Kanzelabkündigung vom 15. Februar 1546 —

Bei den Verhandlungen mit der Familie der Mansfelder Grafen in Eisleben zeichnete sich ein Kompromiß der in sich zerstrittenen Familie ab. Dabei kamen die Verhandlungen auch auf die in einigen Orten der Grafschaft Mansfeld ansässigen Juden. Der mächtige Graf Albrecht wollte sie ausweisen, andere Familienmitglieder nahmen sie in Schutz.

Seiner Gewohnheit gemäß hat Luther auch in Eisleben in der Andreaskirche (s. Abb. 39) gepredigt, und zwar noch viermal. Seine letzte Predigt war die am Montag, dem 15. Februar 1546, über Mt 11,25-30. Während dieser Predigt überkam ihn auf der Kanzel ein Schwächeanfall, der ihn nötigte, die Predigt vorzeitig abzubrechen und dann nur noch eine Kanzelabkündigung, eine sogenannte Vermahnung, anzuhängen. Wir bringen daher den Schluß der Predigt und die vollständige Abkündigung.

Siehe, das heißt nun, … an Christi Wort uns halten und zu ihm zu kommen, wie er uns aufs freundlichste lockt, und sagen: ‚Du bist allein mein lieber Herr und Meister, ich bin dein Schüler.‘ Das und viel mehr wäre von diesem Evangelium weiter zu sagen. Aber ich bin zu schwach. Wir wollen's hierbei bleiben lassen.

Eine Vermahnung wider die Juden

Nachdem ich nun eine Zeitlang allhier gewesen und euch gepredigt habe, auch nun anheim muß und vielleicht euch nicht mehr predigen möchte, so

Abb. 39. Kanzel in der Andreaskirche zu Eisleben. Von dieser Kanzel verlas Luther nach seiner letzten Predigt am 15. Februar 1546 seine „Vermahnung wider die Juden".

will ich euch hiermit gesegnet und gebeten haben, daß ihr fleißig bei dem Wort bleibt, das euch eure Prediger und Pfarrer von der Gnade Gottes getreulich lehren, und euch auch zu Beten gewöhnt, daß euch Gott vor allen Weisen und Klugen behüten wolle, so die Lehre des Evangeliums verachten, denn sie oft viel Schaden getan und noch tun möchten.

Zudem habt ihr auch noch die Juden im Lande, die da großen Schaden tun. Nun wollen wir christlich mit ihnen handeln und bieten ihnen erstlich den christlichen Glauben an, daß sie den Messias wollen annehmen, der doch ihr Vetter ist und von ihrem Fleisch und Blut geboren und rechter Abrahams-Samen, dessen sie sich rühmen... Das sollt ihr ihnen erstlich anbieten, daß sie sich zu dem Messias bekehren und sich taufen lassen, damit man sehe, daß es ihnen ein Ernst sei. Wo nicht, so wollen wir sie nicht leiden, denn Christus gebietet uns, daß wir uns sollen taufen lassen und an ihn glauben. Obgleich wir nun so stark nicht glauben können, wie wir wohl sollten, so trägt doch Gott Geduld mit uns.

Nun ist's mit den Juden also getan, daß sie unsern Herrn Jesus Christus täglich nur lästern und schänden. Dieweil sie das tun und wir es wissen, so sollten wir es nicht leiden. Denn soll ich den bei mir leiden, der meinen Herrn Christus schändet, lästert und verflucht, so mache ich mich fremder Sünden teilhaftig, so ich doch an meinen eigenen Sünden genug habe. Darum sollt ihr Herren sie nicht leiden, sondern wegtreiben. Wo sie sich aber bekehren, ihren Wucher lassen und Christus annehmen, so wollen wir sie gerne als unsere Brüder halten.

Anders wird nichts daraus, denn sie machen's zu groß. Sie sind unsere öffentlichen Feinde, hören nicht auf, unsern Herrn Jesus Christus zu lästern, heißen die Jungfrau Maria eine Hure, Christum ein Hurenkind. Uns heißen sie Wechselbälge und Mahlkälber, und wenn sie uns alle töten könnten, so täten sie es gerne und tun's auch oft, sonderlich die sich für Ärzte ausgeben, ob sie gleich je zuzeiten helfen. Denn der Teufel hilft's doch zuletzt versiegeln. So können sie auch die Arznei, so man in Welschland kann, da man einem ein Gift beibringt, davon er in einer Stunde, in einem Monat, in einem Jahr, ja in zehn oder zwanzig Jahren sterben muß. Die Kunst können sie.

Darum seid unverworren mit ihnen als mit denen, die da nichts anders bei euch tun, denn daß sie unsern lieben Herrn Jesus Christus greulich lästern, stehen uns nach Leib, Leben, Ehre und Gut. Noch wollen wir die christliche Liebe an ihnen üben und für sie bitten, daß sie sich bekehren, den Herrn annehmen, den sie vor uns billigerweise ehren sollten. Welcher solches nicht tun will, da setze es in keinen Zweifel, daß der ein verböster Jude ist, der nicht ablassen wird, Christum zu lästern, dich auszusaugen und [wo er kann] zu töten.

Darum bitte ich, wollet euch fremder Sünde nicht teilhaftig machen. Ihr habt Gott genugsam zu bitten, daß er euch gnädig sei und euer Regiment erhalte, wie ich noch täglich bete und beuge mich unter den Schirm des Sohnes Gottes. Den halte und ehre ich für meinen Herrn, zu dem muß ich laufen und fliehen, wo mich der Teufel, die Sünde oder anderes Unglück anficht. Denn er ist mein Schirm, so weit Himmel und Erde ist, und meine Gluckshenne, darunter ich krieche vor Gottes Zorn. Darum kann ich mit den verstockten Lästerern und Schändern dieses lieben Heilands keine Gemeinschaft noch Geduld haben.

Das habe ich als ein Landeskind euch zur Warnung wollen sagen zu letzte, damit ihr euch fremder Sünde nicht teilhaftig macht. Denn ich meine es ja gut und treulich (mit) beiden, mit den Herren und Untertanen. Wollen sich auch die Juden zu uns bekehren und von ihrer Lästerung und was sie sonst getan haben, aufhören, so wollen wir es ihnen gerne vergeben. Wo aber nicht, so sollen wir sie auch bei uns nicht dulden noch leiden.
WA 51.194,31-196,17.

Drei Tage später, am 18. Februar 1546, war Luther tot.

Dies war Luthers letztes Wort zur Judenfrage, gesprochen am 15. Februar 1546. Seine Leiche wurde in feierlichem Geleit über Halle nach Wittenberg gebracht, wo sie am 22. Februar 1546 nahe bei der Kanzel in der Schloßkirche beigesetzt wurde, an deren Türe einst die Reformation begonnen hatte (vgl. Abb. 40).

Deutlich zeigen Luthers Appell an die „Herren" und sein Hinweis auf ihn als ein „Landeskind", daß es sich bei seinem Rat um eine landeskirchliche Maßnahme handelt. Die leitenden Instanzen der Landeskirche haben dafür zu sorgen, daß die Landesreligion unangefochten bleibt. Luther weist die „Herren und Untertanen" auf ihre Verantwortung hin.

Dieses letzte Wort Luthers zur Judenfrage zeigt die ganze Spannweite seines Verhaltens vom Üben christlicher Liebe und Fürbitte bis zum Nichtdulden und Wegtreiben.

Gewiß muß man den gesamten geschichtlichen Zusammenhang staatskirchlicher Ordnung und die auch ohne Luther so ablehnende Haltung der Bevölkerung und mancher Obrigkeit in Rechnung stellen, die durchweg noch intoleranter über die Juden dachten, ja gar grausam mit ihnen verfuhren. Noch gewichtiger aber ist die Tatsache, daß Luther hier kurz vor seinem Tode doch eine versöhnlichere Haltung einnimmt als noch drei Jahre zuvor.

Gegenüber den Äußerungen von 1543 über Verzicht auf Barmherzigkeit bei Ausweisung der Juden steht hier 1546 bei Luthers letzter Äußerung über die Juden doch die Bereitschaft, „die christliche Liebe an ihnen üben" zu wollen. Der eigentliche Vorwurf Luthers gegen die Juden tritt in dieser knappen Stellungnahme unzweideutig hervor: die Stellungnahme zu Jesus Christus. Nur deshalb sind die Juden „unsere öffentlichen Feinde", weil sie „unsern Herrn Christum lästern" und ein Hurenkind nennen. Die Greuelmärchen von Brunnenvergiftung, Ritualmord und Hostienschändung werden keiner Beachtung mehr gewürdigt. Auch der Vorwurf des Wucherns erscheint nur ganz nebensächlich am Rande.

Wenn Luther auch nicht mehr die Hoffnung auf eine große Zahl übertretender Juden hat, so bleibt doch die Hoffnung auf eine kleine Schar. Für sein praktisches Verhalten schält sich das Positive heraus, daß er an seiner Einladung der Juden festhält. Er will „christlich mit ihnen handeln" und ihnen „den christlichen Glauben anbieten". Er ist auch bereit, geschehene Lästerungen über Jesus Christus zu vergeben. Erst wenn sie alles ausschlagen, kommt die Nichtduldung der Juden in Betracht.

Wenn sie aber Christus annehmen, „wollen wir sie gerne als unsere Brüder halten". — Damit stellt Luther gewiß eine für die Juden unannehmbare Bedingung, aber er bietet ihnen auch die Hand.

Der von Luther geforderte Preis war für Juden unbezahlbar, er hätte den Verlust ihrer Identität bedeutet.

Abb. 40. Luthers Grab in der Schloßkirche zu Wittenberg. Hier wurde Luther am 22. Februar 1546 beigesetzt. Ein Stück vom Treppenaufgang zur Kanzel ist am Bildrand oben links noch zu sehen. Die bronzene Grabplatte an der Wand geht wahrscheinlich auf einen Entwurf von Hans Vischer, Sohn von Peter Vischer d. Ä., zurück.

HANC
TABVLAM SEPVLCRALEM AD INSTAR
PIETATIS CAVSA

VII. Kapitel: Zusammenfassende Würdigung

Der Mann Martin Luther, der die Weltgeschichte so sehr verändert hat wie seitdem kein Theologe, der Mann, dessen reformatorische Grunderkenntnisse Allgemeingut des Protestantismus sind und in unserem ökumenisch aufgeschlossenen Zeitalter auch mit wesentlichen Bestandteilen Eingang in die katholische Kirche und in viele andere Kirchen gefunden haben, dieser Martin Luther hat mit seinem reformatorischen Denken, trotz eines antijüdischen kirchenpolitisch-dogmatischen Irrweges, einen neuen Weg zum Verständnis jüdischer Religion und zu einem freundlichen Verhalten der Christen zu den Juden sowie zum Ausstrecken der Hand für die Juden durch die Christen gewiesen. Damit ist er weit über die spätmittelalterliche, durchweg noch judenfeindliche Theologie und sogar über den frühneuzeitlichen Humanismus hinausgegangen.

Luthers Position ist darum von so grundlegender Bedeutung, weil er den Kern des Evangeliums freigelegt und bei Jesus wie bei Paulus den einladenden Ruf an die Juden erkannt hat und weil zudem die Christen mit den Juden die Hebräische Bibel (Altes Testament) und den Glauben an den darin verkündeten Gott gemeinsam haben. Hinzu kommt, daß der von den Christen als Messias verehrte Jesus der leiblichen wie der religiösen Herkunft nach ein Jude war, ebenso wie alle seine Jünger und Apostel von Petrus bis Paulus.

Aber zwei unreformatorische Motive haben den späten Luther zu einer antijüdischen Entgleisung verführt: einmal Luthers vermeintliche Verantwortlichkeit als Dogmenwächter und zum anderen die vermeintliche staatliche Schutzpflicht für ungestörte Religionseinheit der Landeskirche. Wenn aufgrund dieser aus der zeitgeschichtlichen Situation erwachsenen Fehleinschätzung Luthers die Meinung weit verbreitet war, der Reformator Luther sei von seinem Glauben oder seiner Theologie her ein Judenfeind gewesen, so können die vorgelegten Quellen diesen vorschnellen Eindruck korrigieren. Nicht der Reformator Luther, sondern der Kirchenpolitiker Luther hat sich in einer historisch gegebenen Lage antijüdisch gezeigt. Der Reformator und das von ihm verkündete Evangelium sind judenfreundlich.

Es sind insgesamt zehn Aspekte, unter denen sich das Problem „Luther und die Juden“ zusammenfassend würdigen läßt.

1. *Luthers bleibende Einladung an die Juden von den Anfängen der Reformation bis zu seinem Tode war die eigentliche Triebkraft seines Verhaltens zu den Juden*

Diese Einladung des Reformators war natürlich nicht die zu einer Geselligkeit oder unverbindlichen Unterhaltung, sondern ein Ruf zu religiös-theologischer Besinnung mit dem Ziel der Christwerdung der Juden. Dennoch ist diese Einladung sehr wohl von einer Judenmission zu unterscheiden. Eine solche hat Luther nie geplant oder gar organisiert, sie kam erst im 19. Jahrhundert auf.

Die Einladung der Juden zu Jesus Christus als dem Messias auch für die Juden war des Reformators Luther erstes und letztes Wort zum Problem Christentum – Judentum (Texte 11-19, 21, 42, 47, 51, 56, 57, 70, 74, 115 u.ö.). Darum ist es historisch falsch anzunehmen, Luther habe nur einige Jahre hindurch, etwa 1522ff, seine Hand den Juden entgegengestreckt. Er tat dies auch noch 1546 drei Tage vor seinem Tod.

Nach Luthers Vorstellung soll die Einladung an die Juden seitens der Christen nicht durch geplante Aktionen, sondern durch ihr Christsein erfolgen. Eine aus christlichem Glauben resultierende Lebensführung soll mit einem christlichen Verhalten gegenüber allen Menschen, auch gegenüber den Juden, Ernst machen (vgl. die Texte 14, 15, 16, 42, 44, 48, 49, 50, 51 u.v.a.).

Den Juden gegenüber solle sich dieses Christsein durch besondere Freundlichkeit als glaubwürdig dokumentieren, weil den Juden im Mittelalter und auch noch im Reformationszeitalter von den Christen so viel Unrecht angetan worden sei. Mit dem Aufbruch der Reformation seien alle Hemmnisse vor einer Christwerdung der Juden ausgeräumt (Text 48).

2. *Evangelisch-reformatorisches Verhalten zu den Juden ist orientiert an der Barmherzigkeit, mit der Christus die Menschen angenommen hat* (Text 15)

Wie Christen sich zu den Juden stellen sollen, um diese zum christlichen Glauben zu bewegen, hat Luther von seinen reformatorischen Anfängen an (Texte 13-16, 42) bis in seine Sterbetage immer wieder vor Augen gestellt (Text 115). Wenn man einmal die bösen situationsbedingten Entgleisungen ausklammert, war sein Appell an die Christen zu freundlichem Verhalten gegenüber den Juden nicht auf einige Jahre beschränkt. Zunächst soll einmal die Rechtsunsicherheit der Juden aufgehoben und ihnen die gleiche Menschenwürde wie allen Menschen zuerkannt werden (Texte 14, 21, 27, 42 u. ö.). Des weiteren soll alle Judenhetze unterbleiben (Texte 14, 21, 34, 39, 48, 50, 56, 72), wozu auch das Unterlassen der Verbrennung jüdischer Schriften gehört (Texte 8, 39). Drittens sollen die Christen den Juden alles Gute tun, damit diese auch Vertrauen gewinnen können (Texte 13, 15, 16, 21, 48, 56 u. a.). Insbesondere möge man die Juden aus der Schrift unterweisen (Texte 48, 49, 50, 56, 57, 70 u. ö.). Dabei könne man den Juden wegen ihrer Angst um den Monotheismus noch in Fragen der Jungfrauengeburt und der Gottheit Christi Entgegenkommen erweisen (Texte 53, 55, 57, 63, 68). Zudem mag den Juden ein Hinweis auf ihr bleibendes Erwähltsein hilfreich werden können (Text 12). Selbst wenn die Zerstörung Jerusalems und die Vertreibung der Juden in alle Länder eine Strafe Gottes sei, so sollen Christen doch Mitempfinden mit diesen zerstreuten Juden haben (Texte 13, 19, 59, 81). Auch stehe den Juden in Aussicht, daß sie am Weltende alle gerettet werden (Texte 17, 18, 45). Im täglichen Umgang möge man sich ihnen gegenüber wie zu anderen Menschen auch verhalten, im Berufsleben, im Privatleben bis hin zu Eheschließungen (Text 46). Den Juden gelte auch angesichts ihrer Religion alle Ehrerbietung seitens der Christen (Texte 16, 80, 81, 85, 86). Da „das goldene Licht des Evangeliums" in der Reformation aufleuchte, solle dies auch den Juden „Licht und Wärme" bringen (Text 48). Schließlich ist es Christenpflicht, Fürbitte für die Juden im Gebet vor Gott zu bringen, damit diese den Messias in Jesus erkennen (Texte 21, 32, 44, 115), ja es solle zu gemeinsamem Gebet und Lobgesang von Christen und Juden kommen (Texte 15, 24).

Daß Luther darum als „Judenbeschützer" galt und auch von den Juden bis 1540 als solcher gewürdigt wurde (Texte 27, 74, 79), war ein erfreuliches Echo.

3. Der Religionsstreit über Unterscheidungslehren

Dennoch war Luthers Meinung über die Juden bzw. ihre Religion nie eitel Sonnenschein. Luther hat es ebenso wie die Juden vermieden, die Unterschiede zwischen christlicher und jüdischer Religion zu verharmlosen oder zu vertuschen. Das war um der Wahrhaftigkeit willen gewiß notwendig und von beiden Seiten geübt.

Aber die daraus entwickelte religiös-theologische Polemik war durchgehend von einer Härte, ja vielfach auch von einem wachsenden Haß bestimmt, die uns heute unverständlich und unerträglich sind. Wenn Luther die Juden in steigendem Maße als Lügner oder in der Sprache seiner Zeit sogar als Teufelskinder charakterisiert, weil sie eine andere Schriftauslegung haben, so steht er damit zwar in spätmittelalterlicher theologischer Tradition, aber er unterstellt damit dem Andersglaubenden unfairerweise Böswilligkeit. Wenn andererseits von jüdischer Seite dem Christentum ein Verlassen des Monotheismus vorgehalten (Texte 75, 76, 88, 108, 110), Jesus als Zauberer und Gehenkter (vgl. Texte 6,63, 64, 69, 74, 79, 93, 95, 97, 108, 109, 110, 115) und Maria als Hure (vgl. die Texte 79, 83, 98, 109, 115) bezeichnet wurden, so war die Reaktion Luthers darauf ähnlich herabwürdigend.

Als wichtigste Unterscheidungslehren wurden von den Juden in Frage gestellt: die Messianität Jesu, die Gottheit Jesu Christi, die Jungfrauengeburt und die Trinitätslehre. Dem gegenüber stellte Luther an der jüdischen Religion in Frage: die Ablehnung Jesu als Messias, die Nichtanerkennung des Neuen Testamentes als göttliche Offenbarung, die Versuche zur Selbsterlösung durch Einhalten der Gesetze (Werkgerechtigkeit, Texte 2, 9, 10, 43, 82, 92 u. ö.), den Alleinanspruch auf das Volk-Gottes-Sein (68, 87, 92 u. ö.) und das Erwarten eines weltlichen Messiasreiches (Texte 31, 40, 102).

Die harte Art der literarischen Auseinandersetzung hierüber, die bis zu bösartigen Beschimpfungen gedieh, setzte nicht erst beim „alten“ Luther ein, sie war schon vor Luther in Kirche und Theologie üblich, bei dem jungen Theologieprofessor vorhanden und auch in den Jahren der größten Judenfreundschaft Luthers 1522-1530, wenn auch in selbstbeherrschter Ausdrucksweise.

Diese beiderseitige, oft gehässige Polemik ist mit dem damals üblichen Grobianismus allein nicht zu begründen. Sie ist vielmehr eine Auswirkung der Unbeirrbarkeit, ja Unbelehrbarkeit, mit der damals Christen wie Juden an ihrer Religion und deren Lehren (Dogmen) festhielten, weil jeder sich im Alleinbesitz der göttlichen Wahrheit verstand. Dieser Absolutheitsanspruch steigerte die wechselseitige Beschimpfung besonders dann, wenn es einer der Religionen gelang, Konvertiten zu gewinnen.

Unter den strittigen Religionslehren nehmen die beiden folgenden eine zentrale Stellung ein.

4. Jesus Christus, der Eckstein und Anstoß

Die Überzeugung, daß in Jesus von Nazareth der verheißene Messias/Christus gekommen sei und die Menschheit erlöst habe, war Luther zur unantastbaren Wahrheit geworden. Von diesem Zentrum seines Glaubens und seiner Theologie her beurteilte er den damaligen Katholizismus ebenso wie das Judentum.

Infolgedessen galten ihm auch die alttestamentlichen Messiasverheißungen bzw. alle Stellen, die Luther als solche ansah, als in Jesus Christus erfüllt und somit der Nachweis der Messianität Jesu erbracht (vgl. Text 93 u.a.). Wenn die Juden trotz solcher Schriftbeweise die Messianität Jesu und die Gottheit Jesu Christi bestreiten und Jesus sogar als einen Gehenkten, einen Zauberer und einen Hurensohn bezeichnen (vgl. die Texte 6, 7, 38, 55, 57, 61, 62, 63, 64, 68, 69, 74, 75, 76, 79, 82, 93, 95, 96, 97, 100, 108, 109, 110, 115 u. ö.), so ist dies für Luther nicht nur Halsstarrigkeit und Bösartigkeit, sondern Gotteslästerung.

Zwar galten für Luther wie für seine Zeitgenossen die Juden als die für den Tod Jesu Verantwortlichen, aber das gibt nach Luthers Meinung den Christen kein Recht, dies zu rächen, weil die Juden von Gott durch die Zerstörung Jerusalems zur Genüge gestraft sind (Text 59).

Mit Christus ist für Luther aber mehr als die Person gemeint, nämlich auch das Erlösungswerk durch Christi Kreuzestod. Das lutherische „allein durch den Glauben, allein durch Christus, allein aus Gnade“ bedeutete für die Juden ein Ärgernis und für Luther den Prüfstein. Das Sachproblem liegt daher in der Rechtfertigungslehre, insofern dieser zufolge dem Menschen allein aus Gottes Gnade durch Christi Erlösungstat die vor Gott geltende Gerechtigkeit und die daraus resultierende Gemeinschaft mit Gott als Zugehörigkeit zum Volk Gottes zuteil wird (vgl. Texte 2, 9, 10, 43, 82, 92 u.v.a.). Wenn die Juden aber aufgrund ihrer Erfüllung des Gesetzes (Werkgerechtigkeit) oder aufgrund ihrer Abstammung von Abraham eine Alleinberechtigung des Volk-Gottes-Seins beanspruchen (vgl. die Texte 23, 41, 68, 82, 87, 89, 92 u.a.), so verlassen sie den Glauben ihrer Väter (vgl. die Texte 40, 51, 54, 111 u.ö.).

5. *Die Schriftauslegung*

Ein weiterer bleibender Divergenzkomplex war die Schriftauslegung. Wenn Jesus als Messias auch Gottes Sohn von Ewigkeit her war (Präexistenz), was für Luther galt, dann hat er auch schon durch die Schriften des Alten Testaments gesprochen, so daß seine Meinung mit Hilfe der Exegese aus dem Alten Testament herauszuarbeiten ist. Dies konnte eine jüdische Schriftauslegung in keiner Weise nachvollziehen und ist heute auch der christlichen Theologie so nicht mehr möglich. Indem Luther den Juden vorwarf, sie hätten den Glauben ihrer Väter verlassen, weil für sie Christus/Messias nicht schon in den Schriften des Alten Testaments sprach, zeigte er sich als in christologischen Vorentscheidungen befangen. Dieses Problem der Schriftauslegung ergibt sich jedoch ebenfalls auf jüdischer Seite. Nicht nur der jüdische vermeintliche Schriftbeweis, daß Jesus von Nazareth nicht der Messias sein könne, ist unhaltbar; auch und besonders die jüdische Kabbala muß als zumindest zeitbedingt in Frage gestellt werden, wobei Luther ein gewisses Recht auf seiner Seite hat (vgl. die Texte 20, 105, 106).

Hinzu kommt die jüdische Lehre der Abstammung des jüdischen Volkes von Abraham und eine damals daraus hergeleitete Nichtzugehörigkeit nichtjüdischer Menschen zum Volk Gottes. Dies wiederum konnte keine christliche Kirche, die im wesentlichen aus nichtjüdischen Menschen besteht, zugestehen; sie hätte sonst sich selbst aufgeben müssen. Alle Völker sollen durch Gott in Abraham gesegnet sein (vgl. bes. die Texte 10, 41, 43, 67, 92 und 111).

Mit diesen grundlegenden Unterscheidungskriterien waren naturgemäß weitere gegeben, etwa: die Feier des Sabbats als siebenten Tag oder die Feier des Sonntags als Christi Auferstehungstag; weiter: die Gültigkeit oder Nichtgültigkeit vieler Gebote der Tora, wie vor allem der Speisegebote (vgl. Texte 71, 78).

6. *Aus Gründen dogmatischen Verantwortungsbewußtseins und landeskirchlicher Religionspolitik entgleist Luther in Judenfeindschaft*

Die langjährige, in Luthers reformatorischer Theologie verwurzelte Judenfreundschaft seit 1514 knickte in mehrjähriger, durch den Gang der Geschichte bewirkter Entwicklung der Jahre 1538-1543 in eine Judenfeindschaft um, für die es in Luthers Theologie keine Erklärung gibt. Die wirkliche Ursache dieses Antijudaismus war die religionspolitische Lage: Luthers Sorge um die durch jüdische Kritik bestrittene Wahrheit des Evangeliums und der kirchlichen Dogmen. Diese sucht er in einer sich verschärfenden Polemik gegen die Juden zu verteidigen.

Das religiöse Leben in den Landeskirchen sah Luther als seiner gewissensmäßigen Verantwortlichkeit anvertraut, da er die Reformation in Gang gebracht hatte. Dieses religiöse Leben schien ihm durch die weiterbestehende jüdische Religionskritik, die sich nun auch gegen die evangelische Kirche richtete, in unerträglicher Weise gefährdet zu sein (vgl. die Texte 75, 77, 83, 90, 94, 99 und 104). Darum mußte Luther sich, wie er meinte, mit konzentrierter Verteidigung und mit Angriff gegen die jüdische Religion stellen (vgl. die Texte 90 bis 98 und S. 115-117, 132, 145-148).

Hatte man bisher meist entschuldigend angenommen, der (doch in voller geistiger Schaffenskraft wirkende erst) 54jährige Luther sei aus „Altersstarrsinn" zum Judenfeind geworden, so muß man diese Hypothese heute aufgrund der Quellenzeugnisse aufgeben. Unter diesen haben diejenigen eine entscheidende Aussagekraft, in denen Luther selbst die religiöse Gefährdung der christlichen Dogmen und des Glaubens der Christen als Grund für seine antijüdische Polemik und für seinen Rat zum obrigkeitlichen Eingreifen gegen die Juden bezeichnet (vgl. die Texte 77, 83, 90, 92-99, 101, 103, 114, 115).

Man mag die heftige jüdische Polemik gegen Jesus, Maria und die kirchlichen Dogmen (vgl. die Texte 75-79 und 93-98) als nicht ausreichend für einen Antijudaismus, wie Luther ihn jetzt ab 1538 entwickelte, ansehen, man mag die von ihm vorgebrachten Befürchtungen von Übertritten zum Judentum als Überbewertung der wirklichen Verhältnisse erkennen, Tatsache ist, daß Luther sich für den Schutz dieser altkirchlichen Dogmen verantwortlich hielt.

Zweitens war es historische, von Luther nicht gewollte Tatsache, daß aus der Reformation Landeskirchen (Staatskirchen) entstanden waren. Diese hatten ihre eigengesetzliche Tendenz zu religiöser Einheitlichkeit in ihren Landen (vgl. oben S. 115-117, 132, 145-148).

Wenn und weil Luthers ausführliche Argumentation gegen die jüdische Religion und gegen jüdische Angriffe auf die Dogmen bei den Juden keine Revision ihrer Haltung bewirkte, dann war die religiöse Ruhe gestört. Diese zu schützen oder wiederherzustellen, ist aber Sache der Staatskirchen. Diese bildeten nach dem Fortfall der katholischen Kirche in den lutherischen Landen die einzige in Religionsfragen handlungsfähige Institution, mit der sich Luther nolens volens abgefunden hatte. Zugleich waren die Landeskirchen Erben des mittelalterlichen Absolutheitsanspruchs, der zuvor nur der katholischen Kirche zustand.

Daher erklärt sich Luthers mehrfacher Appell an die Machthaber (vgl. die Texte 83, 100, 101, 114, 115). Im Interesse der Einheit von Staat und Kirche (als Spätfolge der mittelalterlichen Vorstellung von corpus Christianum und als Vorstufe für das Prinzip des cuius regio eius religio) haben die Landesherren für ungestörtes und unangezweifeltes Leben der alleinwahren Religion in ihren Ländern zu sorgen. Staatsräson wird so auch im Luthertum Triebkraft für Gewaltmaßnahmen gegen Juden. Religiöser Alleinwahrheitsanspruch soll mit staatlichen Mitteln garantiert werden.

Die für uns heute ungeheuerlichen Aufforderungen zum Verbrennen der Synagogen, der jüdischen Wohnhäuser sowie der jüdischen Schriften und zum Lehrverbot für die Rabbiner, ja zum Reiseverbot, zur Enteignung und zum Arbeitszwang für junge Juden (Text 100) mögen zeitgeschichtliche Vorbilder haben und als kirchenpolitische Maßregeln gemeint sein, christlich sind sie nicht. Das zu empfehlen, war Religionspolitik, wie sie einem Luther nicht zustand und nicht anstand.

Luther hat das wohl auch selbst bald gemerkt. Gewiß hat er diese Aufforderungen nicht zurückgenommen, aber sie auch nie wiederholt. Schon einige Seiten später (Text 101) sagt er den Fürsten, wenn sie etwas Besseres wüßten, so sollten sie das tun. Zwar sollen die Gemeindeglieder sich im Alltagsleben von den Juden fernhalten, um durch deren Christuslästerungen nicht verunsichert oder beleidigt zu werden, aber Gewalt sollen sie keine anwenden (vgl. die Texte 101 und 115, aber auch schon 14, 47, 89 und 99). Den besten Schutz gegen jüdische Bestreitungen der Wahrheit des Evangeliums bietet nach Luther angesichts des Verharrens der Juden bei ihrer Ablehnung Christi ein Land mit einheitlichem Religionswesen. Darum macht Luther den Landesherren jetzt einen weiteren Vorschlag: die Ausweisung bzw. Vertreibung der Juden (Text 101). Bei diesem Ratschlag ist er bis zu seinem Tode geblieben (Text 115). Gewiß war diese Maßnahme schon in den meisten europäischen Ländern durchgeführt (vgl. Text 101), aber das rechtfertigt es nicht, daß auch Luther dies empfahl.

7. Der späte Fremdkörper des Antijudaismus läßt sich unbeschadet der Theologie Luthers als an diese nur angehängte zeitbedingte Abirrung wieder ablösen

Die Entgleisung Luthers aus seiner kritischen Judenfreundschaft in eine gehässige Judenfeindschaft entsprang nicht dem Evangelium, auch nicht der Theologie Luthers. Sonst hätte sie schon längst vor 1538 hervorbrechen müssen. Luthers Theologie blieb auch in der Zeit seiner Judenfeindschaft dieselbe wie zuvor.

Luthers Empfehlungen staatlicher Zwangsmaßnahmen 1543 bis 1546 gegen die Juden wegen ihres Beharrens bei ihrer Religion stehen in flagrantem Gegensatz zu seinem Lebenswerk. Sie machen darin einen Fremdkörper aus, der einen fünffachen Selbstwiderspruch enthält:

(1) Luthers frühreformatorisch-humanistische Toleranz für jüdische Schriften und Kulte seit 1514.

(2) Luthers reformatorisches Römerbriefverständnis, demzufolge Israel unwiderruflich Volk Gottes ist, auch wenn nur ein kleiner Teil Israels sich zu Christus bekennt, die weit überwiegende Mehrheit aber erst in das endzeitliche Messiasreich eingegliedert wird.

(3) Luthers Kampf für Freiheit in Glaubens- und Gewissensentscheidungen seit Augsburg 1519, der „Freiheit eines Christenmenschen" 1520 und Worms 1521.

(4) Luthers bis in seinen Tod vertretene Zwei-Reiche-Lehre, die dem Staat das Recht abspricht, in Glaubenslehre oder Religionsausübung eingreifen zu dürfen.

(5) Luthers zeitlebens bewahrte allgemeinchristliche Theologie, daß ein Gläubigwerden allein vom Heiligen Geist durch Verkündigung von Gottes Wort bewirkt wird, nie aber durch Gewalt.

Mit seinen gegenteiligen Empfehlungen ab 1543 nimmt Luther Rücksicht auf die inzwischen entstandene politische bzw. kirchenpolitische Situation. Er anerkennt das religionspolitische Faktum der Landeskirchen, für die er sich als Lehrautorität versteht.

Nicht Luthers Glaubenslehre, sondern seine Staatskirchenideologie spricht aus seinen antijüdischen Empfehlungen: Weil in einer Staatskirche alle Staatsbewohner die alleingültige Staatsreligion haben sollen (cuius regio eius religio), muß eine die Staatsreligion ablehnende, ja kritisierende Religion verhindert werden.

Wenn — wie wir sahen — die historischen Fakten, wie sie sich mit der Entwicklung der Landeskirchen einstellten, im Verhalten Luthers zu den Juden eine neue Weichenstellung herbeiführten, dann kann nicht das Evangelium hierfür verantwortlich gemacht werden und auch nicht Luthers reformatorische Theologie.

Dann gehört Judenfeindschaft nicht zur reformatorischen Theologie, ist weder in dieser vorhanden, noch als Konsequenz aus ihr zu deduzieren, sondern spätmittelalterlich-vorreformatorische Theorie und Praxis (vgl. S. 134-136, 154-155).

Luther paßte sich in Sorge um die Aufrechterhaltung der Dogmen und um das landeskirchliche Ungestörtsein dem Zeitgeist in seiner Stellung zu den Juden an und verließ damit für diesen Problembereich den Geist des Evangeliums. Selbst wenn er in den Juden religiös irrende Menschen sah, hätten Jesu Worte (etwa Mt 13,24-30; 5,9; 5,44; Joh 4,22) oder die paulinische Theologie (Röm 9-11) ihn vor dieser Entgleisung bewahren können. Seine „theologischen" judenfeindlichen Argumente entnahm Luther nicht seiner Theologie, sondern den judenfeindlichen Schriften des Mittelalters und einiger seiner Zeitgenossen (vgl. Texte 56, 91, 92, 94, 98, 105 u. ö.).

Das einzige eigene Motiv Luthers, das für seine Judenfeindschaft in Frage gekommen wäre, seinen Kampf gegen Werkgerechtigkeit, hat Luther nur in der Polemik gegen jüdische Frömmigkeit herangezogen, nie aber zur Begründung von antijüdischen Maßnahmen.

Luther hat nie den Versuch unternommen, aus seiner Theologie Maßregeln gegen die Juden herzuleiten. Dazu dienten ihm stets nur die erwähnten altdogmatischen bzw. kirchenpolitischen Erwägungen.

Dann sind wir aber auch nicht berechtigt, Luthers Judenfeindschaft in seiner Theologie anzusiedeln.

8. Luther — ein Mensch mit seinem Widerspruch

Es mag uns einen Menschen grundsätzlich sympathisch machen, wenn er kein Vollkommener, kein makelloser Tugendheld und auch keine denkerisch fehlerfrei funktionierende Maschine ist. Und ein solcher Mensch mit menschlichen Schwächen und mit Denkwidersprüchen war Martin Luther.

Wo es aber um Verweigerung von Religionsfreiheit und Mitmenschlichkeit (Text 100) und um Vertreibung von Einwohnern (Text 101) geht, da hört die Sympathie auf. Man mag Luthers Theologie aufs Ganze gesehen bejahen und akzeptieren, den judenfeindlichen Wildwuchs seines altdogmatischen und kirchenpolitischen Verhaltens kann man — gerade auch als Lutheraner — nur bedauern und als eines Luther unwürdig ausklammern, zumal damit Luthers Theologie nicht tangiert wird.

Es mag unbefriedigend sein, Luther nicht zu einem widerspruchsfreien systematischen Denker machen zu können. Aber es ist besser, sich hiermit abzufinden, als mit Hilfe von Manipulationen ein Wunschbild Luthers zu malen.

Der Reformator Luther war ein anderer als der Kirchenpolitiker Luther. Es ist wissenschaftlich nicht vertretbar, eine Harmonie zwischen dem Reformator Luther und dem kirchenpolitischen Judenfeind zu konstruieren. Man mag Luthers Judenfeindschaft als zeitgeschichtlich und psychologisch verständlich ansehen, reformatorisch ist sie nicht, christlich ist sie nicht, ja sie ist nicht einmal lutherisch. Sie ist ein Widerspruch zu Luther. Der Mensch Luther ist — aufgrund seiner eigenen Theologie — auch für sein Verhalten zu den Juden ganz auf die Gnade Gottes angewiesen.

Dennoch: Luthers Judenfeindschaft ist — auch als Wildwuchs oder Fremdkörper — nicht zu vergessen und nicht zu verschweigen. Sie ist und muß bleiben: eine Mahnung und Warnung, nicht aus dem reformatorischen Glauben und Denken auszubrechen. Luther war kein Heiliger und wollte keiner sein. Dann sollte man den Mann, der die Heiligenverehrung als unbiblisch ablehnte, auch nicht posthum zu einem Heiligen zu machen suchen. Man sollte ihn als einen Menschen würdigen, der in Demut vor Gott Großes für die Christenheit und für die Menschheit geleistet hat. Zugleich sollte man ihn als einen Menschen sehen, der auch Irrtümern verfallen war und Irrwege gegangen ist, dessen menschliche Stärke auch zu menschlichen Schwächen führte.

Es geht nicht um eine Ehrenrettung oder eine Entehrung Luthers. Es geht um die Erkenntnis der Tatsachen und deren Würdigung. Dazu will vorliegende Schrift beitragen.

Wir haben allen Grund, den Reformator Luther beim Wort zu nehmen, daß nämlich dem Evangelium zufolge kein Mensch durch sein Leben und seine Werke in Worten oder Taten vor Gott gerecht sei und dadurch sich selbst geheiligt hätte, auch Martin Luther nicht. Heilig ist nur Gott. Auch Luther ist auf die Gnade Gottes angewiesen, auch mit dem, was er über die Juden Gutes oder Böses gesagt hat. Das endgültige Urteil über Luther als Menschen dürfen wir Gott überlassen, der uns alle richtet.

9. Keine Verbreitung von Greuelmärchen über die Juden — keine Gewalt gegen Leib oder Leben

Erstaunlich ist es, daß Luther sich nicht an einer verbreiteten Judenhetze beteiligte, die auf Greuelmärchen wie Hostienschändung, Brunnenvergiftung, Ritualmord u. a. beruhten (vgl. die Texte 14, 21, 34, 39, 50, 56, 72). Selbst dem Gerücht, daß zwei Juden ihn im Auftrag des Papstes ermorden wollten, schenkte er keine Beachtung. Allenfalls kann sein Mißtrauen gegen jüdische Ärzte angeführt werden (Text 112).

Selbstverständlich hat Luther keine Juden wegen ihrer Volkszugehörigkeit (Rasse) angegriffen oder diffamiert, zumal damals überhaupt noch keine Rassenlehre bestand. Sein Kontrahent oder Gegner war nicht das jüdische Volk, sondern die jüdische Religion. Auch wenn er „die Juden“ angriff, meinte er sie ausschließlich als Angehörige der jüdischen Religion, die eben bei ihrer Religion blieben. Wenn aber Juden übertraten, waren sie ihm „Brüder" (Text 115). In diesen Zusammenhang gehört auch, daß er sich von einer aus Neid genährten Judenhetze wegen Wuchertreibens im Gegensatz zu vielen Zeitgenossen und der Volksmeinung sehr zurückhielt und dieselbe Erscheinung auch an den Christen kritisierte (Text 112). Luther pflegte keine nationalen und keine moralischen Vorwürfe gegen die Juden, sondern religiöse.

Von Anfang an hat der Reformator sich gegen Anwendung von körperlicher Gewalt gegen Leib oder Leben von Juden gewehrt. Selbst die härtesten von ihm dem Staat angeratenen Maßnahmen wie Synagogenverbrennung, Häuserverbrennung, Bücherverbrennung und schließlich Landesverweisung sollen nicht mit Anwendung von Gewalt gegen die Personen vorgenommen werden (vgl. die Texte 21, 42, 47, 48, 56, 58, 59, 89, 99, 101). Das war für einen Gegner der jüdischen Religion damals doch eine beachtenswerte Zurückhaltung, da Folterung und Verbrennung von Juden als unbeanstandete Selbstverständlichkeit galten und gehandhabt wurden (vgl. bei den Texten 72 und 101).

10. Was bleibt? Das Volk Gottes: Juden und Christen

Die Zeit, da Religionen sich gegenseitig unter Ausnahmerecht stellten und dazu auch noch politische Mächte in Dienst nahmen, ist mit dem Ende des Mittelalters, mit Renaissance, Humanismus und Reformation grundsätzlich zu Ende. Über diese Geburt von Neuzeit, Toleranz und Miteinander dürfen auch Nachwehen nicht hinwegtäuschen.

Luther war selbst zu der Erkenntnis gekommen, daß nicht alle Menschen vor dem Ende der Welt sich zu Gott bekehren werden, daß vielmehr „für und für mancherlei Glauben und Religion in der Welt bleiben" werden (Text 113).

1) Folglich wird — nach Luther — auch die jüdische Religion bis ans Ende der Welt bestehen bleiben und wird nur ein Teil des jüdischen Volkes sich dem Christentum anschließen, auch wenn dies nur ein „kleiner Rest" sein mag (Texte 4, 11, 40, 41, 51, 61 u.ö.). Aber der große Teil Israels wird nach Gottes Willen seinen eigenen Weg gehen. Dies ist zwar ein Weg durch viel Leid und Elend (Texte 3, 7, 17, 38, 59, 81 u.ö.), aber dieser Leidensweg des jüdischen Volkes ist nach Gottes Willen ein Weg zum Heil für die Heiden — und für

die Juden, auf daß sie beide gläubig werden (vgl. Röm 11,11ff, dazu die Texte 19,24).

2) Auch und gerade das seinen Leidensweg gehende jüdische Volk ist und bleibt das Volk Gottes, weil Gott sein einmal an Abraham gegebenes Wort hält (Gen 12,3 und 22,18). Nicht weil das Volk Israel sich dessen würdig erwiesen und die Gebote Gottes stets gehalten habe (Texte 10, 23, 43, 62, 78, 82 u.ö.), sondern weil Gott dies Volk zur Abrahamskindschaft erwählt hat (Texte 12, 16, 18, 19, 40, 41, 42, 45, 51, 52, 61, 67, 68, 85, 92 u.v.a.). Gewiß darf die Abstammung von Abraham nicht als ein Garantieschein mißbraucht werden (Texte 10, 23, 41, 92, 111). Aber Israel hat die Priorität im Volk-Gottes-Sein (Texte 52, 85, 87 u.ö.). Kein Volk ist so von Gott gesegnet worden mit Abraham, den Patriarchen, Moses, den Propheten, Jesus und den Aposteln wie das jüdische Volk. Insbesondere hat Paulus auf die Priorität Israels hingewiesen (Röm 11,1-32; dazu die Texte 11, 12, 14, 15, 16, 18, 19 u.ö.). Das Volk-Gottes-Sein der Juden (Israels) ist unwiderruflich.

Hat man einmal die unevangelische Entgleisung Luthers in ein altdogmatisches und kirchenpolitisches Sumpfgelände abgeblockt, so bleibt als Konzentrat der reformatorischen Gesinnung Luthers über die Juden die aus dem Neuen wie dem Alten Testament gewonnene Überzeugung: Die Juden sind aufgrund göttlicher Verheißung primär und unwiderruflich Volk Gottes.

3) Ein Volk-Gottes-Sein ist aber keine biologische Eigenschaft, es ist ein Leben, in das Gott beruft. Und dieser Gott hat grundsätzlich schon im Segen an Abraham allen Völkern seinen Segen zugesprochen (Gen 22,18; Röm 10,20; dazu die Texte 41, 87 u. a.). Gottes-Volk-Sein ist ein Geschenk, eine Gnade Gottes, an Juden und an andere Völker. Gottes-Volk-Sein ist eine geistliche Qualität, deshalb spricht Luther von einem „geistlichen Israel“ bzw. „rechten Israel“ (Texte 40, 67), womit bei Luther alle durch Jesus Christus an Gott Glaubenden gemeint sind. Daher sind auch alle Christen wahrhaft Volk Gottes (Texte 40, 41, 67, 68, 87, u.ö.).

Juden und Christen sind zumindest darin eins, daß sie beide als Volk Gottes zusammengehören, wie immer auch sonstige Unterschiede sein mögen.

4) Die Evangeliumsverkündigung, die Luthers Lebenswerk war, nämlich die biblische Lehre von der den Menschen aus Gnaden gerechtmachenden Barmherzigkeit Gottes, — das macht den Reformator aus. Was wir heute meinen, wenn wir „Luther“ sagen, sind nicht Irrtümer zeitbedingter Exegese oder Politik, sondern ist die vom Reformator Luther verkündigte Frohbotschaft der Gnade Gottes. Aus

dieser Botschaft erwuchs Luthers einladende Judenfreundlichkeit, aber auch die einzige aus seiner Theologie ableitbare Judenkritik. Mit dem aus Luthers Lehre der Glaubensgerechtigkeit gegen die Juden erhobenen — alt- und neutestamentlich begründeten — Vorwurf einer jüdischen Werkgerechtigkeit (Texte 1, 2, 9, 10, 20, 43, 78, 82) erreicht das Gespräch erst seinen Kulminationspunkt. Er präzisiert sich zu der Frage, ob die Juden mit der den Menschen aus Gnaden gerechtmachenden Barmherzigkeit Gottes zum Glauben ihrer Väter zurückfänden (Texte 17, 18, 51 u.ö.). Dies aber entscheidet sich wiederum am Verzicht auf Werkgerechtigkeit und das heißt für die Juden an der Annahme des Segens von Gen 22,18 als eines Geschenkes Gottes.

5) Bei allem Mißverstehen, Mißdeuten und Divergieren, ja Gegeneinanderstehen bleibt für Luther eine große Hoffnung: die endzeitliche Rettung aller! Luther kann sich dies aufgrund seiner neutestamentlichen Eschatologie nur so vorstellen, daß dann auch alle Juden in Jesus von Nazareth ihren Messias erkennen werden. Sie werden dann „gerettet werden, wenn die Völker zufolge der Fülle ihrer Erwählung eingetreten sein werden" (Text 17, vgl. Röm 11,25). So wird „das Volk Israel zu Ehre und Wohlgefallen gebracht werden,... so wird ganz Israel gerettet werden" (Röm 11,26; dazu Texte 12, 18, 19, 24, 113).

6) Darum sollen, so meint Luther, Christen und Juden „nicht gegeneinander uneins werden, sondern sich gegenseitig annehmen, wie Christus sie angenommen hat" (Text 15). Gott wird sie ja auch „um Christi willen aufnehmen, es seien gleich Juden oder Heiden" (Text 113). Beide, Juden und Christen, sind noch auf getrennten Wegen unterwegs, aber sie sollen sich dabei einander brüderlich annehmen, denn sie wandern auf dasselbe Ziel zu. Noch mit manchen unterschiedlichen Meinungen, aber in derselben Richtung. Bei diesem Unterwegs-Sein ist ein brüderliches Gespräch, auch ein Sich-Helfen durch Rat und Austausch der Argumente und auch das einander stützende Unter-die-Arme-Greifen gottgewollt.

Dies Miteinander vollzieht sich in einer jetzt von Menschen noch nicht machbaren, aber dereinst vor Gott und von Gott verwirklichten Einigkeit. Nach Luther steht für alle, Juden wie Christen (vgl. die Texte 15, 24, 45 u. a.), in Aussicht, daß sie dereinst „alle eins" sein werden „in dem Gesalbten" (Messias/Christus) und „in einer Frohbotschaft Gott dienen ohne Unterschied".

Nachwort

Was Christen heute von den Juden lernen können – aufgrund deren Begegnung mit Luther

Der so hoffnungsstark begonnene Dialog Luthers mit den Juden ist von Dogmatik und Kirchenpolitik erstickt worden. Wie Luther schließlich im Interesse landeskirchlichen Ungestörtseins selbst sagte, wollte er nicht mehr mit den Juden, sondern nur noch über diese sprechen (Texte 90 und 104). Dieses verhängnisvolle Nebeneinanderherleben ist trotz aller mit der Aufklärung einsetzender und nach dem Zweiten Weltkrieg intensivierter Gesprächsbereitschaft und Gesprächsführung in Interessiertenkreisen doch in der Breite der Bevölkerung und der Gemeinden nicht zu einem solchen Miteinander umgestellt worden, wie es die Sachlage, insbesondere die theologische, erfordert. Eine Fülle religiöser bzw. theologischer Fragen und Aufgaben wurde und wird verdrängt unter den Wogen dogmatischer und kirchenpolitischer Bedenken. Einige vordringliche Themen seien hier wenigstens angesprochen:

(1) Die Folge der Dominanz von Kirchenpolitik und sogar Politik über die Verkündigung des Evangeliums hatte bei Luthers landeskirchlicher Verquickung von Religion und Politik zu einer antijüdischen Kirchenpolitik geführt. Heute lebt diese Priorität von Kirchenpolitik und Politik bei anderen Themen in den deutschen Landeskirchen in erschreckender Weise wieder auf. Luthers letzte Kanzelabkündigung (Text 115) sollte für alle Christen eine abschreckende Warnung vor „Politik auf der Kanzel“ sein.

Während Luther immerhin noch die Handhabung politischer Probleme und Aufgaben an die politischen Instanzen verwies, versuchen heute viele sich als Christen verstehende oder bezeichnende Menschen und auch Theologen, das Evangelium als ein Kompendium politischer Lösungen zu deuten. Aus dem Evangelium wird so ein Gesetz gemacht, mit dem die Welt regiert werden soll. Das steht im Gegensatz zur reformatorischen Theologie, zu Luthers Zwei-Reiche-Lehre und hat als eine Ursünde gegen das Evangelium aus dem Evangelium einen politischen Rezept-Katalog gemacht, dessen Anwendung bequem manipuliert werden kann, aber immer wieder Unheil gebracht hat. Vor allem steht es im Widerspruch zu Jesus (Mk 12,17) und zu Paulus (Röm 13).

(2) Der Alleinwahrheitsanspruch für die Dogmen bzw. Lehren einer Religion oder Weltanschauung überschreitet als Absolutheitsanspruch die Grenzen des jeder Religion und Weltanschauung zustehenden Wahrheitsanspruchs und spricht so jeder anderen Religion oder Weltanschauung allen Wahrheitsgehalt ab. Die jeweilige Folge ist eine gewaltsame Unterdrückung aller anderen. Dies zeigt sich bei Christenverfolgungen wie bei Judenverfolgungen. Dies hat die mittelalterliche mit dem Staat fusionierte Kirche getan, dies stellte sich unter veränderten Bedingungen auch bei Luthers werdenden Landeskirchen ein. Dies zeigt sich in unserem Jahrhundert bei den auf Alleinbesitz der Wahrheit Anspruch erhebenden Ideologien, die zu gewaltsamer Unterdrückung der Abweichler greifen. Luther wäre aufgrund seiner reformatorischen Grundhaltung nie zu einer Inanspruchnahme des Staates gegen die Juden gekommen, wenn die von ihm ausgelöste reformatorische Bewegung sich nicht zu Landeskirchen entwickelt hätte, in denen Staat und Kirche zu einer Einheit wurden.

Der Absolutheitsanspruch einer Religion oder Ideologie hat, wenn er zum Tragen kam, schon so viel Unglück über die Menschen gebracht, daß er von keiner Religion mehr verantwortet werden kann. Schon Jesus warnte vor einer Selbstsicherheit, die über Wahrheit oder Nichtwahrheit im Glauben anderer Menschen richten will (Mt 13,24-30). Der Messias/Christus wird im Endgericht nicht nach der Konfessionszugehörigkeit fragen, sondern nach der Verwirklichung der Liebe (Mt 25,31-46). Diese Liebe sind insbesondere Christen den Angehörigen anderer Religionen schuldig, gerade auch den Juden. Wenn Christen oder Juden sich irren: „Gott hat sie alle in ihrem Ungehorsam umschlossen, damit er sich aller erbarme." (Röm 11,32). Juden, Christen und allen Religionen ist aufgetragen: „Sie sollten Gott suchen, ob sie ihn wohl bemerken und finden könnten; denn keinem von uns ist er fern." (Apg 17,27).

Sollte Gott nicht auch in anderen Religionen Wahrheiten zu erkennen gegeben haben? Sollte er den Menschen in anderen Zeiten nicht weitere Wahrheiten geben dürfen? Sollten nicht Christen und Juden sowohl gemeinsame als auch je ihre Wahrheiten haben? Wahrheitsanspruch: Ja; er gehört zur Toleranz. Alleinwahrheitsanspruch: Nein; er führt zur Gewalt.

(3) Die Lehre von der Gottheit Christi, nach den Dogmen von Nicäa 325 n. Chr. und der Zweinaturenlehre von Chalcedon 451 n. Chr., war für Luther unantastbar, ist aber mit dem Gottesverständnis und der Messiasvorstellung der Hebräischen Bibel unvereinbar.

Dies provozierte damals die Juden zu scharfer Polemik, die bis zum Vorwurf der Vergottung eines Menschen reichte, was wiederum wutentbrannte Gehässigkeiten Luthers auslöste (vgl. die Texte 6, 7, 38, 55, 57, 62-64, 68-69, 74-76, 79, 85, 88, 106, 110, vgl. Kap. VII. Abschn. 4). Diese Dogmen stellen auch heute noch einen — unnötigen — Streitpunkt dar.

Für das Alte Testament ist der Messias ein aus der Nachkommenschaft Davids stammender Mensch, den Gott auserwählt und zu seinem Sohne beruft, um sein Volk zu erretten. Für Jesus selbst, seine Jünger, die Urgemeinde und alle Apostel von Petrus bis Paulus — die alle in dieser Tradition standen — war Jesus ein Mensch (aus der Nachkommenschaft Davids), den Gott durch die Taufe mit dem Heiligen Geist zu seinem Erwählten bzw. Sohne berufen hat (Mk 1,9-11; Apg 4,27f; Röm 1,3-4), um in Wort und Tat den Willen Gottes zu verkünden, um durch Leiden und Sterben das Heil der Menschen zu bewirken und um nach seiner Auferweckung durch Gott zum Herrn (Kyrios) der Gemeinde und zum Christus eingesetzt zu werden (vgl. Apg 2,22-24; 2,32-36; 3,13-15; 5,30-32; 10,36-43; 17,3; 17,31; Röm 1,3-4; 1Kor 15,3-4; 1Kor 15,21; 1Kor 15,28; Phil 2,8-10 u.v.a.). Von einer Gottheit Christi ist im Urchristentum nicht die Rede. Auch der dafür oft herangezogene Vers Röm 9,5 besagt: „und aus ihnen (scil. den Juden) stammt Christus dem Fleische nach. Der über allem seiende Gott sei gepriesen in Ewigkeit, Amen."

Die theologische Forschung der letzten zweihundert Jahre hat längst erwiesen, daß Jesus in der Urchristenheit nicht als Gott, sondern als „Mensch und Messias" bzw. Christus und Kyrios verehrt wurde, wie dies insbesondere Ernst Barnikol in seinem Werk obigen Titels 1932 dargelegt hat. Seit Adolf von Harnack, William Wrede, Albert Schweitzer, Rudolf Bultmann, Martin Dibelius, Paul Tillich, Günther Bornkamm, Ernst Fuchs, Gerhard Ebeling, Martin Hengel u. v. a. ist die Lehre von einer Gottheit Christi nicht mehr als kongenialer Inhalt urchristlicher Verkündigung anzusehen, vielmehr als erst in späte Stücke der neutestamentlichen und nachbiblischen Literatur aus hellenistischer Religionswelt eingestreutes Hilfsgut (vgl. zu Text 64). Jesus selbst hat in seiner Botschaft für sich keine Göttlichkeit in Anspruch genommen, vielmehr „den Gottesgedanken des Judentums in seiner Reinheit und Konsequenz erfaßt" (Bultmann, Jesus S. 131). Damit ist die Besonderheit Jesu als des Christus in keiner Weise angetastet; er ist eben doch in vielem anders als die zeitgenössischen jüdischen Schriftgelehrten, aber er ist kein Gott. Mit Günther Bornkamm läßt sich auch sagen: „Der christliche Glaube bemächtigt sich ... heidnischer Gedanken und ‚tauft' sie, aber Heidnisches überfremdet auch vielfach das Christliche." (Jesus S. 174). Zur Zweinaturenlehre bzw. zur Inkarnationslehre vermerkte Paul Tillich (Bd. II. S. 161): „Der Ausdruck ‚Inkarnation' ist ebenso wie der Ausdruck ‚göttliche Natur' mit dem Heidentum verknüpft." Es erhebt sich überhaupt die Frage, ob Gott eine „Natur" hat, so er doch der Schöpfer aller „Natur" ist. Man wird schon zu Uminterpretationen der Zweinaturenlehre und der Inkarnationslehre Zuflucht nehmen müssen, wenn man als am urchristlichen Glauben orientierter Christ doch schonend mit solchen historisch gewachsenen Dogmen umgehen will. Etwa wie Schleiermacher, der die Zweinaturenlehre als göttlich-menschliche Beziehung, als ein „Gottesbewußtsein" Jesu deutete und in dieser Gottverbundenheit Jesu das wahre Menschsein sah. Günther Bornkamm spricht von einer „Unmittelbarkeit" Jesu zu Gott als dem Messianischen bzw. dem Spezifischen an Jesus als dem Christus (Jesus S. 52, 163 u. ö.) und bringt damit das Anliegen der Dogmen von der Gottheit Christi nicht mehr in antik-philosophischen Kategorien, sondern in einer dem Menschen von heute verständlichen und akzeptablen Interpretation zum Ausdruck. Heute beteiligen sich auch katholische Forscher wie Wilhelm Thüsing, Wilhelm Breuning, Hans Küng (s.d.S. 743-752) u. a. an solcher Interpretationsarbeit. Ein besonderes Verdienst hat sich für den Komplex der neutestamentlichen Christologie Martin Hengel erworben.

Auch das Studium der rabbinischen Literatur aus der Vor-, Um- und Nachwelt des Neuen Testaments hat wesentlich zu dieser Erkenntnis beigetragen, ebenso wie die Verarbeitung der Funde von Qumran. Aus der jüdischen Jesusforschung unseres Jahrhunderts seien wenigstens einige repräsentative Namen genannt: Martin Buber, Leo Baeck, Franz Rosenzweig, David Flusser, Hans-Joachim Schoeps, Schalom Ben-Chorin, Johann Maier und Pinchas Lapide. Hierbei hat Hans-Joachim Schoeps das Verdienst, auf die Weiterbildung des urchristlichen Christusglaubens zur kirchlichen Christologie verwiesen zu haben (Theologie, passim; Der hist. Jesus S. 87-92). Pinchas Lapide hat die für jüdische Menschen jener Zeit unmögliche Vorstellung eines Gottseins Jesu in dem Satz zusammengefaßt: „Er konnte kein Gott noch ‚der Sohn Gottes' im trinitarischen Sinne sein, denn jede dieser Vorstellungen ist für Juden nicht nur gotteslästerlich, sondern einfach unverständlich." (Jesus S. 58). Zugleich bemüht sich der mir wie vielen Christen in Deutschland befreundete Lapide darum, neutestamentliche Texte über Jesu Tod, Auferweckung und Himmelfahrt „auf dem Mutterboden des Judentums" neu verständlich zu machen.

Wenn die Vorstellung von einer Gottheit Jesu Christi erst in Spätschriften des Neuen Testaments sporadisch auftaucht (Joh 1,1-3. 14; Hebr 1,2) und mit hellenistischen Religionsvorstellungen den Menschen der hellenistischen Welt die Botschaft des Christusglaubens akzeptabel machen will, dann verhilft die jüdische Kritik den Christen heute dazu, späte Fremdkörper abzublättern und zu ihrer urchristlichen Christologie zurückzufinden: Der aus dem Geschlecht Davids stammende Mensch Jesus von Nazareth wurde durch die Taufe von Gott mit dem Heiligen Geist zum Sohne Gottes gesalbt (d. h. zum Messias), um als solcher Messias/Christus in Wort und Tat Gott zu offenbaren.

Abweichend von jüdischer Messialogie verbleibt aber: Das Erlösungswerk dieses Jesus Christus, der durch seinen Tod die Schuld der Menschen auf sich nimmt, wird vollendet, indem Gott diesen Jesus Christus auferweckt und zum Herrn (Kyrios) der Gemeinde erhöht, der für die Christen das ewige Leben erwirkt hat (Phil 2,9-11; 1Kor 15,20).

Was als berechtigtes Anliegen der Dogmen von der Gottheit Christi bleibt, ist der Glaube, daß Gott mit diesem Jesus Christus war und durch ihn das Heil für die Menschen bewirkt hat. Wem aus liebgewordener Vorstellung dieser schlichte Befund biblischer Tatsachen nicht genügt, möge bedenken, daß er bei dieser Erkenntnis nichts Christliches aufgibt, vielmehr nur einige aus hellenistischer Religion eingedrungene Beigaben. Um so gewisser kann der von solchen entlastete urchristliche Kyrios-Christus-Glauben werden.

(4) Die vorweltliche Existenz Christi (Präexistenz), derzufolge Jesus nicht erst von Gott zum Sohne Gottes berufen wurde, sondern schon vor Erschaffung des Universums als Gottwesen existierte und diese Erschaffung mitbewirkt hat (Joh 1,1-3; Hebr 1,2; Kol 1,16. Vgl. Text 110), wird hinfällig, wenn die Dogmen von der Gottheit Christi sich als nicht haltbar erwiesen haben. Für die Präexistenzlehre gilt ebenfalls, daß sie Jesus, seinen Jüngern, der Urgemeinde und den Aposteln von Petrus bis Paulus noch unbekannt war. Diese Erkenntnis ist nahezu Gemeingut der protestantischen Theologie (und nicht nur dieser) geworden. Die einzige scheinbar entgegenstehende Aussage von Phil 2,6-7 ist ein aus hellenistischem Gottesverständnis gedichteter Hymnus (vgl. Barnikol, Philipper 2, Marxsen, Einleitung S. 58. Conzelmann, Mitte S. 160ff. Bultmann, Jesus Christus S. 14 und 95. Käsemann, Exeget. Versuche S. 51-95. Braun S. 142ff, Tillich Bd. II. S. 104ff, 161 und 171, u.v.a.). Erst seit etwa 100 n. Chr. findet die Präexistenzvorstellung parallel zur Lehre von der Gottheit Chri-

sti bzw. in Verbindung mit dieser Eingang in die christliche Gedankenwelt.

Was als ein berechtigtes Anliegen der Präexistenzlehre von Christen wie von Juden bejaht werden kann, ist der ewige Heilswille Gottes, der schon vor der Geburt Jesu in Abraham seinen Heilswillen kundgetan hat.

(5) Die Trinitätslehre ist von den Juden zur Zeit Luthers und auch vorher so energisch als gegen den Monotheismus verstoßend abgelehnt worden, daß Luther sich dadurch immer wieder veranlaßt sah, sich hart zur Wehr zu setzen (vgl. die Texte 75, 76, 88, 106, 110 u. a.).

Heute wird man die Trinitätslehre, so wie sie zur Zeit Luthers verstanden wurde und als Dogma in Kraft war, nicht mehr als Kompendium christlichen Glaubens ansehen. Selbst wenn man den spätantiken Substanzbegriff voraussetzt, ist es biblisch nicht begründbar (auch nicht aus dem Plural des Gottesnamens Elohim oder aus Gen 1,26 oder 18,2), von Gott als „drei Personen, eine Substanz" (so Tertullian um 200 n. Chr.) zu sprechen, wie es im Grunde auch das Nicäno-Konstantinopolitanum (von 381 n. Chr.) und der für das Mittelalter maßgebende Augustin (um 400 n. Chr.) taten. Auch für Luther war dieses Dogma aufs Ganze gesehen unbestreitbar. Seit Adolf von Harnack mit seinem „Lehrbuch der Dogmengeschichte" (1885-89) den bis heute nicht widerlegbaren Nachweis erbrachte, daß dieses Dogma eine Synthese des Evangeliums mit der griechischen Metaphysik ist, läßt sich die Trinitätslehre nicht mehr als kongenialer Ausdruck eines neutestamentlich gebundenen Glaubens aufrechterhalten (vgl. auch Bultmann, Das Urchristentum S. 163ff. Tillich, Bd. III. S. 328ff). Sie muß schon, wie dies bereits weitgehend geschieht, erheblich uminterpretiert werden. Etwa im Sinne eines dreifachen Wirkens des einen Gottes, der zugleich Schöpfer, Erlöser und Gläubigmachender ist. Oder im Sinne Tillichs (Bd. I. S. 265), der im „trinitarischen Monotheismus" eine „qualitative Symbolisierung Gottes" sieht.

Das ist dann zumindest sehr nahe bei dem jüdischen Gottesbegriff, wenn man einmal von der Frage der Messianität Jesu absieht.

(6) Die Jungfrauengeburt wurde von Luther ebenso heftig verteidigt wie von den Juden bestritten (vgl. die Texte 36, 41, 53, 79, 83, 97, 98, 109 u.ö.). Heute gilt sie in der wissenschaftlichen Forschung als erst nach der Zerstörung Jerusalems (70 n. Chr.) in einige christliche Kreise aus hellenistischen Religionen eingedrungen. Keiner der Apostel von Petrus bis Paulus, auch nicht die Evangelisten Markus und Johannes, machen auch nur eine leiseste Andeutung davon, daß

Jesus von der Jungfrau Maria ohne einen irdischen Vater geboren worden sei. Die Urgemeinde zu Jerusalem, in der Maria nach dem Tode Jesu lebte, hat keine Jungfrauengeburtslehre gekannt. Als diese Urgemeinde i. J. 64 wegen des bevorstehenden Jüdischen Krieges von 66-70 n. Chr. ins Ostjordanland ausgewandert war, blieb sie bei der Ablehnung der ihr aus hellenistischen Christusgemeinden bekanntgewordenen Jungfrauengeburtslehre. Zur Zeit des Kaisers Domitian (81-96 n. Chr.) verweigerten diese Judenchristen — unter ihnen der Enkel eines Bruders Jesu — immer noch die Annahme dieser Lehre (Euseb. His. Ekkl. III, 20). Weitere hundert Jahre später berichtet uns der Kirchenvater Irenäus um 180 n. Chr. (III 21,1; V. 1,3), daß viele Judenchristen immer noch Joseph als den leiblichen Vater Jesu bezeichnet und die Jungfrauengeburt geleugnet haben.

Erst einige in die heidnische Religionswelt hineinwachsende Christusgemeinden haben seit etwa 80 bis 90 n. Chr. in die Vorgeschichten von (nur) zwei Evangelien (Mt 1,18-25 und Lk 1,31-35) eine Erzählung von einer Jungfrauengeburt eingebaut. Seit Eduard Norden (Die Geburt des Kindes. 1924), Martin Dibelius (Botschaft S. 1-78 und Jesus S. 35 u. 43), Günther Bornkamm (S. 48 und 181), Ferdinand Kattenbusch (Geburtsgeschichte S. 454ff), Rudolf Bultmann (synopt. Tradition S. 321f) und vor allem Walter Grundmann (Lukas S. 53-61) u.v.a. kann die Jungfrauengeburtserzählung als ein Theologumenon zur Anpassung der christlichen Botschaft an hellenistische Vorstellungen unter Zuhilfenahme einer falschen Übersetzung von Jes 7,14 angesehen werden.

Wenn Luther selber bereit war, in der Lehre von der Jungfrauengeburt die Konzession zu machen, daß die Jungfrauschaft der Maria keine immerwährende gewesen sei (Text 53), dann sollte es heutigen Christen nicht schwerfallen, eine Lehre aufzugeben, die nicht urchristlich ist.

Die jüdische Kritik an der Jungfrauengeburtserzählung ist — abgesehen von ihrer gehässigen Form — von Luther nicht überzeugend zurückgewiesen worden (Texte 53, 79, 97 f u.a.). Sie kann heute als antiker Versuch gelten, die Gottessohnschaft Jesu den Menschen der hellenistischen Welt mit zeitgemäßen Mitteln annehmbar zu machen. Auf diese Weise kann sie ihren Platz in der Geschichte erhalten, sollte aber kein Streitpunkt mehr zwischen Christen und Juden sein.

(7) Der Wahrheit und einander näherkommen. Der früher so heftige Streit über Unterscheidungslehren läßt sich entschärfen, ohne daß dabei einer der Gesprächspartner seine Identität angetastet oder

die von ihm geglaubte Wahrheit als Grund für Unduldsamkeit gewertet sehen bzw. befürchten müßte.

Noch bleibt über das Genannte hinaus vieles aufzuarbeiten, und zwar von beiden Seiten. Auch die spätmittelalterlichen, oft gehässigen jüdischen Reaktionen auf der Christen Intoleranz gehören heute schon der Vergangenheit an. Dafür stehen Namen wie Buber, Flusser, Ben-Chorin, Joh. Maier, Pinchas Lapide u.v.a. Im Judentum ist heute weitgehend die Überzeugung verbreitet, daß Jesus unablösbar mit dem Judentum verbunden ist. Warum sollten die in der Nachfolge des Juden Jesus stehenden Christen diese Überzeugung nicht teilen?

Wenn eine frühere jüdische Messialogie nur ein irdisches Messiasreich erwartete (Text 102), so ist dies nach heutiger jüdischer Schriftauslegung durch die nachbabylonische Messiashoffnung längst überholt. Es ist an die jüdische Forschung auch die Frage zu stellen, ob der aus jüdischer Religiosität gewachsene und in ihr lebende Jesus von Nazareth mit seiner Reich-Gottes-Botschaft nicht auch im weiten Sinne in das Judentum gehört und ob vielleicht sogar sein Kreuz und seine Auferweckung etwas mit jüdischer Messiashoffnung zu tun haben.

Es warten noch viele Fragen auf wissenschaftliche Antworten. Noch vordringlicher ist die Aufgabe, nicht nur einigen Spezialistenkreisen, sondern den Christen insgesamt in Gottesdienst, Unterricht, Gemeindegruppen und Erwachsenenbildung die Zusammengehörigkeit von Christen und Juden, etwa anhand von Röm 9-11, anhand der Bergpredigt und der Reich-Gottes-Gleichnisse, aber auch anhand des Glaubens an den Gott Abrahams, Isaaks und Jakobs und anhand des Schöpfungsglaubens, der Psalmenfrömmigkeit und der prophetischen Lehre als unaufgebbares christliches Glaubensgut zu vermitteln. Eine religiös-fundierte, einander das jedseitige Glaubensleben und Glaubenswissen vermittelnde Begegnung kann für beide Seiten nur fruchtbar sein.

Wenn Christen so glauben und das glauben, was Jesus, Petrus und alle Apostel sowie die Urchristenheit bis hin zu Paulus geglaubt haben, dann ist solcher Glaube nicht Reduzierung, sondern Hinfinden und Treuehalten zum wahren Christusglauben.

Der Wahrhaftigkeitsmut eines Luther würde sich wohl den Erkenntnissen heutiger Schrift- und Geschichtsforschung stellen und an diesen weiterarbeiten, auf daß wir beide — Christen wie Juden — nicht nur einander, sondern auch der Wahrheit immer näher kommen, bis wir sie vollkommen in Gott finden.

Anhang

I. Benutzte Ausgaben von Luthers Werken

WA = Weimarer Ausgabe. Sie erscheint seit 1883 in Foliobänden unter dem Titel: „D. Martin Luthers Werke. Kritische Gesamtausgabe“ in Weimar. Diese Ausgabe liegt der vorliegenden Arbeit und den zitierten Luther-Texten zugrunde. Sie umfaßt derzeit 69 Bände mit Luthers Schriften, dazu 16 Bände Briefe (= WA Br), 15 Bände Deutsche Bibel (= WA DB), 6 Bände Tischreden (= WA TR), 8 Bände Revisionsnachträge und bisher 1 Registerband, also 115 Bände. Die erste Psalmenvorlesung Luthers der Bände 3 und 4 erscheint derzeit in verbesserter Ausgabe als Band 55. Operationes in Psalmos 1519-1521. — Teil II. (= Archiv zur Weimarer Ausgabe der Werke Martin Luthers. Texte und Untersuchungen. Bd. 2. Köln/Wien 1981).

Mü = Münchener Ausgabe mit dem Titel: Martin Luther. Ausgewählte Werke. Herausgegeben von H. H. Borcherdt und G. Merz. Sie erschien ab 1914ff in München mit 6 Bänden und 7 Ergänzungsbänden. Jetzt in 3. Auflage 1962-69.

LD = Luther Deutsch. Die Werke Martin Luthers in neuer Auswahl für die Gegenwart. Herausgegeben von Kurt Aland. Stuttgart/Göttingen. Sie erschien 1959-69 in 10 Bänden und 1 Ergänzungsband.

Calw = Calwer Luther-Ausgabe. Sie erschien unter der Bezeichnung Calwer Luther-Ausgabe, herausgegeben von Wolfgang Metzger, jetzt in der Siebenstern-Taschenbuch-Ausgabe, mit 12 Bänden. Sie ist vor allem für den Gemeindegebrauch gedacht.

Cl = Clemensche Ausgabe (oder Bonner Ausgabe). Sie erschien, herausgegeben von Otto Clemen, in 8 Bänden 1912-33.

BK = Buchwald/Kawerau-Ausgabe. Sie erschien unter dem Titel „Luthers Werke für das christliche Haus“, herausgegeben von Georg Apollo Buchwald und Gustav Kawerau, in 8 Bänden und 2 Ergänzungsbänden in Leipzig 1889-1905.

II. Literaturverzeichnis

Adler, H. G.: Versuch einer Charakterisierung des Jüdischen.
In: Juden — Christen — Deutsche. Hrg. v. Hans Jürgen Schultz, Stuttgart, Olten und Freiburg i. Br. 1961².
— Die Juden in Deutschland. Von der Aufklärung bis zum Nationalsozialismus. München 1960.

Aland, Kurt, (Hrg.): Martin Luthers 95 Thesen. Mit den dazugehörigen Dokumenten aus der Geschichte der Reformation. Hamburg 1965.

Altmann, W.: Die Judenfrage in evangelischen und katholischen Zeitschriften zwischen 1918 und 1933. Diss. Halle 1965.

Aring, Paul Gerhard: Christliche Judenmission. Ihre Geschichte und Problematik dargestellt und untersucht am Beispiel des evangelischen Rheinlandes. Forschungen zum jüdisch-christlichen Dialog, hrg. v. Yehuda Aschkenasy und Heinz Kremers. Bd. 4. Neukirchen-Vluyn 1980.

Asche, Siegfried: Die Wartburg. Geschichte und Gestalt. 1962.

Baeck, Leo: Das Wesen des Judentums. Köln 1959[6].
— Dieses Volk — jüdische Existenz. Frankfurt I. 1955. II. 1957.
— Das Evangelium als Urkunde der jüdischen Glaubensgeschichte. Berlin 1938.

Bainton, Roland H.: Martin Luther. 7. Aufl. d. deutschen Ausgabe. Hrg. v. Bernhard Lohse. Göttingen 1980. Deutsch von Hermann Dörries.

Barge, Hermann: Luther und der Frühkapitalismus. Gütersloh 1951.

Barnikol, Ernst: Philipper 2. Der marcionitische Ursprung des Mythos-Satzes Phil 2,6-7. Kiel 1932.
— Mensch und Messias. Der nichtpaulinische Ursprung der Präexistenz-Christologie. Kiel 1932.
— Das Leben Jesu der Heilsgeschichte. Halle (Saale) 1958.
— Luther in evangelischer Sicht. Halle (Saale) 1955.

Barth, Markus: Jesus, Paulus und die Juden. Zürich 1967.
— Der Jude Jesus, Israel und die Palästinenser. Zürich 1975.

Bauer, Elvira: Trau keinem Fuchs auf grüner Heid — und keinem Jud' bei seinem Eid. — Ein Bilderbuch für groß und klein. Nürnberg o. J. (ca. 1934-39). Stürmer-Verlag (Antisemitische Tendenz).

Baum, Gregory: Die Juden und das Evangelium. Aus dem Englischen übersetzt von Elisabeth Strakosch. Einsiedeln 1963.

Ben-Chorin, Schalom: Jüdische Fragen um Jesus Christus. In: Juden, Christen, Deutsche. Hrg. von Hans Jürgen Schultz. Stuttgart, Olten, Freiburg 1961[2]. S. 140-150.
— Thesen zum christlich-jüdischen Dialog. In: Zeitschrift für Religions- und Geistesgeschichte. Band XXXIII. Heft 2. 1981. S. 161-163.
— Der gemeinsame Glaubensgrund von Juden und Christen. In: Der ungekündigte Bund. Hrg. v. Dietrich Goldschmidt und Hans-Joachim Kraus. Stuttgart 1962. S. 75-76.
— Die Heimholung Jesu in das jüdische Volk und das Verhältnis des Messias zum Gottesreich. In: Der ungekündigte Bund. Hrg. v. Dietrich Goldschmidt und Hans-Joachim Kraus. Stuttgart 1962. S. 66-68.

— Bruder Jesus. Der Nazarener in jüdischer Sicht. München (1967) 1970³.
— Paulus. Der Völkerapostel in jüdischer Sicht. München 1970.

Betz, Otto, *Hengel,* Martin und *Schmidt,* Paul: Abraham unser Vater. Juden und Christen im Gespräch über die Bibel. Festschrift für Otto Michel. Leiden-Köln 1963.

Bienert, Walther: Luther über die Petrus-in-Rom-Tradition. In: Theologische Jahrbücher, hrg. von Ernst Barnikol und Paul Erfurth. Achter Jahrgang. Halle 1940/41. Heft II. S. 33-68.
— Evangelische Kirchengestaltung. Das Ringen um Luthers Kirchenordnung von der Reformation bis zur Gegenwart. Halle 1945².
— Die Arbeit nach der Lehre der Bibel. Stuttgart 1954.
— (Hrg.): Das Christentum und die Juden. Arbeiten der Melanchthon-Akademie Köln, Bd. 1 Köln 1966.
— Von der „Kollektivschuld" am Tode Jesu. In: Arbeiten der Melanchthon-Akademie Köln, hrg. von Walther Bienert, Bd. 1. Köln 1966. S. 19-67.

Blaschke, Karlheinz: Sachsen im Zeitalter der Reformation. Gütersloh 1970.

Blumenkranz, Bernhard: Juden und Judentum in der mittelalterlichen Kunst. Stuttgart 1965.

Boehmer, Heinrich: Der junge Luther. Mit neununddreißig Abbildungen nach Holzschnitten und Kupferstichen des sechzehnten Jahrhunderts. Gotha 2. Aufl. 1929.

Boendermaker, Johannes Peter: Der Graben war noch sehr tief. Martin Luthers zwiespältiges Verhältnis zum Judentum. In: Lutherische Monatshefte, 18. 1979. S. 585-589.

Bonhoeffer, Dietrich: Die Kirche vor der Judenfrage. In: Gesammelte Schriften, Bd. II. Hrg. v. Eberhard Bethge. München 1965. S. 44-53.

Bornkamm, Günther: Jesus von Nazareth. Stuttgart 1956². Urban-Bücher, Bd. 19. 1965⁷.

Bornkamm, Heinrich: Volk und Rasse bei Martin Luther. In: Volk — Staat — Kirche. Ein Lehrgang der Theologischen Fakultät Gießen. Gießen 1933. S. 5-19.
— Luther und das Alte Testament. Tübingen 1948.
— Thesen und Thesenanschlag Luthers. Berlin 1967.
— Martin Luther in der Mitte seines Lebens. Das Jahrzehnt zwischen dem Wormser Reichstag und dem Augsburger Reichstag. Göttingen 1979.

Braun, Herbert: Jesus. Der Mann aus Nazareth und seine Zeit. Themen der Theologie, hrg. von Hans-Jürgen Schultz. Bd. 1. Stuttgart/Berlin 1969.
— Die Bedeutung der Qumranfunde für die Frage nach dem Verhältnis des historischen Jesus zum kerygmatischen Christus. In: Helmut Ristow und

Karl Matthiae (Hrg.): Der historische Jesus und der kerygmatische Christus. Berlin 1960. S. 142-148.

Brecht, Martin: Martin Luther. Sein Weg zur Reformation 1483-1521. Stuttgart 1982.

Brod, Max: Wir Juden und die Deutschen. In: Juden, Christen, Deutsche. Hrg. v. Hans Jürgen Schultz. Stuttgart, Olten, Freiburg 1961². S. 30-41.
— Heidentum, Christentum, Judentum. 2 Bände. 1921.
— The Master. Ein Christusroman. New York 1952.
— Johannes Reuchlin und sein Kampf. Eine historische Monographie. Stuttgart/Berlin/Köln/Mainz 1965.

Brosseder, Johannes: Luthers Stellung zu den Juden im Spiegel seiner Interpreten. Beiträge zur ökumenischen Theologie, hrg. v. Heinrich Fries. Bd. 8. München 1972.

Buber, Martin: Zwei Glaubensweisen. 1950.
— Der Jude und sein Judentum. Gesammelte Aufsätze und Reden. Köln 1963.
— Die chassidische Botschaft. Neudruck, Heidelberg 1952.
— Kampf um Israel. Berlin 1933.

Buchwald, Georg Apollo: Luthers Wandlung in seiner Stellung zu den Juden. In: D. Martin Luther: Daß Jesus Christus ein geborener Jude sei. Ein Brief D. Martin Luthers wider die Sabbather an einen guten Freund. Dresden 1931. Luthers Flugschriften für unsere Zeit. Heft 2.
— D. Martin Luther: Von den Juden und ihren Lügen. Luthers Flugschriften für unsere Zeit. Heft 3. Dresden 1931.
— D. Martin Luthers Leben und Lehre in Worten aus seinen Werken und Briefen. 1947.

Bultmann, Rudolf: Jesus. 15.-16. Tsd. Tübingen 1951.
— Die Geschichte der synoptischen Tradition. Göttingen 1961⁵.
— Glauben und Verstehen. Tübingen I. 1961⁴. II. 1961³. III. 1960.
— Das Urchristentum im Rahmen der antiken Religionen. rowohlts deutsche enzyklopädie. Bd. 157/158. 1962.
— Jesus Christus und die Mythologie. Stundenbuch Nr. 47. Hamburg 1964.

Cohen, Carl: Martin Luther and his Jewish Contemporaries. In: Jewish social Studies. 25. 1963. S. 195-204.
— Die Juden und Luther. In: Archiv für Reformationsgeschichte. 54. 1963. S. 38-51.

Cohn, W.: Luther. Stellung zu Juden und Judentum. In: Jüdisches Lexikon, begr. von Georg Herlitz — Bruno Kirschner. Bd. III. Berlin 1929. S. 1254-1256.

Conzelmann, Hans: Die Mitte der Zeit. Studien zur Theologie des Lukas. Tübingen 1962⁴.

Cremer, H.: Über Luthers Stellung zur Judenmission. Hrg. von der Rheinisch-Westfälischen Missionsgesellschaft. Barmen 1870.

Delitzsch, Franz: Ein Wort für die Judenmission. In: Saat auf Hoffnung. Zeitschrift für die Mission der Kirche in Israel. 7. 1870. S. 103-108.

Dibelius, Martin: Jesus. Berlin 1949². Sammlung Göschen, Bd. 1130.
— Botschaft und Geschichte. Gesammelte Aufsätze. Tübingen I. 1953.

Diem, Hermann: Das Rätsel des Antisemitismus. München 1960.

Dinter, Arthur: 197 Thesen zur Vollendung der Reformation. 1926.

Dobert, R.: Das Zeugnis der Kirche für die Juden. Berlin-Hamburg 1968.
— (Hrg.): Die Hoffnung der Kirche und die Zukunft Israels. Sonderheft der Handreichung des Evangeliumsdienstes i.A. des Arbeitskreises „Kirche und Judentum" in der VELKD. Neuendettelsau 1969.

Dubnow, Simon: Weltgeschichte des jüdischen Volkes. 10 Bände. Deutsch von A. Steinberg. Berlin 1925-1929.

Eban, Abba: Dies ist mein Volk. Die Geschichte der Juden. (1968). Zürich 1970.

Ebeling, Gerhard: Jesus und Glaube. In: Wort und Glaube. Tübingen (1960) 1967³.
— Zwei Glaubensweisen. In: Juden, Christen, Deutsche. Hrg. von Hans-Jürgen Schultz. Stuttgart, Olten, Freiburg 1961². S. 159-168.
— Luther. Einführung in sein Denken. 1964. Tübingen.

Eckert, Willehad Paul und *Ehrlich*, Ernst Ludwig: Judenhaß, Schuld der Christen? Versuch eines Gesprächs. Essen 1964.
— Das Verhältnis von Christen und Juden im Mittelalter und Humanismus. In: Monumenta Judaica (s. dort). Köln 1963. S. 131-198.
— Die Stellung der antiken und mittelalterlichen Kirche zu den Juden. In: Arbeiten der Melanchthon-Akademie Köln, hrg. v. Walther Bienert, Bd. 1. Köln 1966. S. 68-100.
— *Levinson*, N. Peter und *Stöhr*, Martin: Antijudaismus im Neuen Testament. München 1967.
— *Levinson*, N. Peter und *Stöhr*, Martin: Jüdisches Volk, gelobtes Land. Abhandlungen zum christlich-jüdischen Dialog. München 1970.
— Hoch- und Spätmittelalter. Katholischer Humanismus. In: Kirche und Synagoge. Handbuch zur Geschichte von Christen und Juden. Darstellung mit Quellen. Hrg. v. Karl Heinrich Rengstorf und Siegfried von Kortzfleisch. Bd. I. Stuttgart 1968. S. 210-306.

Ehrlich, Ernst Ludwig: Geschichte und Kultur der Juden in den rheinischen Territorialstaaten. Vom Beginn der Neuzeit bis zum Absolutismus. In: Monumenta Judaica. Hrg. v. Konrad Schilling (s. dort). Köln 1963. S. 242-281.
— Geschichte der Juden in Deutschland. Düsseldorf 1960.

Elbogen, Ismar: Geschichte der Juden seit dem Untergang des jüdischen Staates. Leipzig und Berlin 1920[2]. Aus Natur und Geisteswelt, Bd. 748.
— und *Sterling,* E.: Die Geschichte der Juden in Deutschland. Eine Einführung. In: Bibliotheca Judaica. Frankfurt/M. 1966.

Elert, Werner: Morphologie des Luthertums. Bd. 1: Theologie und Weltanschauung des Luthertums, hauptsächlich im 16. und 17. Jahrhundert. Bd. 2: Soziallehren und Sozialwirkungen des Luthertums. München 1958. Nachdruck der ersten Auflage von 1931/32.

Elliger, Walter: Philipp Melanchthon. Forschungsbeiträge zur vierhundertsten Wiederkehr seines Todestages, dargeboten in Wittenberg 1960. Hrg. von Walter Elliger. Göttingen 1961.
— Thomas Müntzer. Leben und Werk. Göttingen 1975.

Evangelische Kirche in Deutschland (Hrg.): Christen und Juden. Eine Studie des Rates der Evangelischen Kirche in Deutschland. Gütersloh 1976[2].

Falb, Alfred: Letztes Wort über Luther und die Juden. In: Allgemeine Evangelisch-Lutherische Kirchenzeitung. 54. 1921. S. 508-509.
— Nochmals: „Luther und die Juden“. In: Allgemeine Evangelisch-Lutherische Kirchenzeitung. 54. 1921. S. 373-475.
— Luther und die Juden. München 1921. In der Reihe: Deutschlands führende Männer und das Judentum. Bd. IV. Deutscher Volksverlag Dr. E. Boepple.
— Luther und Marcion gegen das Alte Testament. Leipzig 1923.

Fanselau, Karl und *Opitz,* Hellmut: Lutherstadt Wittenberg. Text von Heinrich Kühne. Leipzig 1967.

Fausel, Heinrich: D. Martin Luther. Leben und Werk. 2 Bände. Stuttgart 1977.

Feilchenfeld, Ludwig: Rabbi Josel von Rosheim. Ein Beitrag zur Geschichte der Juden in Deutschland im Reformationszeitalter. Straßburg 1898.

Flusser, David: Die Rabbinischen Gleichnisse und der Gleichniserzähler Jesus. Bern/Frankfurt 1981.
— Jesus in Selbstzeugnissen und Bilddokumenten. Rowohlts Monographien, Nr. 140. Reinbek 1968.

Friedenthal, Richard: Luther. Sein Leben und seine Zeit. München — Zürich (1967) 1975[5].

Fritsch, Theodor: Handbuch der Judenfrage. Die wichtigsten Tatsachen zur Beurteilung des jüdischen Volkes. Leipzig 1931[30]. (Antisemiten-Katechismus). Leipzig 1887[1].

Fuchs, Eduard: Die Juden in der Karikatur. Ein Beitrag zur Kulturgeschichte. München 1921.

Fuchs, Ernst: Die Frage nach dem historischen Jesus. In: Gesammelte Aufsätze, Bd. II. Tübingen 1960.
— Jesus. Wort und Tat. Tübingen 1971.

Gabriel, Walter: D. Martin Luther. Von den Juden. Luthers christlicher Antisemitismus nach seinen Schriften. Göttingen 1936.

Gamm, Hans-Jochen: Sachkunde zur biblischen Geschichte. München 1965.
— Judentumskunde. Eine Einführung. List-Taschenbücher, Nr. 268. München 1964.

Geis, Robert Raphael: Der Auftrag Israels an die Völker. In: Der ungekündigte Bund. Hrg. v. Dietrich Goldschmidt und Hans-Joachim Kraus. Stuttgart 1962. S. 57-63, vgl. auch dort S. 77-78.
— und *Kraus,* Hans Joachim: Versuche des Verstehens. Dokumente jüdisch-christlicher Begegnung aus den Jahren 1918-1933. München 1966.

Goldschmidt, Dietrich und *Kraus,* Hans Joachim (Hrg.): Der ungekündigte Bund. Neue Begegnung von Juden und christlicher Gemeinde. Stuttgart 1962.

Goldschmidt, Hermann Levin: Weil wir Brüder sind. Biblische Besinnung für Juden und Christen. Stuttgart 1976.

Goppelt, Leonhard: Christentum und Judentum im ersten und zweiten Jahrhundert. Gütersloh 1954.

Grau, W.: Antisemitismus im späten Mittelalter. Das Ende der Regensburger Judengemeinde. 1450-1519. Berlin (1934) 1939².

Gruenagel, F.: Die Judenfrage. Die geschichtliche Verantwortung der Kirchen und Israels. Stuttgart 1970. Calwer Hefte, Nr. 107.

Grundmann, Walter: Das Evangelium des Lukas. Theol. Handkommentar zum Neuen Testament, hrg. v. Erich Fascher. Bd. III. Berlin 1961².

Hammerstein, Franz von (Hrg.): Von Vorurteilen zum Verständnis. Dokumente zum jüdisch-christlichen Dialog. Frankfurt 1976.

Harksen, Sibylle: Die Schloßkirche zu Wittenberg. Das christliche Denkmal, 71. Berlin (Ost) 1966.

Harling, Otto v.: Luthers Bedeutung für die Judenmission. In: Jahrbuch der Sächsischen Missionskonferenz, Bd. 31. 1918. S. 82-85.

Harling, Otto v. (Jun.): Kirche und Israel. In: Kirchliches Jahrbuch für die Evangelische Kirche in Deutschland. Bd. 80. Gütersloh 1953. S. 285-335.
— Um Zions willen. Ein Leben im Dienst des Evangeliums unter Israel. Neuendettelsau 1952.

Harnack, Adolf von: Lehrbuch der Dogmengeschichte. Fünfte photomechanisch gedruckte Auflage. Tübingen I. 1931. – II. 1931. – III. 1932. Erstauflage 1885-89.

Hartenstein, Karl: Israel im Heilsplan Gottes. Stuttgart 1952.

Heer, Friedrich: Gottes erste Liebe. 2000 Jahre Judentum und Christentum. Genesis des österreichischen katholischen Adolf Hitler. München-Eßlingen 1967.

Heiler, Friedrich (Hrg.): Worte Luthers zur Judenfrage. In: Eine heilige Kirche. Sonderheft über Israel und Kirche Christi. 16. Jahrgang der Hochkirche. Heft 4/6. München 1934. S. 177-178.

Heitmüller, Friedrich: Das Geheimnis des jüdischen Volkes. Hamburg 1952.

Hengel, Martin: Der Sohn Gottes. Die Enstehung der Christologie und die jüdisch-hellenistische Religionsgeschichte. Tübingen 1975 (vgl. auch unter Betz).

Hilfswerk für die Bekennende Kirche in Deutschland (Hrg.): Juden-Christen-Judenchristen. Ein Ruf an die Christenheit. Zürich 1943.

Hintzenstern, H. v.: Lucas Cranach der Ältere. Berlin (Ost) 1972.

Hoch, W.: Kompaß durch die Judenfrage. Zürich 1944.

Holl, Karl: Luther und die Mission. In: Karl Holl: Gesammelte Aufsätze zur Kirchengeschichte. Bd. 3. Tübingen 1928. Nachdruck Darmstadt 1965. S. 234-243.

Holmio, A. K. E.: The Lutheran Reformation and the Jews. The Birth of the Protestant Jewish Missions. Hancock/Michigan 1949.

Holsten, Walter: Christentum und nichtchristliche Religion nach der Auffassung Luthers. Gütersloh 1932.
– (Hrg.): Martin Luther. Schriften wider Juden und Türken. Münchener Lutherausgabe Ergänzungsreihe, Bd. 3. München 1936.

Hug, H.: Das Volk Gottes. Der Kirche Bekenntnis zur Judenfrage. Zürich 1942.

Isaac, J.: Genesis des Antisemitismus vor und nach Christus. Wien-Frankfurt-Zürich 1969.

Jahn, Johannes: 1472-1553. Lucas Cranach d. Ä. Das gesamte graphische Werk. München 1972.

Jasper, G.: Stimmen aus dem neureligiösen Judentum. Seine Stellung zum Christentum und zu Jesus. Hamburg 1958.

Jocz, J.: The Jewish People and Jesus Christ, a Study in the Controversy between Church and Synagogue. London 1954.
— Christen und Juden. Zürich 1968.

Islebiensis (Pseudonym): Dr. Martin Luther und das Judenthum. Berlin o. J. (1882).

Junghans, Helmar: Wittenberg als Lutherstadt. Berlin (Ost) 1979. Union-Verlag Lizenznr. 395/2811/79.

Käsemann, Ernst: Exegetische Versuche und Besinnungen. I. und II. Bd. Göttingen 1964.

Kalkar, Chr. H.: Israel und die Kirche. Geschichtlicher Überblick der Bekehrungen der Juden zum Christentum in allen Jahrhunderten. Aus dem Dänischen übersetzt von Al. Michelsen. Hamburg 1869.

Kampffmeyer, K. und *Schulze,* N.: Luthers Tod, die Juden und Melanchthon. Die sachlichen Unterlagen zur Beurteilung der von Frau Mathilde Ludendorff aufgestellten Behauptungen über Luthers Lebensende. Mit einem Vorwort von Hermann Wolfgang Beyer. Dresden o. J. (1933).

Kampmann, W.: Deutsche und Juden. Studium zur Geschichte des Deutschen Judentums. Heidelberg 1963.

Kattenbusch, Ferdinand: Die Geburtsgeschichte Jesu als Haggada der Urchristologie. In: Theologische Studien und Kritiken. 1930. S. 454ff.

Kirschner, Bruno: Deutsche Spottmedaillen. München 1968.

Kisch, Guido: Forschungen zur Rechts- und Sozialgeschichte der Juden in Deutschland während des Mittelalters. Stuttgart 1955.
— Zasius und Reuchlin. Eine rechtsgeschichtlich-vergleichende Studie zum Toleranzproblem im 16. Jahrhundert. Konstanz-Stuttgart 1961. Pforzheimer Reuchlinschriften, Bd. 1.
— Erasmus' Stellung zu Juden und Judentum. Tübingen 1969.

Klesse, M.: Vom alten zum neuen Israel. Ein Beitrag zur Genese der Judenfrage und des Antisemitismus. Frankfurt/M. 1965.

Knolle, Theodor: Luthers Stellung zu den Juden 1538. — In: Luther. Mitteilungen der Luther-Gesellschaft. 20. 1938. S. 117-124.
— D. Martin Luther. Antijüdische Psalterauslegung. In: Luther. Mitteilungen der Luther-Gesellschaft. 1938. S. 100ff.

Köstlin, Julius: Martin Luther. Sein Leben und seine Schriften. Berlin I. 1903. II. 1903.

Kortzfleisch, Siegfried von (s. Rengstorf).

Kraus, Hans-Joachim: Christliche Wurzeln des Antisemitismus. In: Juden, Christen, Deutsche. Hrg. von Hans Jürgen Schultz. Stuttgart, Olten, Freiburg 1961². S. 105-113.
— Begegnung mit dem Judentum. Das Erbe Israels und die Christenheit. Ein Stundenbuch, Nr. 16. Hamburg 1963.

Krauss, Samuel: Luther und die Juden. In: Der Jude. Eine Monatsschrift. Zweiter Jahrgang 1917 und 1918. Berlin und Wien. S. 544-547.

Krebs, Manfred (Hrg.): Johannes Reuchlin 1455-1522. Festgabe seiner Vaterstadt Pforzheim. Pforzheim 1955.

Kremers, Heinz: Juden und Christen lesen dieselbe Bibel. Duisburg (1973) 1977².
— Judenmission heute? Von der Judenmission zur Brüderlichen Solidarität und zum ökumenischen Dialog. Neukirchen-Vluyn 1979.

Krümpelmann, Ernst: Luther und die Juden. In: Arbeiten der Melanchthon-Akademie Köln, hrg. v. Walther Bienert. Bd. 1. Köln 1966. S. 106-124.

Kühne, Heinrich: Lutherstadt Wittenberg (Text). Fotografiert von Karl *Fanselau* und Hellmut *Opitz* (Ilop.) Leipzig 1967. VEB F. A. Brockhaus Verlag.

Küng, Hans: Existiert Gott? München/Zürich 1978.

Kunst, Hermann: Evangelischer Glaube und politische Verantwortung. Martin Luther als politischer Berater seiner Landesherrn und seine Teilnahme an den Fragen des öffentlichen Lebens. 1976.
— Martin Luther und der Krieg. Eine historische Betrachtung. Stuttgart 1968.
— Martin Luther. Ein Hausbuch. Stuttgart 1982.

Kupisch, Karl: Das Volk der Geschichte. Randbemerkungen zur Geschichte der Judenfrage. Berlin-Stuttgart 1960.
— Das christliche Zeitalter. In: Der ungekündigte Bund, hrg. v. Dietrich Goldschmidt und Hans Joachim Kraus. Stuttgart 1962. S. 79-86.

Lamparter, Ed.: Das Judentum in seiner kultur- und religionsgeschichtlichen Erscheinung. Gotha 1928.
— Evangelische Kirche und Judentum. Ein Beitrag zum christlichem Verständnis von Judentum und Antisemitismus. Stuttgart 1928.
— Luthers Stellung zum Judentum. 1929.

Landmann, Salcia: Wer sind die Juden? Geschichte und Anthropologie eines Volkes. München 1973.

Lapide, Pinchas: Jesus in Israel. Gladbeck 1970.
— Ökumene aus Christen und Juden. Neukirchen 1972.
— und *Lutz,* Ulrich: Der Jude Jesus. Zürich-Einsiedeln-Köln 1979.

— und *Moltmann*, Jürgen: Israel und Kirche: ein gemeinsamer Weg? Ein Gespräch. Kaiser Traktate, Nr. 54. München 1980.
— und *Weizsäcker*, Carl Friedrich von: Die Seligpreisungen. Ein Glaubensgespräch. Stuttgart/München 1980.
— und *Gerlach*, Wolfgang: Wie jüdisch sollen die Christen sein? Eine Frage zwei Antworten. In: Radius, Heft 3. 1981. S. 6-21.

Laube, Adolf, *Steinmetz*, Max, *Vogler*, Günter (Hrg.) Bildarbeit von Renate Weber: Illustrierte Geschichte der deutschen frühbürgerlichen Revolution. Berlin (Ost) 1974.

Levinson, Peter: Das Selbstverständnis der Juden und des Judentums in der Bundesrepublik Deutschland. In: Arbeiten der Melanchthon-Akademie Köln, hrg. v. Walther Bienert. Bd. 1. Köln 1966. S. 176-187.
— siehe auch unter Eckert.

Lewin, Reinhold: Luthers Stellung zu den Juden. Ein Beitrag zur Geschichte der Juden in Deutschland während des Reformationszeitalters. Berlin 1911. Neue Studien zur Geschichte der Theologie und Kirche, hrg. v. N. Bonwetsch u. R. Seeberg, Zehntes Stück. Neudruck Aalen 1973.

Liebe, Georg: Das Judentum in der deutschen Vergangenheit. Jena 1924[2]. In der Reihe: Die deutschen Stände in Einzeldarstellungen. Neuausgabe der früheren Monographien der deutschen Kulturgeschichte, Bd. 11. Hrg. v. Georg Steinhausen (Erstauflage Leipzig 1903).

Lilje, Hanns: Martin Luther. Eine Bildmonographie. Hamburg 1964.

Linden, Walther (Hrg.): Luthers Kampfschriften gegen das Judentum. Berlin 1935.

Lindeskog, G.: Die Jesusfrage im neuzeitlichen Judentum. Ein Beitrag zur Geschichte der Leben-Jesu-Forschung. Darmstadt 1973.

Loewenich, Walther von: Martin Luther. Der Mann und das Werk. München 1982.

Lohse, Bernhard: Martin Luther. Eine Einführung in sein Leben und sein Werk. München 1981.
— siehe auch Bainton.

Lohse, Eduard: Israel und die Christenheit. Göttingen 1960.

Maier, Johann: Geschichte der jüdischen Religion. Von der Zeit Alexanders des Großen bis zur Aufklärung mit einem Ausblick auf das 19./20. Jahrhundert. Berlin/New York 1972.
— Das Judentum. Von der biblischen Zeit bis zur Moderne. München 1973.
— Jesus von Nazareth in der Talmudischen Überlieferung. Darmstadt 1978.

Maron, Gottfried: Niemand soll sein eigener Richter sein. Eine Bemerkung zu Luthers Haltung im Bauernkrieg. In: Luther, Zeitschrift der Luther-Gesellschaft. 46. 1975. S. 60-75.

Marsch, Wolf-Dieter und *Thieme,* Karl: Christen und Juden. Mainz-Göttingen 1961.

Marquardt, Friedrich-Wilhelm: Die Entdeckung des Judentums für die christliche Theologie. Israel im Denken Karl Barths. München 1967.
— Die Juden im Römerbrief. Zürich 1971.

Maurer, Wilhelm: Die Zeit der Reformation. In: Kirche und Synagoge. Handbuch zur Geschichte von Christen und Juden. Darstellung mit Quellen. Hrg. v. Karl Heinrich Rengstorf und Siegfried von Kortzfleisch. Bd. I. Stuttgart 1968. S. 363-452.

Marxsen, Willi: Einleitung in das Neue Testament. Gütersloh 1963.

Mayer, Reinhold: Der Babylonische Talmud, ausgewählt, übersetzt und erklärt. München 1963.
— Judentum und Christentum. Ursprung, Geschichte und Aufgabe. Aschaffenburg 1973.

Meier, Kurt: Zur Interpretation von Luthers Judenschriften. In: Kirche und Judentum. Arbeiten zur Geschichte des Kirchenkampfes. Ergänzungsreihe 7. Göttingen 1968. S. 127-153.

Meinhold, Peter: Reformation im Bild. Orte und Menschen um Luther. Berlin und Hamburg 1967.

Meisner, Michael: Martin Luther. Lübeck 1981.

Meyer-Erlach, Wolfgang: Juden, Mönche und Luther. Weimar o. J. (1937).

Miskotte, Kornelis Heiko: Der Gott Israels und die Theologie. Neukirchen-Vluyn 1975.

Monumenta Judaica. 2000 Jahre Geschichte und Kultur der Juden am Rhein. Handbuch. Im Auftrag der Stadt Köln herausgegeben von Konrad Schilling. Köln 1963. Mit Beiträgen von Konrad Schilling, Günter Ristow, Ernst Roth, Willehad Paul Eckert, Hermann Kellenbenz, Ernst Ludwig Ehrlich, Eleonore Sterling, Hans Martin Klinkenberg, Werner Kienitz, Wilhelm Treue und Christine von Kohl (s. auch Schilling).

Mrusek, Hans-Joachim: Das Stadtbild von Wittenberg zur Zeit der Reformation und der Universität. In: 450 Jahre Reformation, hrg. v. Leo Stern und Max Steinmetz. Berlin (Ost) 1967.

Müller, Gerhard: Juden und Christen im Zeitalter der protestantischen Orthodoxie. In: Kirche und Synagoge, hrg. von Karl Heinrich Rengstorf und Siegfried von Kortzfleisch. Bd. 1. Stuttgart 1968. Siehe auch unter Rengstorf.

Nigrinus, S. Georg: Juden Feind. Von den edlen Früchten der Thalmudischen Juden, so jetziger Zeit in Teuschelande wonen, ein ernste, wohlgegründte Schrift. 1570.

Norden, Eduard: Die Geburt des Kindes. 1924.

Oberman, Heiko: Die Kirche im Zeitalter der Reformation. Kirchen- und Theologiegeschichte in Quellen. Ein Arbeitsbuch, hrg. von Heiko A. Oberman, Adolf Martin Ritter und Hans-Walter Krumwiede. Bd. III. Neukirchen-Vluyn. 1981.

Osiander, Andreas: Schrift über die Blutbeschuldigung. Wieder aufgefunden und im Neudruck herausgegebenen von Moritz Stern. Kiel 1893. Originaltitel: Ob es wahr und glaublich ist, daß die Juden der Christen Kinder heimlich erwürgen und ihr Blut gebrauchen. 1530. Gedruckt ca. 1540.

Parisius, Hans Ludolf (Hrg.).: Martin Luther. Von den Juden und ihren Lügen von M. Luther 1542. Als Volksausgabe hrg. v. H. L. Parisius. München 1933. Ludendorffs Volkswarte-Verlag (Antisemitische Tendenz).

Pauls, Theodor: Luther und die Juden. I. In der Frühzeit der Refomation (1513-1524) II. Der Kampf (1524-1546). III. Luthers Kampfschriften gegen die Juden. Bonn 1939. In der Reihe: Aufbau im „positiven Christentum". Eine theologische und pädagogische Schriftenreihe, hrg. von Werner Petersmann. Heft 54, 55 und 61.

Pfefferkorn, Johannes: Der Judenspiegel. Köln 1507.
— Der Juden Feind. Augsburg 1509.

Pfisterer, Rudolf: Historische Vorurteile und ihre Überwindung. In: Juden, Christen, Deutsche. Hrg. von Hans Jürgen Schultz. Stuttgart, Olten, Freiburg 1962[2]. S. 114-126.
— Der jüdische Nonkonformismus als Anlaß der Judenfeindschaft. In: Der ungekündigte Bund. Hrg. v. Dietrich Goldschmidt und Hans-Jürgen Kraus. Stuttgart 1962. S. 115-116.
— Juden, Christen. Getrennt, versöhnt. Schriftenreihe der Ev. Frauenhilfe im Rheinland in Verbindung mit dem Schriftenmissionsverlag Gladbeck. Schriftltg. Fritz Mybes. 1964.
— Von A bis Z. Quellen zu Fragen um Juden und Christen. Gladbeck 1971.

Plitt, G.: Luthers Stellung zur Judenmission. In: Saat auf Hoffnung. Zeitschrift für die Mission der Kirche an Israel. 7. 1870. S. 279-295.

Rabus, Ludwig: Historien des heyligen ausgewählten Gotteszeugen. Straßburg 1556.

Rahner, Karl: siehe unter Thüsing.

Rengstorf, Karl Heinrich: Das Neue Testament und die nachapostolische Zeit. In: Kirche und Synagoge. Handbuch zur Geschichte von Christen und Juden. Darstellung mit Quellen. Herausgegeben von Karl Heinrich Rengstorf und Siegfried von Kortzfleisch. Stuttgart 1968. S. 23-83.
— und von *Kortzfleisch,* Siegfried (Hrg.): Kirche und Synagoge. Handbuch zur Geschichte von Christen und Juden. Darstellung mit Quellen. Bd. I. Stuttgart 1968.

Reu, M.: Luther und die Frage nach der allgemeinen Judenbekehrung am Ende. In: Kirchliche Zeitschrift 63. Minnesota/Illinois. 1939. S. 273-275.

Reuchlin,
Johannes: Tütsch missive (= Sendbrief), warum die Juden so lang im ellend sind. 1505.
— Augenspiegel. 1511.

Rogge, Joachim: Luthers Stellung zu den Juden. In: Luther. Zeitschrift der Luther-Gesellschaft. 40. 1969. S. 13-24.
— (Hrg.): 1521-1971. Luther in Worms. Ein Quellenbuch. Witten 1971.

Rosenzweig, Franz: Jehuda Halevi. Berlin (1926) 1929^2.
— Briefe. 1935, Berlin.
— Der Stern der Erlösung. (1921). Frankfurt/M. 1930^2.

Roth, C.: Geschichte der Juden. Von den Anfängen bis zum neuen Staate Israel. Übersetzt von K. Blaukopf. Köln-Berlin 1964^2.

Salzburger, G.: Christlicher Antisemitismus. In: „Christlicher Antisemitismus... Umstrittene Sachen" des WDR, verfaßt von G. Salzberger, J.-M. Nielen, H.-J. Kraus. Mit einer Einleitung von G. H. Theunissen. Germania Judaica. Kölner Bibliothek zur Geschichte des deutschen Judentums. Schriftenreihe, Heft IV. Köln 1962. S. 7-13.

Sasse, Martin (Hrg.): Martin Luther über die Juden. Weg mit ihnen! Freiburg 1938.

Schaeffer, E.: Luther und die Juden. In: Geschichte der Judenmission, Heft 1. Gütersloh 1917.

Schellenburg, Fritz: Das Verhalten der evangelischen Kirche zum Judentum in der Zeit des Kirchenkampfes und heute. In: Das Christentum und die Juden. Arbeiten der Melanchthon-Akademie Köln. Bd. 1. Hrg. von Walther Bienert. Köln 1966. S. 188-202.

Schiffner, W.: Luther, Hitler und die Juden. Eine Blütenlese aus dem Jubiläumsjahr der 450. Wiederkehr des Geburtstages Luthers im Jahre 1933. In: Tribüne 2. 1963. S. 1064-1071.

Schilling, Konrad (Hrg.): Monumenta Judaica. 2000 Jahre Geschichte und Kultur der Juden am Rhein. I. Handbuch. II. Katalog. Im Auftrage der Stadt Köln, hrg. von Konrad Schilling. Köln 1963.

Schmidt, H.: Die christlich-jüdische Auseinandersetzung um das Alte Testament in hermeneutischer Sicht. Zürich 1971. Schriften zur Judentumskunde, Bd. 1.

Schmidt, Karl Ludwig: Die Judenfrage im Licht der Kapitel 9 bis 11 des Römerbriefes. Zürich 1943.

Schoeps, Hans-Joachim: Theologie und Geschichte des Judenchristentums. Tübingen 1949.
— Der historische Jesus und der kerygmatische Christus. — In: Helmut Ristow und Karl Matthiae (Hrg.): Der historische Jesus und der kerygmatische Christus. Berlin 1960. S. 87-92.
— Paulus. Die Theologie des Apostels im Lichte der jüdischen Religionsgeschichte. Tübingen 1959.
— Aus frühchristlicher Zeit. Religionsgeschichtliche Untersuchungen. Tübingen 1950.
— Israel und Christenheit. Jüdisch-christliches Religionsgespräch in neunzehn Jahrhunderten. München-Frankfurt 1961.

Schoeps, Hans Julius (Hrg.): Zionismus. Vierunddreißig Aufsätze. München 1973.

Schroth, H.: Luther und die Juden. Stoffsammlung für Schulungsarbeit. 3. Reihe, Nr. 1. Hrg. v. d. Apologetischen Centrale Berlin-Spandau. Berlin 1935.
— Luthers christlicher Antisemitismus heute. Witten/Ruhr 1937.

Schultz, Hans Jürgen (Hrg.): Juden, Christen, Deutsche. Mit Beiträgen von Carlo Schmid, Max Brod, Walter Dirks, H. G. Adler, Kurt Wilhelm, Helmut Gollwitzer, Martin Buber, Heinz Flügel, H. J. Kraus, Rudolf Pfisterer, Oliver Brachfeld, Schalom Ben-Chorin, Karl Rahner, Gerhard Ebeling u.a. Stuttgart, Olten, Freiburg 1961[2].

Schulze, Ingrid: Die Stadtkirche St. Marien zu Wittenberg. Das christliche Denkmal, 70. Berlin (Ost) 1966.

Schuster, Hermann: Martin Luther heute. Zeitbedingtes und Bleibendes. Theologie und Glaube. Stuttgart 1958.

Schweizer, Eduard: Jesus Christus im vielfältigen Zeugnis des Neuen Testaments. Siebenstern-Taschenbuch 126. München und Hamburg 1968.

Seebaß, Gottfried: Das reformatorische Werk des Andreas Osiander. 1967.

Sehling, Emil: Die evangelischen Kirchenordnungen des XVI. Jahrhunderts. Bd. I, 1. Leipzig 1902.

Selneccer (Selnecker), Nikolaus: Historica narratio et oratio de D. Martino Luthero. Lipsiae publice habita et recitata, mensis Novembris die XXII. Anno salutis abundantis MDLXXIII. Leipzig 1573. Deutsch 1576.

Shachar, Isaiah: The Judensau. A medieval anti-jewish motiv and its history. London 1974. The Warburg Institute der University of London.

Sievers, Leo: Juden in Deutschland. Geschichte einer zweitausendjährigen Tragödie. Hamburg 1977.

Siirala, A.: Luther und die Juden. In: Lutherische Rundschau. 14. 1964. S. 427-452.

Starke, Elfriede: Zur Dialogausstellung „Graphik zum Bauernkrieg." Standpunkt 3. 1975.

Stauffer, Ethelbert: Jesus. Gestalt und Geschichte. Bern 1957. Dalp-Taschenbücher, Bd. 332.
— Die Botschaft Jesu damals und heute. Dalp-Taschenbücher, Bd. 333. Bern 1959.

Steinlein, H.: Luthers Stellung zum Judentum. Nürnberg 1929. Arbeitsgemeinschaft für Volksmission des Landesverbandes für Innere Mission in Bayern rechts des Rheins. Abteilung Apologetik, Heft 7.

Stern, Moritz: Andreas Osianders Schrift über die Blutbeschuldigung. Wiederaufgefunden und in Neudruck herausgegeben. Kiel 1893 (Berlin 1903).

Stern, Selma: Josel von Rosheim — Befehlshaber der Judenschaft im Heiligen Römischen Reich Deutscher Nation. Stuttgart 1959.

Stock, Richard Wilhelm: Die Judenfrage durch fünf Jahrhunderte. Nürnberg 1939. (Verlag Der Stürmer. Antisemitische Tendenz).

Stöhr, Martin: Luther und die Juden. In: Evangelische Theologie 20. 1960. S. 157-182.
— Mit dem jungen gegen den alten Luther. In: Der ungekündigte Bund. Hrg. v. Dietrich Goldschmidt und Hans-Jürgen Kraus. Stuttgart 1962. S. 110-112.
— Martin Luther und die Juden. In: Christen und Juden, hrg.v. Wolf-Dieter Marsch und Karl Thieme. Mainz-Göttingen 1961. S. 115-140.
— (Hrg.): Jüdische Existenz und die Erneuerung der christlichen Theologie. Versuch einer Bilanz des christlich-jüdischen Dialogs für die Systematische Theologie, München 1981.
— siehe auch unter Eckert.

Strack, Hermann L.: Jesus, die Häretiker und die Christen nach den ältesten jüdischen Archiven. Leipzig 1910.
— und *Billerbeck,* Paul: Kommentar zum Neuen Testament aus Talmud und Midrasch. IV Bände in 5 Bänden. München 1922-28.

Sucher, C. Bernd: Luthers Stellung zu den Juden. Eine Interpretation aus germanistischer Sicht. Niewkoop, b. de Graaf, 1977. Selbstverlag C. Bernd Sucher, München 1977.

Texte, zur Religion des Judentums aus Talmud und Midrasch. Hrg. von W. Bunte. Heft 1-3. Neukirchen 1972.

Thieme, Karl: Judenfeindschaft. Darstellung und Analysen. Hrg. v. Karl Thieme. Fischer-Bücherei Nr. 524. Frankfurt/M. 1963.
— Dreitausend Jahre Judentum. Quellen und Darstellungen zur jüdischen Geschichte. Paderborn 1960.

Thüsing, Wilhelm und *Rahner,* Karl: Christologie — systematisch und exegetisch. Arbeitsgrundlagen für eine interdisziplinäre Vorlesung. Freiburg/Basel/Wien 1972.

Thulin, Oskar: Bilder der Reformation. Aus den Sammlungen der Lutherhalle in Wittenberg. Berlin 1955[3].
— Cranach-Altäre der Reformation. Mit Aufnahmen von Charlotte Heinke-Brüggemann. Berlin 1955.
— Martin Luther, sein Leben in Bildern und Zeitdokumenten. (1958) 1964[3].
— Wittenberger Lutherstätten. Berlin 1969[6]
— Die Lutherstadt Wittenberg und ihre reformatorischen Gedenkstätten. Berlin (1960) 1968[7].
— und *Ludophy,* Ingetraut: Reformation in Europa. Kassel 1967.

Tillich, Paul: Systematische Theologie. Stuttgart I. 1973[4]. II. 1973[4]. III. 1966.

Trutwin, W. (Hrg.): Juden und Christen. Düsseldorf 1971.

Vogelsang, Erich: Luthers Kampf gegen die Juden. Tübingen 1933. Sammlung gemeinverständlicher Vorträge und Schriften aus dem Gebiet der Theologie und Religionsgeschichte, Nr. 168.

Voßberg, Herbert: Im heiligen Rom. Luthers Reiseeindrücke 1510-1511. Berlin 1966. Evangelische Verlagsanstalt.

Walther, Wilhelm: Luther und die Juden und die Antisemiten. Leipzig 1921.

Wartburg-Wittenberg, Beiträge zum Jahr der Jubiläen 1967. Die Mitte. Jahrbuch für Geschichte, Kunst- und Kulturgeschichte des mitteldeutschen Raumes, Bd. 3.

Werner, Roland: Das Lutherhaus in Wittenberg. Leipzig 1971.

Wittenberg, M.: Luthers Stellung zu den Juden und der Dienst der lutherischen Kirche an Israel. In: Evangelisch-lutherische Kirchenzeitung. 7.1953. S. 225-228.

Wolf, Ernst: Luther und die Juden. In: Rundbrief zur Förderung der Freundschaft zwischen dem Alten und dem Neuen Gottesvolk — im Geiste beider Testamente. 5. Freiburg 1952/53. Nr. 17/18. S. 18-20.

Wohlfeil, Rainer (Hrg.): Reformation oder frühbürgerliche Revolution? In: Nymphenburger Texte zur Wissenschaft, Nr. 5. München 1972.

— Der Bauernkrieg 1524-26. In: Nymphenburger Texte zur Wissenschaft, Nr. 21. München 1975.

Wrede, William: Das Messiasgeheimnis in den Evangelien. Göttingen 1901.

Wurmbrand, Max und *Roth,* Cecil: Das Volk der Juden. 4000 Jahre Kampf ums Überleben. Massada Press Ltd. Israel. 1980. Für die deutsche Ausgabe: Abi Melzer Productions, Dreieich. Printed in Israel.

Zahrnt, Heinz: Es begann mit Jesus von Nazareth. Stuttgart 1960.

Zeller, Dieter: Juden und Heiden in der Mission des Paulus. Stuttgart 1973.

Zimmerli, Walther: Israel und die Christen. Neukirchen-Vluyn 1964.

Zschäbitz, Gerhard: Martin Luther. Größe und Grenze. Berlin (Ost) 1967.

III. Abbildungsnachweis

Die für die Abbildungen benutzten Werke sind in diesem Abbildungsnachweis mit ihren Autorennamen gekennzeichnet und unter diesen leicht im Literaturverzeichnis auffindbar. Autor und Verlag danken allen, die freundlicherweise die Genehmigung zur Übernahme von Abbildungen erteilten.

Abbildungen 1, 3, und 28 nach Lilje S. 186, 114 und 145.
Abbildungen 2 und 4 nach Thulin, Bilder, Abb. 1 und 2.
Abbildung 5 nach Monumenta Judaica. Katalog. Bilder Nr. 2.
Abbildungen 6, 7, 8, 11 und 14 nach Boehmer S. 59, 216, 253, 269 und 331.
Abbildungen 9, 13, 15, 17, 19 und 22 nach Jahn S. 207, 209, 405, 572, 303 und 222.
Abbildung 10 nach Monumenta Judaica. Handbuch. Tafel 67.
Abbildungen 12, 16 und 25 nach Meinhold Abb. 75, 80, und 106.
Abbildungen 18, 20, 26, 27, 29, 32, 34, 35 und 36 nach Liebe Abb. 42, 8, 27, 15, 29, 31, 53, 41 und 16.
Abbildung 21 nach Thulin, Cranach-Altäre.
Abbildung 23 nach Postkartenfoto der Kunstsammlungen der Veste Coburg.
Abbildung 24 nach Friedenthal Abb. 14.
Abbildung 30 nach Stock Abb. 3.
Abbildungen 31, 38 und 40 nach Junghans Abb. 53, 10 und 99.
Abbildung 33 nach Parisius S. 7.
Abbildung 37 nach Bainton S. 348.
Abbildung 39 nach Postkartenfoto von Fotomeister Frithjof Meussling, Gnadau, DDR.

IV. Personenregister

V. Bibelstellenregister

A. Altes Testament

VI. Begriffsregister

Durchgehend vorkommende Begriffe — wie Gott, Mensch, Christen, Juden, Glauben, Religion, Theologie u. ä. — sind nicht verzeichnet. Die aufgenommenen Begriffe stehen auch für ihre Derivate und Komposita.

Der Autor:

Walther Bienert, geb. 1909 in Köln. Studium der Theologie und Philosophie in Bonn und Halle. Dr. phil. u. Lic. theol. 1934. Habilitiert an der Theologischen Fakultät Halle 1936. Hochschullaufbahn unter NS-Regime versperrt, Wechsel ins Pfarramt 1940. Soldat 1941-1945, Gefangenschaft. Pfarrer in Frechen 1950. Kreismännerpfarrer Köln 1951. Dozent für Sozialethik an der Rheinischen Braunkohlenbergschule ab 1951, Dozent der Theologie am Berufspädagogischen Institut Köln ab 1953, Dozent an der Evangelischen Höheren Fachschule für Sozialarbeit ab 1964. Leiter der Evangelischen Sozialarbeit im Braunkohlenbergbau 1955-1970. Mitglied des Sozial-ethischen Ausschusses der Evangelischen Kirche im Rheinland. Gründer (1962) und Leiter der Melanchthon-Akademie Köln bis zum Ruhestand.